C. Bernd Sucher

Gefährliche Franzosen

C. Bernd Sucher

Gefährliche Franzosen

Suchers Leidenschaften

Matthes & Seitz Berlin

Für A. – wieder und wieder.
Und wieder mit einem Hups.

Inhalt

Vorbemerkung_9

Simone de Bauvoir_11

Antoine de Saint-Exupéry_45

Nathalie Sarraute_77

Marguerite Duras_101

Jean-Paul Sartre_131

Jean Cocteau_163

Jean Genet_195

verwendete Literatur_231

Dank_239

Seien wir mutig, seien wir verrückt:
Niemals irgendeine Ökonomie,
Niemals sich fragen, bis zu welchem Punkt.
Die Klugheit ist eine Mumie.

Jean Cocteau an Jean Marais

Vorbemerkung

«Ein Apostel, der nicht glüht, predigt eine Irrlehre.»
Arnold Schönberg

Damit hatte niemand gerechnet – ich auch nicht: Der vierte Band mit Texten aus meiner Vortragsreihe «Suchers Leidenschaften» erscheint! Es ist für mich verblüffend und schön zugleich, dass diese Form der Literaturvermittlung Zuhörer und Leser findet, die sich von der Subjektivität meines Urteils herausgefordert fühlen, sich ein eigenes zu bilden. Manchmal ein durchaus konträres. So wollte ich es.

Meine Passionen mögen manchen Lesern seltsam erscheinen aber immer habe ich mich bemüht, sie (möglichst) vernünftig darzustellen, ohne meine (bezwinglichen) Neigungen und meine Abneigungen zu verheimlichen. Die «Gefährlichen Franzosen»: Autorinnen und Autoren des 20. Jahrhunderts, die das Denken verändert haben wie Jean-Paul Sartre und Simone de Beauvoir, das Schreiben wie Nathalie Sarraute und Antoine de Saint-Exupéry, das Theater wie Jean Genet und Jean Cocteau.

Meine Urteile sind subjektiv, mögen vielleicht extrem sein, dennoch versuche ich, nicht ungerecht zu sein und meine Vorlieben und Abneigungen zu begründen. Was ich nicht versuche – und diese feige Nicht-Haltung habe ich mein Leben lang vermieden – ist ein vorsichtiges unentschiedenes Abwägen. Es war aber immer auch Absicht, weder polemisch zu verdammen noch blind zu loben. Mich faszinieren vor allem jene französischen Autoren und Autorinnen, die in ihrem Leben und in ihrem Werk nicht allein auf der Suche nach Ausdruck und Form waren, nach Vollendung eines literarischen Stils, sondern auf die unterschiedlichsten Weisen mit ihrem Werk sich selber, dem eigenen Begehren, den eigenen Sehnsüchten und Ängsten nachforschten; diese verstecken, chiffrieren oder offenbaren. Um die Liebe geht es mir in den jeweiligen Werken, die optimistische und die resignative, die (selbst)zerstörerische und die heilende.

C. Bernd Sucher

SIMONE DE BEAUVOIR

Ein nur 120 Druckseiten kurzer Text, der 1964 unter dem Titel «Une mort très douce» erschien und der den deutschen Titel «Ein sanfter Tod» trägt – der Übersetzer Paul Mayer hat leider das «très» außer Acht gelassen –, endet mit der sehr starken Setzung: *Einen natürlichen Tod gibt es nicht: nichts, was einem Menschen je widerfahren kann, ist natürlich, weil seine Gegenwart die Welt in Frage stellt. Alle Menschen sind sterblich: aber für jeden Menschen ist sein Tod ein Unfall, und, selbst wenn er sich seiner bewusst ist und sich mit ihm abfindet, ein unverschuldeter Gewaltakt.*

Als dieses Buch erschien, war Simone de Beauvoir, die über den Tod ihrer Mutter Françoise de Beauvoir schreibt, 56 Jahre alt – und längst eine Berühmtheit. Als Frau und als Autorin. Eine Persönlichkeit, deren Lebensstil mit der Untertreibung «exklusiv» noch nicht zu erfassen wäre, eine öffentliche Figur, die ihr Selbstbewusstsein niemals versteckte – «Ich schmeichelte mir», sagt sie über ihre Studienzeit nachdenkend, «ich schmeichelte mir, das Herz einer Frau mit dem Hirn eines Mannes zu vereinigen» –, eine Person, voller Optimismus und Neugier, die stets auf der Suche nach Glück, ihr Leben streng nach eigenen Richtlinien zu führen sich auferlegte: «Mein Unternehmen war mein Leben selbst, und ich glaubte es in den eigenen Händen zu halten. Es musste zwei Forderungen erfüllen, von denen ich in meinem Optimismus nicht abließ: glücklich sein und mir die Welt schenken», heißt es in dem biografischen Band «In den besten Jahren».

Sie wurde glücklich – wenngleich auch Simone de Bauvoir Niederlagen hinnehmen musste, und sie eroberte und bereiste die Welt.

Simone de Beauvoir wurde am 9. Januar 1907 in Paris geboren, Boulevard Montparnasse, als erstes Kind der gut situierten Familie de Beauvoir. Ihre Eltern George und Françoise hatten erst ein Jahr zuvor geheiratet. Die Mutter, so schreibt Simone de Beauvoir in dem Band «Alles in allem» sei «heiter und stolz darauf gewesen, ein erstes Kind zur Welt gebracht zu haben. Sie unterhielt zu mir zärtliche, liebevolle Beziehungen.»

Die Erwachsene erinnert sich, die Welt vertauensvoll in sich aufgenommen zu haben. Ihre Eltern gehörten zur französischen Bourgeoisie, daran änderte sich auch nichts, als die Familie nach dem Ersten Weltkrieg verarmte. Doch die damals Elfjährige lebte nicht wirklich in Armut, sie musste nur in eine bescheidenere Wohnung umziehen, in die Rue de Rennes. Andererseits, das sah sie später ein, boten die eingeschränkten finanziellen Möglichkeiten ihrer Eltern durchaus Vorteile. Nicht der äußere Anschein sollte nun dem Kind wichtig sein, sondern die kulturellen Werte, die wohlfeil zu haben waren: «Als Hauptunterhaltung boten meine Eltern mir Lektüre, ein Vergnügen, das nicht sehr kostspielig war.»

Sie fand Gefallen an der Lektüre, an Museumsbesuchen und an der Natur. Jeden Sommer verbrachte das Mädchen in Meyrignac im Limousin, auf dem Gut des Großvaters väterlicherseits, oder in La Gruillère, dem Schloss, auf das die Schwester des Vaters geheiratet hatte: «Die Natur enthüllte mir in sichtbarer und greifbarer Gestalt eine Menge von Formen des Lebens, denen ich sonst nie näher gekommen wäre.»

Simone erhielt, wie auch ihre zwei Jahre jüngere Schwester Hélène, eine streng katholische Erziehung. Die Mutter ging mit ihr in die Messe; und Simone bewunderte bis zu ihrer Abkehr vom Glauben Gott vor allem in der ihr sichtbaren Natur: *Er kannte alle Dinge auf seine Art, das heißt absolut. Aber es kam mir doch vor, als brauche er gewissermaßen meine Augen, damit die Bäume Farbe bekämen. Der brennende Sonnenglast, die kühle Frische des Taus – wie konnte sie von einem reinen Geist verspürt werden außer durch das Mittel meines Körpers? Er hatte die Erde für die Menschen geschaffen, die Menschen aber, damit sie Zeugnis von ihrer Schönheit ablegten.*

Später, noch als junges Mädchen, wird sie sich von diesem Gott lossagen: «Es war mir leichter, eine Welt ohne Schöpfer zu denken, als einen Schöpfer, der mit allen Widersprüchen der Welt beladen war.» Und diese Position hält sie ein Leben lang aufrecht, der oben zitierte Satz aus «Ein sanfter Tod» mag als Metapher auch dieser Haltung seinen Sinn noch verschärfen. Fast stolz schreibt sie in den «Memoiren einer Tochter aus gutem Hause» dann rückblickend: «In meinem Unglauben wurde ich niemals schwankend.»

Die junge Simone besucht das katholische Mädcheninstitut, die Cours Désir in der Rue Jacob – und bleibt dort bis zum Abitur. Sie war schlau, eifrig, eine Musterschülerin, und gewiss auch altklug. In den gerade zitierten Memoiren gibt sie damit sogar ein wenig an: «Waren wir wieder in Paris» – also zurück von den Ferien auf dem Land – «so wartete ich fieberhaft auf den Wiederbeginn des Unterrichts. Ich ließ mich in einem Ledersessel nieder und genoss es, wenn ich die neuen Bücher mit einem knackenden Laut auseinander biegen, ihren Geruch einatmen, die Bilder, die Karten betrachten und eine Seite Weltgeschichte überfliegen konnte.»

In dieser Schule lernte sie Elizabeth Mabille kennen, Zaza genannt, der sie eine «fanatische Zuneigung» entgegenbrachte.

Ob dieses Mädchen ihre Geliebte oder nur die Herzensfreundin war, wissen wir nicht. Auf jeden Fall bewahrte Zaza sie, wie die Beauvoir später schrieb, vor der Arroganz und Selbstzufriedenheit, zu der sie neigte: «Zaza zu sein, hätte ich abgelehnt; ich wollte lieber das Universum besitzen als eine nach außen wirksame Gestalt. Ich war noch immer der Überzeugung, dass ich als einzige fertigbringen würde, die Wirklichkeit zu enthüllen, ohne sie zu entstellen oder zu verkleinern. Einzig wenn ich mich mit Zaza maß, beklagte ich bitter meine Banalität [...] Zaza war tatsächlich etwas Außergewöhnliches.»

Je selbstständiger das Mädchen im Denken wurde, desto mehr entfremdete sie sich von ihrer Mutter, der sie irgendwann auch ihren Abfall vom Glauben eingestand. Sie begehrte gegen die Lebensweise der Mutter, gegen die Aufgabenverteilung in einer Ehe auf – im Alter von 15 Jahren: *Eines Nachmittags half ich Mama beim*

Geschirrspülen; sie wusch die Teller, ich trocknete ab; durchs Fenster sah ich die Feuerwehrkaserne und andere Küchen, in denen Frauen Kochtöpfe scheuerten oder Gemüse putzten. Jeden Tag Mittagessen, Abendessen, jeden Tag schmutziges Geschirr! Unaufhörlich neu begonnene Stunden, die zu gar nichts führten – würde das auch mein Leben sein? [...] Nein, sagte ich mir, während ich einen Tellerstapel in den Wandschrank schob, mein eigenes Leben wird zu etwas führen.

Auch dass sie keine Kinder haben wollte, war ihr schon in der Jugend klar; und sie bedauerte diese Entscheidung im Alter keineswegs. In den «Memoiren» formuliert sie: *Kinder zu haben, die ihrerseits wieder Kinder bekämen, hieß nur das ewige alte Lied wiederholen; der Gelehrte, der Künstler, der Schriftsteller, der Denker schufen eine andere, leuchtende, frohe Welt, in der alles seine Daseinsberechtigung erhielt. In ihr wollte ich meine Tage verbringen; ich war fest entschlossen, mir darin einen Platz zu verschaffen!*

1973 sagte sie in einem Gespräch, das Sartre und die Beauvoir mit Alice Schwarzer führten, die Entscheidung kinderlos zu bleiben, wäre für sie ganz selbstverständlich gewesen: *Nicht etwa, weil ich Kinder verabscheut hätte [...] Aber meine Beziehung zu Sartre war solcher Art – auf einer intellektuellen Basis und nicht auf einer institutionellen, familiären oder was auch immer –, dass ich nie den Wunsch nach einem Kind hatte. Ich hatte keine große Lust, eine Reproduktion von Sartre zu haben – mir genügte er selbst! –, und auch keine Lust, eine Reproduktion von mir zu haben: ich genügte mir.*

Und dann fragt sie Sartre: «Ich weiß nicht – hat die Frage sich für Sie gestellt, Sartre?» Und seine Antwort ist kurz: «Ich dachte nicht daran, ein Kind zu haben, als ich jung war.» Später adoptierte er eine Tochter. «Es ist weniger eine Tochter ... ich habe sie eher adoptiert, um ihr und mir einen Gefallen zu tun.» Er vererbte ihr die Rechte an seinem Werk.

Bevor Simone de Beauvoir von Sartre in die Philosophie eingeführt wurde, brachte ihr Vater ihr die Welt der Literatur nahe. Er war zwar nur ein kleiner Beamter, aber für die Tochter war er der klügste Mann der Welt: «Ich konnte mir nicht vorstellen, dass es noch einen ebenso klugen Mann geben könne wie ihn ... sein Denken war unangreifbar und unumschränkt.» Er war es auch, der seiner Tochter zum Lehrerberuf riet. Nach dem Abitur besuchte sie, ganz dem Wunsch ihrer Eltern entsprechend, bei denen sie bis zum Ende ihres Studiums auch wohnte, Vorlesungen am Institut Sainte-Marie in Neuilly und am Institut Catholique. Erst im Wintersemester 1926/27 beginnt sie ihr Philosophiestudium an der Sorbonne.

Die Eltern waren streng, bis ins vorletzte Studienjahr durfte sie abends nicht mit einem Mann ausgehen, was sie aber nicht daran hinderte, nächtliche Ausflüge in die Nachtlokale von Montparnasse zu unternehmen: «Ich liebte die schimmernden Flaschen», erinnert sich die Memoiren-Schreiberin und verhehlt, dass selbst diese Unternehmungen sie nicht von ihren Maximen, von den Werten ihrer Kindheit – Pflichtgefühl, Anerkennung von Leistung und die Respektierung sexueller Tabus – entfernten: *Ich liebte die schimmernden Flaschen, die bunten Fähnchen, den Geruch nach Tabak und Alkohol, die Stimmen, das Lachen, das Saxophon. Die Frauen versetzten mich in bewunderndes Staunen [...] ich konnte mir nicht vorstellen, dass man in irgendeinem Geschäft ihre hauchdünnen Strümpfe, ihre ausgeschnittenen Schuhe, ihr Lippenrot zu kaufen bekäme [...] Ich schwang mich mit dem gleichen Eifer auf den Barhocker, mit dem ich als Kind vor dem Allerheiligsten in die Knie gesunken war: ich rührte an die gleiche Gegenwart; der Jazz war an die Stelle der Orgel getreten; und ich spähte nach dem Abenteuer in der gleichen Weise aus, wie ich früher auf die Verzückung wartete.*

Sie lernte die zeitgenössischen Autoren lieben: André Gide, Paul Valéry, Paul Claudel: *Ich teilte alle Ergriffenheiten der Schriftsteller dieser neuen Generation und vertiefte mich fieberhaft in alle Romane, alle Essays der ‹Jungen›, die gleichwohl älter waren als ich. Es war normal, dass ich mich in ihnen wiedererkannte, denn wir saßen im gleichen Boot. Von bürgerlicher Herkunft wie ich, fühlten sie sich in ihrer Haut nicht wohl.*

Im letzten Studienjahr – während dessen sie an ihrer Diplomarbeit über Leibnitz arbeitete – absolvierte sie ihre Probezeit als Lehrerin am Lycée Janson-Sailly und bereitete sich gleichzeitig auf die agrégation in Philosophie an der École Normale Supérieure vor. Sie, die immer den Ehrgeiz hatte, zu den Besseren zu gehören, schaffte den Sprung und lernte hier unter den vielen spannenden Männern den ihrer Meinung nach spannendsten kennen: Jean-Paul Sartre. Und sie wurde, wohl angesichts so viel geistreicher Menschen, bescheiden: *Sartre war nicht der einzige, der mich zur Bescheidenheit zwang: Nizan, Aron, Politzer hatten vor mir einen beträchtlichen Vorsprung. Ich hatte mich auf den «Concours» (die Aggregation) in aller Eile vorbereitet: ihre geistige Kultur war weit solider unterbaut als die meine, sie waren auf dem Laufenden über eine Menge neuer Dinge, von denen ich nichts wusste, sie waren das Diskutieren gewöhnt; vor allem fehlte es mir an Methode und Überblick; das geistige Universum war für mich ein wilder Haufen, in dem ich mich zurechtzufinden versuchte; ihr eigenes forschendes Bemühen war, wenigstens in großen Zügen, nach einer bestimmten Richtung orientiert […] Was mir imponierte, war, dass sie eine ziemlich genaue Vorstellung von den Büchern hatten, die sie schreiben wollten. Ich hatte mir bis zum Überdruss wiederholt, ich wolle ‹alles sagen›, was teils zu viel, teils zuwenig war. Voller Unruhe entdeckte ich, dass der Roman tausend Probleme stellt, von denen ich nichts geahnt hatte. Die Zukunft kam mir plötzlich zwar schwieriger vor, als ich sie mir vorgestellt hatte, aber auch wirklicher und sicherer; an Stelle formloser Möglichkeiten sah ich vor mir ein deutlich abgestecktes Feld mit seinen Problemen, Aufgaben, Materialien, Instrumenten und Widerständen. Ich ging mit meinen Fragen noch weiter: Was tun? Alles war noch zu tun, alles, was ich vormals hatte tun wollen: den Irrtum bekämpfen, die Wahrheit finden und künden, die Welt aufklären, vielleicht ihr sogar zu einer Wandlung verhelfen. Ich würde Zeit brauchen und Anstrengungen machen müssen, um auch nur zum Teil die Versprechungen zu halten, die ich mir selbst gegeben hatte: doch das erschreckte mich nicht. Nichts war freilich gewonnen, aber alles blieb möglich.*

Sie bestand die agrégation als Zweitbeste nach Sartre. Sie hatte ihr erstes Ziel erreicht und war glücklich. Vor allem genoss sie ihre absolute Freiheit. Und die lautete: finanzielle Unabhängigkeit von den Eltern, ein eigenes Zimmer und die uneingeschränkte Möglichkeit, sich ihre Zeit einzuteilen.

Doch sie war vorsichtig. Erst einmal mietete sie sich ein Zimmer bei der Großmutter, danach wohnte sie nur noch in kleineren Hotels. Ein eigenes Heim war ihre Sehnsucht nicht. Erst 1954 kaufte sie sich ein Appartement dem Friedhof von Montparnasse gegenüber. Und zwar von dem Geld, das ihr der Prix Goncourt eingebracht hatte; sie erhielt den bedeutenden Literaturpreis für ihren Roman «Les Mandarins», auf Deutsch erschienen unter dem Titel «Die Mandarins von Paris».

Ihre freie Zeit, auch die Zeit zu denken und zu schreiben, verbrachte sie in Cafés und Restaurants – wie ihre neuen Freunde auch. Sie kochte sich nie etwas, sondern aß in kleinen, nicht zu teuren Bistros. Der Lehrerberuf, den sie gewählt hatte, stellte keine allzu großen Anforderungen an die junge kluge Frau, sie schickte sich also an, ihr Leben zu gestalten, oder besser: zu entwerfen: «Mein Unternehmen war mein Leben selbst.» – ich habe diese Zeile bereits zitiert. Und rückblickend ist sie sehr zufrieden: «In meinem ganzen Leben bin ich niemandem begegnet, der so zu Glück begabt gewesen wäre wie ich, auch niemanden, der sich mit gleicher Hartnäckigkeit darauf versteift hätte. Sobald ich es zu fassen bekommen hatte, wurde es mein Lebensinhalt.» Die Existenz in der Welt konnte sie sich nur als eine Existenz im Glück vorstellen.

Sie und Sartre waren also zunächst Studienkollegen. Sie erfuhr, dass er einer der Schlimmsten sei, wohl sogar trinke. Und er, der durchaus schon als Womanizer bekannt war, wollte sie kennenlernen, sie sei hübsch, bemerkte er, «aber scheußlich angezogen». Es gab ein erstes Rendezvous, allerdings in einer Gruppe. Sartres Freunde und er, eine Gruppe, die sich «petits camarades» nannte, lud Simone ein, mit ihnen zusammen für die letzte Prüfung zu arbeiten.

Es war kein coup de foudre, erst einmal nur eine Freundschaft. Aber schon im August 1929, als sie in die Ferien reist, ist sie sich sicher, «dass er aus meinem Leben nie verschwinden würde». Er muss Ähnliches gedacht oder empfunden haben, jedenfalls besuchte er sie im Herbst im Limousin. Aus der Freundschaft war eine Liaison geworden. «Warum er und kein anderer?», fragte sie sich später; und natürlich hat sie die Antwort parat, sie habe immer gewusst: «Ich würde an dem Tag lieben, an dem ein Mann durch seine Klugheit, seine Kultur, seine Autorität mir unbegrenzt imponierte.»

Sartre war ihr dieser Mann und weder ihn noch sie störte es, dass er nicht sonderlich attraktiv war, weil sie sich zum ersten Mal von einem Mann «geistig beherrscht» fühlte: *Da er zwei Jahre älter war als ich und zwar zwei Jahre, die er wohl ausgenutzt hatte, und sehr viel früher einen viel günstigeren Start gehabt hatte, wusste er über alle Dinge besser Bescheid. Die wahre Überlegenheit aber, die er sich selber zuerkannte und die auch mir in die Augen sprang, war die ruhevolle, besessene Leidenschaft, die ihn zu seinen künftigen Büchern drängte [...] Ich hatte mich für etwas Außergewöhnliches gehalten, weil ich mir mein Leben nicht ohne Schreiben vorstellen konnte: er lebte nur, um zu schreiben.*

Sie sah in Sartre fortan so etwas wie einen Doppelgänger: *Sich mit jemandem von Grund aus verstehen, ist in jedem Fall ein Privileg; für mich war es buchstäblich nicht mit Geld aufzuwiegen ... ich hätte ebenso gut mit niemandem zu völligem Gleichklang gelangen können. Wenn ich aber die gebotene Chance so leidenschaftlich ergriff und so beharrlich festhielt, so nur, weil ich damit einem sehr alten Ruf folgte. Wie Zaza war er meinesgleichen. Ihm vertraute ich jetzt so rückhaltlos, dass er mir, wie einst meine Eltern, wie einst Gott, das Gefühl unbedingter Sicherheit gab. In dem Augenblick, als ich mich in die Freiheit warf, fand ich den Himmel über mir makellos. Ich war jedem Zwang entzogen, und doch wohnte jedem Augenblick eine Art Notwendigkeit inne.*

So ein Satz kann Feministen nicht freuen; und diese Haltung widerspricht natürlich auch den Ideen, die die Beauvoir 1949 in dem Buch «Das andere Geschlecht» vertrat.

Sie waren einander nahe, sie waren einander wichtig – jeder des anderen wichtigster Mensch, und doch wollte Sartre sie nicht heiraten, mehr noch, er wollte sie nicht als einzige Frau in seinem Leben. Sie brauchten eine Lösung; und die Lösung war ein Pakt, der erst einmal nur für zwei Jahre Gültigkeit besitzen sollte und doch zu einem Lebenspakt wurde. Ein gemeinsames Leben in aller

Freiheit, ein Leben, in dem die Wahrheit das oberste Gesetz sein sollte, das aber jedem der beiden die Freiheit zugestand, sich auch auf andere Menschen emotional und sexuell einzulassen.

Alice Schwarzer wollte wissen, wie die Spielregeln waren, ob sie sich immer – was die anderen anging – die Wahrheit gesagt hätten. Sartre antwortete als erster:

«Ich habe das Gefühl, dass ich immer die Wahrheit sagte, aber ich habe es spontan getan. Es war nicht nötig, mir Fragen zu stellen. Man sagt sie nicht immer gleich. Vielleicht acht, vierzehn Tage später. Aber man sagt sie, immer, alles. Ich zumindest! Und Sie …»

Ich auch. Ich auch. Aber ich denke, daraus kann man keine Regel machen. Für uns war diese Klarheit praktisch, wir sind Intellektuelle und wissen sehr genau – wie Sartre gesagt hat –, ob man es heute sagen muss oder acht Tage später, ob man taktieren muss und so weiter … Aber man kann nicht allen Paaren raten, sich immer brutal die Wahrheit zu sagen. Manchmal gibt es sogar eine Art, mit der Wahrheit umzugehen, die zur aggressiven Waffe wird – Männer machen das oft. Sie betrügen nicht nur ihre Frau, es macht ihnen auch noch Spaß, es ihr zu sagen, mehr, um sich selbst zu gefallen, als wegen der klaren Beziehung mit den anderen. Ich würde aus der Wahrheit nicht einen Wert an sich machen. Es ist ein Glück, wenn man sich alles sagen kann, aber es ist kein Wert an sich.

Sartre absolvierte seinen Militärdienst in Tours, sie unterrichtete in Paris. 1931, die zwei Jahre des ersten Paktes waren vorbei, bekam Sartre einen Posten als Philosophieprofessor in Le Havre, Simone de Beauvoir arbeitete, 800 Kilometer entfernt, als Lehrerin in Marseille. Nun kam Sartre, der diese Distanz als nicht eben günstig für die Beziehung einschätzte, (und da sie beide wussten, dass sie die *«vollkommenste»* war,) auf die Idee, der Frau eine Hochzeit vorzuschlagen, dann wäre Simone nach Le Havre versetzt worden, – sie lehnte ab. Zum Teil wohl, weil sie Sartre, der so gern reiste und so große Nähe trotz allem wohl nicht geschätzt hätte, schützen wollte. Aber auch weil sie eine Abneigung gegen die Ehe hatte, diese institutionalisierte Einmischung des Staates in Privatangelegenheiten. Und sie wusste, dass sie in ihrem Leben eine gewisse Einsamkeit brauchte. Oder, feministisch gesprochen: Sie wollte sich – unabhängig vom Mann – selbst bestimmen. Ihre Aufzeichnungen bei ihrer Ankunft in Marseille machen dies deutlich: *Da war ich, allein, mit leeren Händen, abgeschnitten von meiner Vergangenheit und von allem, was ich liebte, und ich schaute auf die große Stadt, wo ich nun ganz allein, Tag für Tag, mit meinem Leben fertigwerden musste. Bisher war ich ganz von anderen Menschen abhängig gewesen. Grenzen und Ziele waren mir gesteckt, und ein großes Glück war mir geschenkt worden. Hier existierte ich für niemanden. Irgendwo unter einem dieser Dächer würde ich jede Woche vierzehn Stunden Unterricht geben müssen. Alles weitere wusste ich nicht … Meine Beschäftigungen, meine Gewohnheiten, meine Vergnügungen musste ich mir selbst suchen. Langsam stieg ich die Treppe hinunter, auf jeder Stufe blieb ich stehen, so sehr beschäftigten mich diese Häuser, diese Bäume, diese Gewässer, diese Felsen, diese Straßen, die mir nach und nach ihr Wesen, mir selbst mein Wesen enthüllen sollten.*

Schon in Marseille sah sie voraus, dass ihre Liaison wichtig, aber begrenzt sein würde. Begrenzt von Sartres Wunsch, seiner polygamen Natur keine Fesseln aufzuerlegen, also auf «Zufallslieben» – das war das Wort – nicht zu verzichten.

Die Trennung währte ein Jahr, dann wurde die Beauvoir nach Rouen versetzt, in Sartres Nähe. Sie lebten gemäß ihres Paktes ein Glück, an das sich noch die Fünfundfünfzigjährige gern erinnert, da das Glück gegründet war auf eine ganz ungewöhnliche Übereinstimmung, auf Seelen- und Geistesverwandtschaft: *In meinem Leben habe ich einen unbestreitbaren Erfolg zu verzeichnen: meine Beziehung zu Sartre. In mehr als dreißig Jahren sind wir nur einen Abend uneins eingeschlafen. Das langjährige Beisammensein hat keineswegs das Interesse verringert, das wir an unseren Gesprächen haben […] Unsere Gedanken sind aber so beharrlich kritisiert, korrigiert und begründet worden, dass sie heute unser gemeinsames Eigentum sind […] Oft beendet der eine den Satz, den der andere begonnen hat. Wenn man uns eine Frage stellt, geschieht es, dass wir beide die gleiche Antwort formulieren.*

Eine Bemerkung dazu: Sie schliefen sehr häufig nicht miteinander ein. Diese Beziehung konnte nur überdauern aufgrund gemeinsamer Toleranz; und dass beide ihren Zufallslieben Fürchterliches antaten, das war sowohl der Beauvoir als auch Sartre bewusst. Sie fühlten und wussten einander gleichwertig. Und dass auch sie mit diesen schwierigen Bedingungen fertig wurde, dass sie daraus Kraft für die eigene literarische Arbeit zog und sich nicht auf Sartre verließ, gar von ihm abhängig wurde, was kämpfende Feministinnen ihr zuweilen vorhielten, dass sie nämlich nur die Frau an Sartres Seite gewesen sei, zeigt die selbstbewusste Aussage: «Ich habe meine Unabhängigkeit behalten, weil ich meine Verantwortung nie auf Sartre abgewälzt habe.»

Zurück nach Rouen, in der die Beauvoir von 1932 bis 1936 lebte und unterrichtete. Sie las viel, schätzte vor allen anderen Büchern Louis-Ferdinand Célines «Reise ans Ende der Nacht»: *Wir konnten viele Seiten auswendig. Sein Anarchismus schien dem unseren verwandt. Er kämpfte gegen Krieg, Kolonialismus, Mittelmäßigkeit, Klischees und gegen die Gesellschaft in einem Stil und einem Ton, die uns begeisterten [...] Welche Entspannung nach den marmornen Sätzen von Gide und Valéry.*

Um aufspüren zu können, was das Neue an Céline war, was Simone de Beauvoir schätzte, möchte ich eine kurze Passage aus der «Reise ans Ende der Nacht», jenem umstrittenen Roman, verfasst unter dem Eindruck des großen Schlachtens im Ersten Weltkrieg, aufnehmen. Eine Episode des Erzählers mit Lola, seiner Geliebten:

«Mich nahm sie als Stellvertreter an. Schließlich war ich auch ein tapferer Krieger und mithin dieser Vertrauensstellung würdig! Von da an waren wir nicht mehr nur Liebende, sondern auch Geschäftspartner. So begannen die modernen Zeiten.

Ihr Körper verschaffte mir nicht enden wollende Freude. Ich konnte nie genug davon bekommen, diesen amerikanischen Leib zu erforschen. Um die Wahrheit zu sagen, ich war ein verfluchtes Ferkel. Und blieb es. Ich gelangte sogar zu der erfreulichen und erbaulichen Ansicht, dass ein Land, das Leiber von derart kühner Anmut und so verlockendem spirituellem Schwung hervorbrachte, gewiss noch viel mehr kapitale Offenbarungen bereit hielt – im biologischen Sinne, versteht sich. Ich knutschte so viel mit Lola herum, dass ich beschloss, früher oder später in die Vereinigten Staaten zu reisen, je eher, desto besser, eine wahre Pilgerfahrt. Und wirklich fand ich nicht Ruhe und Frieden in meinem unerbittlich widrigen und getriebenen Leben, solange ich nicht dieses tief schürfende, mystisch-anatomische Abenteuer vollendet hatte. So wurde mir also zwischen Lolas Beinen die Verheißung einer neuen Welt zuteil. Lola hatte nicht nur einen Körper, man verstehe mich recht, sie besaß ein zierliches kleines Köpfchen, das auch ein wenig grausam wirkte wegen ihrer graublauen, etwas schräg stehenden Wildkatzenaugen. Ich brauchte ihr nur ins Gesicht zu schauen, schon lief mir das Wasser im Mund zusammen wie beim Geschmack eines trockenen Weißweins mit seinem Feuersteinaroma. Harte Augen, alles in allem, ganz ohne jenen freundlich-geschäftstüchtigen, orientalisch-fragonardesken lebhaften Ausdruck, der in fast allen hiesigen Augen liegt. Wir trafen uns meist in einem Café nebenan. Immer häufiger humpelten Verwundete durch die Straßen, oft abgerissen. Zu ihren Gunsten fanden Sammlungen statt, ‹Tage› für diese und jene, meist für die Organisatoren der ‹Tage› selbst. Lügen, ficken, sterben. Was anderes zu tun war seit kurzem verboten. Erbittert wurde gelogen, über alle Begriffe, über Lächerlichkeit und Absurdität hinaus, in den Zeitungen, auf den Plakaten, zu Fuß, zu Pferde und im Wagen. Alle machten mit und logen um die Wette. Bald gab es in der ganzen Stadt keine Wahrheit mehr. Der wenigen Wahrheit, die es 1914 hier noch gab, schämte man sich mittlerweile. Alles, was man anfasste, war verfälscht, der Zucker, die Flugzeuge, die Sandalen, die Marmelade, die Fotos; alles, was man las, verschlang, aufsaugte, bewunderte, verkündete, bestritt, verteidigte, all das war nichts als Phantome des Hasses, Attrappen, Maskeraden. Selbst die Verräter waren falsch. Der Rausch zu lügen und zu glauben ist ansteckend wie die Krätze. Meine kleine Lola konnte nur ein paar Sätze Französisch, aber das waren patriotische Phrasen: ‹Wir kriegen sie! […]›, ‹Komm, Madelon! […]›. Zum Heulen war das. So beschäftigte sie sich beharrlich, ja schamlos mit unserem Tod, wie übrigens alle Frauen, sobald es in Mode kommt, für andere mutig zu sein.»

Céline-Lektüre verunsichert und erschreckt, begeistert auch noch heute – und dass Célines Suche nach der Wahrheit unter den vielen Lügen die Beauvoir faszinieren musste, versteht sich. Noch zwei andere Autoren hatten es der Frau angetan, Kafka und Hemmingway: *Wir hassten das Wort Erotik […], weil es eine Spezialisierung enthält, die den Sexus übertrieben hervorhebt und zugleich herabwürdigt. Die Liebenden Hemmingways liebten einander in jedem Augenblick mit Leib und Seele. Die Sexualität durchsetzte ihre Handlungen, ihre Gefühle, ihre Reden, und wenn sie sich zum Verlangen, zur Lust steigerte, vereinte sie die Liebenden als ungeteilte Wesen. Noch etwas gefiel uns: wenn der Mensch ganz und als Ganzheit gegenwärtig ist, gibt es keine ‹gemeinen Situationen›.*

Und sie las begeistert den Philosophen Husserl. Von 1936 bis 1943, bis zur Entlassung unter der Vichy-Regierung, arbeitete sie als Lehrerin in Paris, zuerst am Lycée Molière, dann am Camille Sée. 1937 kam Sartre nach Paris, sie wohnten im selben Hotel, er eine Etage höher als sie: «Wir hatten so die Vorteile eines Lebens zu zweit und keine seiner Unannehmlichkeiten», kommentierte sie. Zu dieser Zeit haben die beiden ein Experiment schon hinter sich, das sie Trio nannten. Und obwohl nur drei Personen daran teilhatten, war es ein Quartett, denn Olga Koskiewicz, mit der sich die Lehrerin anfreundete und mit der sie auch sexuelle Erlebnisse teilte, wurde von Sartre ebenfalls begehrt. Er war es, der das Trio vorgeschlagen hatte. Dieser Versuch artete für sie zu einer «Miniaturhöllenmaschine» aus, obwohl Simone sich alle Mühe gab, nicht eifersüchtig zu sein, und er, Sartre, sich die größte Mühe gab, nichts zu sagen und zu tun, was ihre Beziehung ernsthaft gefährdet hätte. Simone lernte daraus, «dass es falsch war, einen anderen und mich selbst unter die Zweideutigkeit des bequemen Wortes ‹wir› zu zwingen.» – Olga, in deren Gegenwart Sartre offensichtlich auflebte, Wut und Freude erlebte, wie mit Simone eben nicht, bekam plötzlich eine bedrohliche Wichtigkeit in der Beziehung Beauvoir-Sartre. Simone merkte, dass sie unfähig war, sich *Olgas Launen vom Leibe zu halten. Wenn ich durch ein Wort, eine Geste, eine Entscheidung ihr Missfallen erregt hatte, kam ich mir für immer ganz und gar verabscheuenswert vor [...] Ich litt darunter. Nein, die Gedanken der Menschen waren nicht bloß harmlose Rauchwölkchen im Innern ihrer Köpfe, sie überzogen die Erde, und ich löste mich darin auf. Olga zwang mich, einer Wahrheit ins Gesicht zu sehen, der ich bisher mit Erfolg ausgewichen war: andere existieren genauso wie ich und mit gleicher Evidenz.*

Sie streifte mit diesem Denken das Grundproblem, mit dem sich der Existentialismus auseinandersetzte: die Konfrontation des eigenen Bewusstseins mit einem fremden anderen Bewusstsein. Diese Konfrontation ist bedrohlich, denn sie führt zu der schmerzhaften Erkenntnis, dass das absolut gesetzte und erlebte Ich auf Mitmenschen trifft, für die das Gleiche gilt. Sartre entwickelte daraus eine Philosophie, Simone machte daraus einen Roman. Er trägt den Titel «Sie kam und blieb».

Ich muss mich über dich wundern, sagte Pierre. Du bist der einzige Mensch, den ich kenne, der imstande ist, Tränen bei der Entdeckung zu vergießen, dass ein anderer ein Bewusstsein hat wie er selbst [...] – Was mich wundert, ist, dass du dich auf eine so konkrete Weise von einer metaphysischen Situation betroffen fühlen kannst. – Aber das ist doch etwas Konkretes, sagte Françoise. Der ganze Sinn meines Lebens steht dabei auf dem Spiel. – Dagegen sage ich auch nichts, meinte Pierre [...] Aber es ist ungewöhnlich, wie du eine Idee in dieser Weise mit Leib und Seele erlebst. – Aber für mich, sagte Françoise, ist eben eine Idee nichts Theoretisches; man erlebt sie, oder sie bleibt Theorie, und dann zählt sie nicht.

«L'Invitée«, so der französische Titel, 1938 begonnen und 1941 beendet, war der erste Roman, mit dem es Simone de Beauvoir gelang, nach langjährigen, mit Zähigkeit betriebenen Schreibversuchen, den Durchbruch zur wirklichen Schriftstellerin zu schaffen. «Die unselige Erfahrung des Trios lieferte mir nicht nur ein Romanthema; sie gab mir, was viel mehr war, auch die Möglichkeit, damit fertigzuwerden», kommentierte sie später in den Memoiren.

Sartre musste zum Militärdienst, sie wurden getrennt. Und wer glaubt, dass vor allem politische Motive der Machthaber für ihre Entlassung aus dem Schuldienst ausschlaggebend war, der lese ihre Briefe, die 1990 erschienen. Sie sind eine spannende Lektüre, weil sie verdeutlichen, dass weder Simone de Beauvoir noch Jean-Paul Sartre aus den Trios ausstiegen und dass sie ihre Seelenverwandtschaft, oder sagen wir: ihre Liebe, weiterlebten, aber keine Skrupel hatten, zum eigenen Vergnügen oder sagen wir: Glück, anderen den allergrößten Schmerz zuzufügen. Ihre Erklärung dafür ist, dass sie alle Zufallslieben informiert hätten, dass sie nie den Platz von Simone oder Jean-Paul würden einnehmen können.

«Castor» oder der «reizende Castor» wie Sartre Simone nannte – und mit diesem Namen unterschrieb sie auch ihre Briefe – beteuert ihrem «ganz lieben kleinen Geschöpf», wie sie Sartre immer wieder anschreibt, zwar immer wieder ihre große Liebe – «Mon amour, wir sind eins – und ich fühle, dass ich Sie bin, genauso wie Sie ich sind.» –, aber ganz detailliert erzählt sie auch von ihren Frauenereroberungen. Und einige dieser Frauen und Mädchen waren zur selben Zeit auch Geliebte von Sartre. Nur die Männer, die die Beauvoir neben ihm hatte – Jacques-Laurent Bost, einen Sartre-Schüler zum Beispiel, oder später den Amerikaner Nelson Algren – interessierten Sartre nicht, er war im Gegensatz zu ihr nicht bisexuell.

Seltsam bei der Lektüre dieser Briefe, in denen sie berichtet, wie sie mit Sartres und ihren Freundinnen schläft, ist, dass sie nie ein Unrechtsbewusstsein entwickelt und sich gleichwohl über das Fehlen eines solchen Gedanken macht. Oft, so schreibt sie Sartre, sei ihr Verhalten schändlich, «aber ich frage mich nie: habe ich schlecht gehandelt?»

Ein Beispiel nur, ein besonders rührendes. Die Schülerin Nathalie Sorokine – die die Beauvoir wie alle anderen Menschen nur bei ihrem Nachnamen nennt – verliebt sich in die Lehrerin. Sorokine wird dann in dem Buch «Die besten Jahre» zu Lise Oblanoff.

Brief vom 5. Juli 1939: *Um 2 Uhr habe ich Sorokine im Dôme getroffen; ich habe einen Kaffee getrunken und mit ihr geplaudert, sie ist äußerst sympathisch und erregt mein Mitgefühl.*

10. Oktober 1939: *Sorokine hat mir ein winziges Fotoalbum gegeben.*

11. Oktober 1939: *Daraufhin ist Sorokine gekommen, und wie im Juli hat sie mich aufs Bett gezogen, dann unter Schluchzen in ihre Arme und an ihren Mund; und nach einer Stunde ungefähr hat sie meine Hand an bestimmte Stellen ihres Körpers geführt; danach war sie nervös und misstrauisch, sie hat in meiner Tasche herumgekramt und wollte mein Tagebuch herausnehmen; sie ist absolut wie eine ‹unreife Frucht›, mit Augenblicken schöner hingebungsvoller Zärtlichkeit und dann wieder mit der Launenhaftigkeit eines großen Mädchens im undankbaren Alter. Sie hat mir eine Menge Zärtlichkeiten auf Russisch gesagt und in einem bestimmten Augenblick auf französisch: «Ich liebe Sie so sehr – ich liebe Sie so, so sehr» – Es ist nichts zu machen, ich bin nun in eine Geschichte verwickelt, und da sie äußerst anspruchsvoll und autoritär scheint, verdrießt mich das. Sie liebt mich mindestens so sehr wie Védrine mich jemals geliebt hat. Was mich angeht, war ich natürlich wie ein Stück Holz, am Ende des Krieges werde ich ein asexuelles Wesen sein.*

13. Oktober: *Nachdem ich Ihnen geschrieben hatte, habe ich zu Mittag gegessen, ich habe ein bisschen gearbeitet. Dann ist um 2 Uhr Sorokine aufgekreuzt, schmollend, sogar wütend. Am Vortag hat sie aus meiner Tasche mein kleines schwarzes Tagebuch stibitzt, ohne dass ich es sah, und dann hatte sie es unten an der Treppe mit der Angst zu tun bekommen und es mir wiedergegeben. Da habe ich, um ihr Angst einzujagen, mit schrecklicher Miene gesagt: «Sie haben gut daran getan, ich hätte Sie mein Lebtag nicht wiedergesehen.» Sie hatte den ganzen Abend wütend darüber nachgegrübelt, und gestern hat sie sich aufs Bett gesetzt und ist in Vorwürfe, dann in Tränen ausgebrochen: daher Liebkosungen, Küsse, leidenschaftliche Umarmungen. Sie hat ein schönes tragisches und verzweifeltes Mienenspiel, das mich erschüttert; ich habe versucht, ihr zu erklären, dass ich sehr an ihr hänge, aber sie hat verzweifelt zu mir gesagt: «Aber es ist so ungleich! Ich bin in Ihrem Leben das fünfte Rad am Wagen!» und mit sicherem Instinkt hat sie mir gesagt, sie würde Sie, Bost (von dem ich ihr praktisch nichts erzählt habe), Kosakiewicz noch durchgehen lassen, aber meine rothaarige Freundin würde sie hassen. Ich war so*

zärtlich, wie ich nur konnte, ohne jedoch Versprechungen zu machen, und sie wurde schließlich heiterer und schien fast zufrieden. Und vor allem schien sie entspannt und zutraulich, und ohne diese etwas zerknirschte Feindseligkeit der anderen Male; sie ist reizend, wenn sie so ist mit ganz verklärtem Gesicht, und kindlich und pathetisch, und noch und noch – wenn es Védrine nicht gäbe, würde ich ihr sicher den ihr angemessenen Platz geben. Na ja, ich werde dieses Jahr ein bisschen mit ihr zusammensein, und wir werden sehen, aber ich bin ein bisschen unruhig.

18. Oktober: *Ich habe zu Mittag gegessen, und um 12 Uhr! ist Sorokine gekommen, reizend und leidenschaftlich. Ich war sehr verlegen, weil Kos. im Nebenzimmer ist und man absolut alles hört, aber ich konnte sie nach einer halben Stunde scheinbar angeregter Unterhaltung nicht daran hindern, dass sie mir mit ihrem ganzen Gewicht in die Arme fiel. Wir haben uns geküsst. Sie war froh, dann hat sie mich gierig gefragt, wie oft ich sie in der Woche sehen wolle, ich habe zweimal gesagt, und sie wurde traurig und weinte; schließlich habe ich eineinhalb Stunden Kant an einem Vormittag, einen ganzen Abend und ein Stück vom Mittwoch versprochen; tatsächlich habe ich schon Zeit, nur ödet es mich etwas an. Sie war froh, und sie hat sich ganz zärtlich und heiter verabschiedet. Ich finde sie äußerst nett, vor allem in ihrer Zärtlichkeit. Aber Sie können sich nicht vorstellen, in welchem Maße diese Zärtlichkeiten – von Védrine, von Sorokine – mich anöden [...] Es widert mich an, mich für Leute zu verausgaben, die mir nichts bringen.*

23. November: *Ich habe ihr Unterricht gegeben, eine Stunde über den Begriff der Substanz, damit sie die Vorlesungen von Bréhier über die Monadologie verstehen kann; und nach einer Stunde hat sie auf die Uhr geschaut und geheimnisvoll gesagt, «wir werden keine Zeit mehr haben». Durch einen geschickten unmerklichen Schachzug sind wir auf dem Bett gelandet, und ich habe ihr aus meinem Leben erzählt, während ihre Füße und Beine vor Nervosität zitterten, was sie durch nervöses Herumspielen noch verstärkte. Auch das hat mich geärgert, und ich habe mit einer Grobheit, die mir selbst unbegreiflich ist, gesagt: «Warten Sie etwas» [...] Und nach 5 Minuten habe ich angefangen, sie zu küssen; aber wir hatten wenig Zeit, und nach 5 Minuten habe ich aufgehört – da hat sie sich schluchzend auf dem Bett zusammengerollt; ich habe versucht, sie zu trösten, aber da ich nicht zu spät zur Oper kommen wollte, habe ich sie schließlich gelassen und Toilette gemacht.*

23. November: *Wir werden in Zukunft den Philosophieunterricht von der Küsserei trennen – das Küssen macht sie jedenfalls schrecklich nervös, aber sie besteht darauf – und ich will es dabei belassen.*

Ich überspringe einige Briefe, die ähnlichen Inhalts sind.

14. Dezember: *Ich erzähle Ihnen nun, was ich erlebt habe. Ich habe Ihnen also gestern geschrieben, und dann bin ich nach Hause gegangen; in meinem Zimmer war Licht, und Sorokine war dabei, auf meinem Arbeitstisch leuchtende gelbe und rote Schreibunterlagen mit Reißzwecken festzumachen; das war reizend, und ich habe mich schön bedankt. Wir mussten arbeiten, aber wir haben mit zärtlichen Umarmungen angefangen, und als es Zeit wurde zu arbeiten, hat sie mich im Arm behalten; dann hat sie nach fünf Minuten nervös gesagt: «Ich möchte arbeiten oder reden», ich wollte aufstehen, und sie hat mich festgehalten und geküsst; es war so leidenschaftlich wie noch nie, sie hat eine Nadel von meiner Bluse abgemacht und mir einen Schuh ausgezogen, eine Art symbolisches Ausziehen; und sie hat ungeschickt versucht, mich durch die Kleidung hindurch zu liebkosen. Dann wurde sie immer nervöser und hat sich ihr Heft zu Kant geschnappt und gesagt: «Wir wollen arbeiten, aber hier bleiben», und nach fünf Minuten ist sie in Tränen ausgebrochen: «Wir arbeiten nicht, ich werde niemals vorankommen.» Ich habe ihr gesagt, ich würde mir nichts vormachen, es wäre diese körperliche Beziehung, die sie nervös macht, und im Grunde wäre es verpfuscht, vielleicht wäre es besser, damit aufzuhören; sie hat noch mehr geschluchzt, mich wieder geküsst und gemurmelt: «Ich möchte mich bei Ihnen über nichts schämen.» Ich habe mich gewehrt und gesagt, falls wir eine vollständige Beziehung hätten, wäre ihr körperlich mehr an mir gelegen als vorteilhaft, in Anbetracht des wenigen, das ich ihr geben könnte, und sie hat leidenschaftlich gesagt: «Aber es ist mir schon daran gelegen.» Da ist nichts zu machen, sie will mit mir schlafen [...] Ich werde mit ihr schlafen müssen. Was tun? Ich bin aufgeschmissen und ziemlich in Beschlag genommen von dieser kleinen Person – na und?*

14. Januar 1940: *Mein süßer Kleiner*

Wie mein Leben weiterhin doch vernünftig ist. Heute wieder fast 6 Stunden Arbeit; ich war im Dôme [...] Vor und nach diesem arbeitsamen Tag gab es jedoch ein bisschen Bewegung. Zunächst habe ich gestern Abend, nachdem ich Ihnen geschrieben hatte, Umschläge gekauft, um meinen Brief zur Post zu bringen, und als ich aus dem Papiergeschäft am Boulevard Montparnasse kam, sah ich am Eingang Sorokine aufgepflanzt, die vorwurfsvoll auf mich wartete, sie kam aus der Metro und hatte mich dort hineingehen sehen. Sie hatte ein kleines Kopftuch umgebunden und war ganz reizend; wir sind zu mir hochgegangen, […] wir haben uns nebeneinander hingesetzt, und nach 10 Minuten Unterhaltung waren wir beim Küssen angelangt; nach einer Viertelstunde Küssen waren wir im Bett, nachdem wir schamhaft das Licht ausgemacht hatten; es kommt mir ein bisschen wie eine ‹Initiation› vor, und das würde mich stören, wenn ich nicht spontan von dieser kleinen ganz reizenden Person hingerissen wäre; es liegt wirklich im Augenblick selbst, ich kann für sie nicht einmal die Spur von Leidenschaftlichkeit empfinden, die ich für Védrine hatte, als sie ein- oder zweimal Probleme wegen der körperlichen Beziehung machte; aber es ist heftige Zärtlichkeit, weil ich sie so vollkommen und so reizend finde. Sie war diesmal entspannt, ganz ruhig und glücklich und zärtlich, ohne irgendeinen störenden Ausbruch von Leidenschaft; es gab Umarmungen, eindeutige; dann hat sie gesagt, sie wolle das Licht wieder anmachen, um mir aus ihrem Tagebuch vorzulesen, und sie hat mir kleine reizende Absätze über die Erziehung ihres Willens vorgelesen; aber wir sind nicht weit gekommen, weil wir immer noch nackt im Bett waren, und die Umarmungen haben wieder angefangen, und diesmal beiderseits; es ist gewiss nicht so, wie es mit Kos. war, aber ich finde sehr lebhaften Gefallen an ihrem Körper und finde diese Augenblicke äußerst schön, vor allem ihr Mienenspiel, das ganz rührend ist, und ihre ganze zutrauliche Zärtlichkeit ohne Sichgehenlassen. Sie hat mich gefragt, was Frauen Schlimmeres miteinander tun könnten, und sie hat mich auch gefragt, ob wir Kriminelle wären und ob man uns ins Gefängnis stecken würde, falls man uns so finden würde. Ich habe verneint, und sie hat es bedauert, der Gedanke hatte sie entzückt. Sie ist um Viertel vor 12 weggegangen, sie hat mich im Bett zurückgelassen und ihre Uhr, ihren Kamm und ihre Brille vergessen.

Simone de Beauvoir beschrieb ihre Liebesabenteuer mit kühl distanziertem, analysierendem Blick – auch ihre Verhältnisse zu Louise Védrine und Wanda Kosakiewisz. Sie untersagte sich kein Vergnügen, genauso wenig wie Sartre dies tat. Und beide bekennen einander, dass sie über die Eifersucht längst hinaus seien. Eine Haltung, die einlädt, sie zu bewundern, zugleich ist sie mir aber unverständlich und auch suspekt, weil sie auf die Gefühle dritter wenig bis gar keine Rücksicht nimmt.

Dieses Leben schenkt der Beauvoir andererseits die Themen für ihre Bücher, die in dieser Hinsicht alle autobiografisch sind, wenngleich verschlüsselt. Wer eine Erklärung für ihr Verhalten sucht, findet sie in ihrer Interpretation der Philosophie Sartres: *Wenn es mir ganz natürlich schien, mich der Lehre Kierkegaards, der Lehre Sartres anzuschließen und Existentialistin zu werden, so nur weil meine ganze Lebensgeschichte mich darauf vorbereitet hatte. Von Kindheit an war ich auf Grund meines Temperaments geneigt gewesen, meinen Wünschen, meinen Willensäußerungen zu vertrauen. Schon mit 19 war ich überzeugt gewesen, dass es dem Menschen zusteht, und nur ihm allein, seinem Leben einen Sinn zu geben, und dass er dieser Aufgabe gewachsen ist.*

Bernard-Henri Lévy hat in seiner großen Sartre-Biografie darauf hingewiesen, dass Sartre und Beauvoir mitten im 20. Jahrhundert eine Liebschaft im Stil des 18. Jahrhunderts lebten – «zugleich glücklich und gefährlich, offen und geheimnisvoll» und spricht in diesem Zusammenhang von Libertinage. Und, es ist naheliegend, er verweist dabei auf einen Autor, der vor allem in dem Briefwechsel der beiden immer wieder mitgedacht werden muss. Lévy nennt Choderlos de Laclos' «Les liaisons dangereuses», «Gefährliche Liebschaften», ein Briefroman, der übrigens Heiner Müllers Drama «Quartett» zugrunde liegt.

Sie berichten einander vertraulich und doch verschlüsselt von ihren diversen Vergnügungen, amouren, auch von Ihrer Arbeit. Beider Romane, Theaterstücke und Essays sind in ihrer Gesamtheit ein Briefwechsel. Denn die beiden sind auf erschreckende Weise von dem Urteil des anderen abhängig. Deshalb gibt es nichts, was sie einander nicht anvertrauten oder ungeschrieben einander offenbarten. Diese Abhängigkeit zeigt sich auch im kritischen Urteil. Sartre weiß erst, wenn die Beauvoir es ihm bestätigt, dass er Wertvolles zu Papier gebracht hat: «Sie, mein kleiner Richter», schreibt er ihr, während er an seinem Buch «Das Sein und das Nichts» arbeitet. «Sie, meine erste Leserin, mein Zensor, meine gute Ratgeberin. Sie, mein kleines moralisches Bewusstsein, mein Auge, mein Ohr, meine Zeugin: Gäbe es doch ein kleines Siegel, damit sie es allem aufdrückten, was ich erlebe.»

Was die beiden lebten, war nicht wenigen Zeitgenossen suspekt, ihre Liebesgeschichte wurde lächerlich gemacht und mit üblen Wortspielen karikiert. Man nannte die Beauvoir «la grande Sartreuse» in Anspielung auf den Likör «Chartreuse», um zugleich auf den großen Alkoholkonsum der Schriftstellerin aufmerksam zu machen. Oder «Simone de Bavoir», wobei das *Bavoir* sowohl mit dem Wort «Schwätzer» spielt, *bavard,* als auch mit der direkten und zwar negativen Bedeutung von *bavoir*, «Schlabberlätzchen».

Die beiden waren – nicht nur in Paris – zu einem Paar des öffentlichen Interesses und der Medien geworden, zu den Super-Existentialisten.

Zunächst hatten Sartre und die Beauvoir mit Abneigung darauf reagiert, dass sich nach dem Krieg – Höhepunkt dieser Bewegung war das Jahr 1947 – viele junge Leute Existentialisten nannten und ihr Denken mittels ihrer Kleidung ausstellten – Pullover, Hemd, schwarze Hose – ließen aber bald schon davon ab: «Schließlich benutzten wir selbst das Epitheton, das alle Welt gebrauchte, um uns abzustempeln.»

Simone de Beauvoir, die in Sartre den ihr überlegenen Philosophen sah, versuchte dennoch, seine Gedanken weiterzudenken. Schon 1944 publizierte sie bei Gallimard den Aufsatz «Wozu? Pyrrhus und Cinéas». Darin führt sie aus, dass der Mensch ein Entwurf des Ichs auf anderes hin sei, eine Transzendenz. Allein durch sein Handeln bewahrheite der Mensch seine Transzendenz, das heißt: sein Wesen. In diesem Tun darf es keinen Stillstand geben, denn dieser wäre, so Beauvoir, Selbstaufgabe: *Die einzige Wirklichkeit, die mir ganz und gar gehört, ist also mein Tun. Aber sobald ich etwas gemacht habe, trennt sich das Objekt von mir, entzieht es sich mir. Ist der Gedanke, den ich soeben zum Ausdruck gebracht habe, noch mein Gedanke? Damit diese Vergangen-*

heit mein ist, muss ich sie in jedem Augenblick erneut zur meinen machen, indem ich sie meiner Zukunft entgegenführe. Man ist also nicht zum Tode, man ist – ohne Grund und Ziel [...] Das menschliche Sein existiert in der Gestalt von Entwürfen, die nicht Entwürfe auf den Tod hin sind, sondern Entwürfe auf bestimmte Ziele hin. Er jagt, er fischt, er schafft sich Instrumente, er schreibt Bücher; dies sind keine Zerstreuungen, keine Flucht, sondern Bewegungen auf das Sein hin, die der Mensch macht, um zu sein.

Und dann kommt der Satz, in dem ihr Denken gipfelt: *Die Freiheit, Fundament aller menschlichen Werte, ist das einzige Ziel, das die Handlungen der Menschen rechtfertigen kann [...] Eine Aktivität ist gut, wenn sie darauf abzielt, für sich und andere die Freiheit zu befreien.*

Sie denkt dabei durchaus auch an eine politische und ökonomische Befreiung.

Nach diesem Aufsatz erschien 1946 «Tous les hommes sont mortels», «Alle Menschen sind sterblich». 1947 macht sie ihre erste Reise nach Amerika und begegnet Nelson Algren. Aus ihren Erlebnissen und Begegnungen wird das Buch «L'Amerique au jour le jour», «Amerika – Tag und Nacht», 1948 erschienen. 1949 kommt dann das Buch heraus, das zur Bibel der Feministen wurde: «Le deuxième sexe». 1951 wird die Beziehung zu Algren beendet; und ein Jahr später beginnt sie eine neue mit Claude Lanzmann, die sieben Jahre währt. Lanzmann war einer der jungen Mitarbeiter der Zeitschrift «Temps Modernes», die «jeden Schritt Sartres auf dem Weg zur Kommunistischen Partei als einen Fortschritt» sah. 1953 wird die Beauvoir Marxistin. Sartre war schon zuvor Marxist.

1954 erhält sie den Prix Goncourt für «Les Mandarins», einen großen Roman, ein Buch, in dem die Lebensweisen der Beauvoir und ihrer Freundinnen und Freunde beschrieben wird, durchaus freizügig und für die fünfziger Jahre gewagt – manche Kritiker hielten es gar für obszön. Zugleich bietet «Les Mandarins» ein reiches Panorama des geistigen Frankreichs der Nachkriegszeit. Der Roman wurde der bislang größte Erfolg in ihrem Leben. Als Dramatikerin hatte sie wenig Glück. Ein einziges Stück, 1945 erschienen, hat sie geschrieben. Es trägt den Titel «Les Bouches inutiles», «Die unnützen Münder».

Hier geht es um Beziehungen, um Liebe und Begehren, und um das Besondere der so genannten «existentialistischen Liebe»:

CLAIRE: Noch gestern liebtest du mich nicht.

JEAN PIERRE: Ich wagte dich nicht zu lieben, weil ich nicht wagte, zu leben. Diese Erde schien mir unrein, und ich wollte mich nicht beschmutzen. Welch dummer Stolz.

CLAIRE: Erscheint sie dir heute reiner?

JEAN PIERRE: Wir gehören der Erde an. Im Moment sehe ich klar. Ich gab vor, mich von der Welt zurückzuziehen, wenn es die Erde war, auf der ich vor meinen Aufgaben als Mensch floh; auf der Erde war ich ein Feigling und verurteilte dich durch mein Schweigen zum Tode. Ich liebe dich auf der Erde. Liebe mich.

CLAIRE: Und wie liebt man sich auf der Erde?

JEAN PIERRE: Man kämpft gemeinsam.

Auf einer der Proben, so ist lesen, habe Jean Genet, der Autorin zugeflüstert: «Das ist kein Theater, auf keinen Fall!» Und Genet hat Recht. Es ist beschriebenes Papier – ein Essay als dröger Dialog.

Im gleichen Jahr macht sie Front gegen den Algerien-Krieg und kämpft für die algerische Unabhängigkeitsbewegung FLN. Sie entwickelt nicht nur Widerwillen gegen die französische Politik, sondern auch gegen ihre Landsleute: *Meine Landsleute werden mir unerträglich [...] Ich hatte die Menschen so gern gemocht, jetzt waren mir sogar die Straßen feindlich. Ich fühlte mich genauso verstoßen wie in der ersten Zeit der Besetzung. Eigentlich war es noch schlimmer, weil ich wohl oder übel zur Komplizin jener Leute wurde, deren Nähe ich nicht mehr ertragen konnte. Das verzieh ich ihnen am wenigsten [...] Ich brauchte meine Selbstachtung, um weiterleben zu können, aber ich sah mich mit den Augen der zwanzigmal vergewaltigten Frauen, der Männer mit den zerbrochenen Knochen, der wahnsinnigen Kinder: eine Französin.»*

Von nun an mischte sie sich in die Tagespolitik, marschierte auf Demonstrationen mit. 1955 unternimmt sie eine Reise nach Russland und China – daraus wird das Buch «La Longue Marche», auf deutsch: «China – das weitgesteckte Ziel». Und von 1958 an erscheinen die Memoiren-Bände, beginnend mit «Memoiren einer Tochter aus gutem Hause». Sehr freimütig und durchaus eitel beschreibt sie, was sie dazu bewog: «Mit fünfzehn Jahren wünschte ich mir, dass die Leute eines Tages meine Biografie mit gerührter Neugier lesen würden. Diese Hoffnung war es, die in mir den Wunsch weckte, eine bekannte Autorin zu werden.»

Sie wollte, so schreibt sie, die Welt so zeigen, wie sie sie sah. Die Autobiografie besteht aus den Bänden: «Mémoires d'une jeune fille rangée», «La Force de l'âge», «Die besten Jahre», 1960 erschienen, «La Force des Choses», «Der Lauf der Dinge» von 1963 und «Tout compte fait», «Alles in allem», erst 1972 publiziert. Und in diesem letzten Band steht geschrieben: «Im Ganzen betrachtet stand mein Geschick unter einem glücklichen Stern.»

Der erste Band, aus dem ich bereits mehrfach zitiert habe, scheint mir der beste. Die anderen sind geschwätzig, auch tratschig – so wie ihre Briefe. Und deshalb gefällt es mir, dass sie schließlich selbst einsieht: «Ich bin keine virtuose Schriftstellerin gewesen.»

Simone de Beauvoir reiste zwischen 1962 und 1966 alljährlich nach Russland und distanziert sich in dieser Zeit zunehmend vom Kommunismus. 1970 erscheint das Buch «La Viellesse», «Das Alter»: *Auch in diesem Fall hat mich in erster Linie die Idee einer Entmystifizierung verlockt. Doch wenn ich mich wirklich entschlossen habe, so deshalb, weil ich das Bedürfnis verspürte, meine eigene Situation unter ihrem allgemeinen Aspekt kennenzulernen. Als Frau wollte ich speziell die Situation der Frau erhellen; selbst an der Schwelle des Alters stehend, hatte ich Lust zu wissen, wie die Situation des alten Menschen genau aussieht.*

Sie bedenkt biologische, anthropologische, soziale Aspekte des Themas und macht dann sehr pragmatisch einen Vorschlag: *Wollen wir vermeiden, dass das Alter zu einer spöttischen Parodie unserer frühe-*

ren Existenz wird, so gibt es nur eine einzige Lösung, nämlich Ziele zu verfolgen [...] das hingebungsvolle Tätigsein für einzelne, für Gruppen oder für eine Sache.

Sie sieht, dass nur den Privilegierten eine Möglichkeit geboten wird, in Würde zu altern, den Armen in der Bevölkerung werde diese Möglichkeit nicht zugestanden – und just dies, so meint sie, müsse geändert werden. «Die Alterspolitik ist ein Skandal!»

1980 stirbt Sartre; und Beauvoirs Buch «Die Zeremonie des Abschieds», 1981 erschienen, beschreibt mit großer Genauigkeit und mit der tiefen Sympathie, die diese beiden Menschen lebenslang für einander hegten, das langsame Sterben Sartres, den physischen und psychischen Niedergang dieses Mannes, der von Alkohol- und Drogenmissbrauch gezeichnet war.

Als ich mich am Morgen des 15. April, einem Dienstag, wie gewöhnlich erkundigte, ob Sartre gut geschlafen habe, hat die Krankenschwester mir geantwortet: «Ja. Aber ...» Ich bin sofort hingegangen. Er schlief und atmete ziemlich schwer: offensichtlich lag er im Koma. So lag er schon seit dem Vorabend. Ich bin viele Stunden bei ihm geblieben und habe ihn angesehen. Gegen sechs Uhr habe ich Arlette den Platz überlassen und habe sie gebeten, mich anzurufen, wenn etwas geschehe. Um neun Uhr hat das Telefon geklingelt. Sie hat mir gesagt: «Es ist zu Ende.» Ich bin mit Sylvie hingegangen. Er sah aus wie immer, aber er atmete nicht mehr. Sylvie hat Lanzmann, Bost, Pouillon, Horst benachrichtigt, die herbeigeeilt sind. Uns wurde erlaubt, bis fünf Uhr morgens im Zimmer zu bleiben. Ich habe Sylvie gebeten, Whisky zu holen, wir haben ihn getrunken und haben über Sartres letzte Tage, über vergangene Tage und über die notwendigen Maßnahmen gesprochen. Sartre hatte mir mehrmals gesagt, dass er nicht auf dem Père-Lachaise-Friedhof zwischen seiner Mutter und seinem Stiefvater beerdigt werden wollte. Er wünschte, eingeäschert zu erden. Es wurde beschlossen, ihn vorübergehend auf dem Friedhof Montparnasse zu bestatten, von wo er zur Einäscherung auf den Père-Lachaise überführt werden sollte. Seine Asche sollte in einem endgültigen Grab auf dem Friedhof Montparnasse beigesetzt werden. Während wir Totenwache bei ihm hielten, belagerten Journalisten das Gebäude. Bost und Lanzmann haben sie aufgefordert wegzugehen. Sie haben sich ver-

steckt. Aber es ist ihnen nicht gelungen hineinzugelangen. Als Sartre eingeliefert wurde, hatten sie auch versucht, Fotos zu machen. Zwei von ihnen hatten versucht, sich als Pfleger verkleidet ins Zimmer zu schmuggeln, aber sie wurden vertrieben. Die Krankenschwestern waren darauf bedacht, die Rollos herunterzuziehen und Gardinen an die Türen zu machen, um uns abzuschirmen. Trotzdem ist ein Foto, wahrscheinlich von einem benachbarten Dach aus aufgenommen, das den schlafenden Sartre zeigte, in Paris-Match erschienen.

Irgendwann habe ich gebeten, man möge mich mit Sartre allein lassen, und habe mich neben ihn unter die Decke legen wollen. Eine Krankenschwester hat mich zurückgehalten: «Nein. Vorsicht … die Gangrän.» Erst da habe ich begriffen, was sein «Schorf» wirklich war. Ich habe mich auf die Decke gelegt und habe ein wenig geschlafen. Um fünf Uhr sind Pfleger gekommen. Sie haben ein Tuch und eine Art Hülle über Sartres Leichnam gebreitet, und sie haben ihn fortgebracht.

Ich bin für den Rest der Nacht zu Lanzmann gegangen, wo ich auch die Nacht zum Donnerstag verbracht habe. Die folgenden Tage habe ich bei Sylvie gewohnt, wo ich besser vor den Anrufen und den Journalisten geschützt war als bei mir zu Hause. Tagsüber traf ich meine Schwester, die aus dem Elsass gekommen war, und Freunde. Ich sah die Zeitungen und auch die Telegramme durch, die sofort in Unmengen eintrafen. Lanzmann, Bost, Sylvie erledigten alle Formalitäten. Die Beerdigung ist zuerst auf Freitag, dann auf Sonnabend festgesetzt worden, damit mehr Menschen daran teilnehmen könnten. Giscard d'Estaing hat mitteilen lassen, er wüsste, dass Sartre kein Staatsbegräbnis gewünscht hätte, machte aber den Vorschlag, die Beerdigung zu bezahlen. Wir haben abgelehnt. Er hat es sich nicht nehmen lassen, einen Moment der Besinnung vor Sartres sterblichen Überresten zu verbringen.

Die Beauvoir, die durchaus Trennungsängste kannte, hatte mit diesem Tod das größte Leid getroffen, nimmt man sie beim Wort. In den «Besten Jahren» schreibt sie: «Ich wusste, durch ihn würde mir nie ein Leid zugefügt werden, es sei denn, er stürbe früher als ich.»

1983 erschienen die von Beauvoir herausgegebenen Briefe Sartres, aber ein Buch schrieb sie nicht mehr. Sie lebte nach dem Tod mit Sylvie Le Bon zusammen, die sie adoptiert hatte – auch sie hatte schließlich eine Adoptivtochter – und engagierte sich in der Frauenbewegung, und sie reiste 1983 auch noch ein letztes Mal in die USA.

Am 14. April 1986 stirbt Simone de Beauvoir im Cochin-Spital von Paris. Auch ihr Begräbnis wurde wie das von Sartre zu einer großen Feier. Frankreich ehrte eine Intellektuelle, die zu einer Generation gehörte, die das Denken dieser Nation stark beeinflusst hatte. Und dann wurde sie vergessen – außer von den Feministen überall auf der Welt, die nicht müde werden «Das andere Geschlecht» und Beauvoirs Engagement in der Frauenbewegung zu preisen. Aber sie haben, wahrscheinlich, alle nicht mein und Sartres Lieblingsbuch der Beauvoir gelesen.

«Ein sanfter Tod» hat Simone de Beauvoir ihrer Schwester Poupette gewidmet. Die Autorin hat diesem Bericht vom langsamen Sterben ihrer Mutter einige Zeilen von Dylan Thomas vorangestellt, die wichtig sind und Thema und Haltung ankündigen:

«Geh nicht so fügsam in die gute Nacht,
Nein, brennen soll das Alter,
Wenn der Tag sich neigt,
Wüte, ja wüte gegen das Sterben des Lichts.»

Der Roman, der eher ein Sterbebericht ist, beginnt wie ein Krimi: *Am Donnerstag, dem 24. Oktober 1963, um vier Uhr nachmittags, war ich in meinem Zimmer im Hotel Minerva in Rom; ich sollte am nächsten Morgen wieder nach Hause fliegen und ordnete gerade Papiere, als das Telefon klingelte. Aus Paris rief mich Bost an. «Ihre Mutter hat einen Unfall erlitten», sagte er. Ich dachte: ein Auto hat sie überfahren. Auf ihren Stock gestützt, ist sie mühsam vom Fahrdamm auf den Bürgersteig gehumpelt, und ein Auto hat sie überfahren. «Sie ist im Badezimmer hingefallen und hat sich den Schenkelhalsknochen gebrochen», sagte Bost.*

Die Autorin denkt erst «Arme Mama!» dann: «Sie war eine sehr verbrauchte Frau von siebenundsiebzig Jahren.» Und schließlich, nicht eben feinfühlig: «Trotz ihres körperlichen Schadens war meine Mutter robust. Und letzten Endes war sie in dem Alter, wo man stirbt.» Sie besucht die Mutter, die gerade mit einer Krankengymnastin turnt. Der Anblick und das Verhalten der alten Frau entsetzt sie: *Die Krankengymnastin trat an ihr Bett, schlug die Decke zurück und packte Mamas linkes Bein; ihr Nachthemd stand offen, und gleichgültig stellte sie ihren verrunzelten, von winzigen Falten überzogenen Bauch und ihre kahlgewordene Scham zur Schau. «Ich schäme mich gar nicht mehr», sagte sie überrascht. «Daran tust du recht», bemerkte ich. Doch ich wandte mich ab und vertiefte mich in die Betrachtung des Gartens. Das Geschlechtsteil meiner Mutter zu sehen, hatte mir einen Schock versetzt. Kein Körper existierte für mich weniger – er existierte für mich nicht mehr. Als Kind hatte ich ihn liebgehabt, als junges Mädchen hatte ich ihn als quälend und abstoßend empfunden, wie es üblicherweise geschieht; ich fand es normal, dass er seinen Doppelcharakter des Heiligen und des Anstößigen bewahrt hatte: er war ein Tabu. Dennoch wunderte ich mich über die Heftigkeit meines Missbehagens. Es wurde durch die unbekümmerte Art meiner Mutter verstärkt; sie gab alle Verbote und Weisungen auf, die sie ihr ganzes Leben lang unterdrückt hatten. Das billigte ich. Doch unterschied sich dieser Körper, der infolge dieser Absage nur noch Körper war, kaum noch von einer bloßen Hülle: er war ein armseliges, wehrloses Wrack, das von fremden Händen berufsmäßig betastet und angepackt wurde und in dem sich das Leben nur durch ein stumpfsinniges Beharrungsvermögen zu halten schien.*

Die Mutter gewöhnt sich ans Bedientwerden und schätzt es, die Schwestern und Pfleger zu fordern. Die Erzählerin besucht die Mutter jeden Morgen, erkennt, dass sie – die gewaschen werden muss, mit Kölnischwasser eingerieben und mit Talkpuder bestreut wird – dennoch allmählich rissig und verwahrlost aussieht «wie ein schmutzig-roafarbenes Stück Rebenholz.»

Endlich erfährt sie, dass die Mutter Darmkrebs hat. Der Arzt will operieren, eine Schwester flüstert rasch: «Lassen Sie sie nicht operieren!», doch die Mutter wird operiert; und immer wieder taucht von nun an dieser Satz auf: «Lassen Sie sie nicht operieren!» Die Tochter macht sich Vorwürfe, die Sterbende noch solchen lebensverlängernden Torturen ausgesetzt zu haben.

In diesen Todesbericht verwebt Simone de Beauvoir nun Kindheitserinnerungen, schreibt vom Tod des Vaters und anrührend von dem entsagungsvollen, unfreien Leben der Mutter.

Nachmittags lächelte sie nicht mehr. Öfters wiederholte sie verwundert und tadelnd: «Als ich mich im Spiegel gesehen habe, bin ich mir so hässlich vorgekommen.» In der vorangegangenen Nacht war im Infusionsapparat etwas in Unordnung geraten; der Schlauch hatte entfernt und erneut in die Vene gestochen werden müssen. Die Nachtschwester war unsicher gewesen. Die Flüssigkeit war unter die Haut geflossen, und das hatte Mama sehr weh getan. Ihr bläulich angeschwollener Arm war mit Verbänden umwickelt worden. Der Apparat war jetzt an ihren rechten Arm angeschlossen; die verbrauchten Venen ertrugen das Serum einigermaßen, doch das Plasma entriss ihr Klagen. Abends überkam sie die Angst: sie fürchtete sich vor der Nacht, vor einem neuen Unfall, vor Schmerzen. Mit verzerrten Gesichtszügen bat sie: «Passt gut auf den Infusionsapparat auf!» Und als ich an diesem Abend ihren Arm sah, in den ein Leben floss, das nur noch Leid und Qual war, fragte ich mich: warum?

In der Klinik hatte ich keine Zeit, mir Fragen zu stellen. Ich musste Mama beim Ausspucken helfen, ihr zu trinken geben, ihre Kopfkissen oder ihren Haarknoten in Ordnung bringen, ihr Bein umlegen, ihre Blumen gießen, das Fenster öffnen und schließen, ihr die Zeitung vorlesen, ihre Fragen beantworten und ihre Uhr aufziehen, die an einem schwarzen Bändchen auf ihrer Brust lag. Sie genoss diese Abhängigkeit und verlangte unaufhörlich nach unserer Fürsorge. Doch wenn ich wieder zu Hause war, fiel alle Traurigkeit und alles Grauen der vergangenen Tage auf meine Schultern. Und auch an mir fraß ein Krebs: das schlechte Gewissen. «Lassen Sie sie nicht operieren.» Und ich hatte nichts verhindert. Oft, wenn Kranke ein langes Martyrium erleiden mussten, hatte ich mich über die Trägheit ihrer Angehörigen entrüstet. «Ich würde ihn töten.» Bei der ersten Prüfung hatte ich versagt: von der gesellschaftlichen Moral besiegt, hatte ich meine eigene Moral verleugnet. «Nein», hatte Sartre gesagt, «Sie sind von der Technik besiegt worden, und das war verhängnisvoll.» So ist es. Man gerät in ein Räderwerk, ohnmächtig gegenüber der Diagnose, den Vermutungen und Entscheidungen der Spezialisten. Der Kranke ist ihr Eigentum geworden: den soll ihnen erst-

mal jemand entreißen! Am Mittwoch gab es nur zwei Möglichkeiten: Operation oder Euthanasie.

Die Mutter verfällt zusehends, wird wieder operiert. Doch sie erholt sich erstaunlich gut nach jedem Eingriff, was die Beauvoir mit dem Satz kommentiert: «Schwer zu sterben, wenn man das Leben so heftig liebt.» Doch das Ende steht bevor. Nach einem Besuch, da sie die Mutter, wie sie glaubt, in guter Verfassung verlässt, passiert, was lange verheißen und ebenso lange verdrängt worden war: *Zu Hause nahm ich Belladenal und legte mich um halb ein Uhr schlafen. Vom Klingeln des Telefons wurde ich wach: «Es dauert nur noch Minuten; Marcel wird dich im Auto abholen.» Marcel – Lionels Vetter – fuhr mich in Höchstgeschwindigkeit durch das menschenleere Paris. An der Theke einer Kneipe, deren rötliches Licht in der Nähe der Porte Champerret aufschimmerte, tranken wir eine Tasse Kaffee.*

Sie zögert ihre Ankunft hinaus – das bedeutet: Sie will das Sterben nicht miterleben, nicht den Abschied. Diese Feigheit: sie imponiert mir. Ich weiß, dass es ein Widerspruch ist. Feigheit ist nichts, was Menschen schätzen.

Poupette kam uns im Garten der Klinik entgegen: «Es ist aus.» Wir gingen hinauf. Derart wenig überraschend und derart unvorstellbar war dieser Leichnam, der an Mamas Stelle auf dem Bett lag. Ihre Hände, ihre Stirn waren kalt. Sie war es noch und war für immer verschwunden. Eine Mullbinde hielt ihr Kinn und umrahmte ihr lebloses Gesicht. Meine Schwester wollte in der rue Blomet Kleidungsstücke für sie holen. «Wozu denn?» – «Das tut man doch so.» – «Wir werden es nicht tun.» Ich dachte nicht daran, Mama ein Kleid und Schuhe anzuziehen, als ginge sie zum Essen in die Stadt, und ich glaubte auch nicht, dass sie es gewünscht hätte: sie hatte häufig erklärt, dass sie sich für ihre sterbliche Hülle nicht interessiere.

Danach versucht Simone de Beauvoir über den Tod, wohl auch den eigenen, nachzudenken. Und diese Gedanken, die mir vertraut sind, erscheinen mir von ihrem ganzen Œuvre die stärksten. Es sind genau zu lesende Zeilen, mit denen sie dieses Buch beschließt:

Sehr selten geschieht es, dass Liebe, Freundschaft oder Kameradschaft die Einsamkeit des Todes überwinden; allem Anschein zum Trotz und selbst wenn ich Mamas Hand hielt, war ich nicht bei ihr: ich belog sie. Weil sie immer getäuscht worden war, war mir diese letzte Täuschung verhasst. Ich machte mich zum Helfershelfer des Schicksals, das ihr Gewalt antat. Doch mit jeder Faser meines Körpers stimmte ich in ihren Widerstand, ihr Aufbegehren ein: auch deshalb hat ihre Niederlage mich so furchtbar getroffen. Obwohl ich nicht bei ihr war, als sie ihr Leben aushauchte – während ich dreimal schon die letzten Augenblicke eines Sterbenden miterlebt hatte –, habe ich doch erst an ihrem Krankenlager den höhnisch grinsenden Tod der Totentänze gesehen, den Tod aus dem Märchen, der mit der Sense in der Hand an die Tür klopft, den Tod, der von ferne kommt, fremdartig, unmenschlich: er hatte dasselbe Gesicht wie Mama, wenn sie in einem breiten ahnungslosen Lächeln ihre Kinnlade entblößte. «Er ist in dem Alter, wo man stirbt.»

Mit diesem Gedanken, diesem brutalen Gedanken, beginnt das Buch: *«Er ist in dem Alter, wo man stirbt.» Das ist die traurige Wahrheit der alten Leute und zugleich ihre Zuflucht: die meisten von ihnen denken nicht daran, dass für sie dieses Alter gekommen ist. Auch ich habe in dieser Schablone gedacht, sogar als es um meine Mutter ging. Ich verstand nicht, dass man allen Ernstes um einen Angehörigen, einen alten Verwandten weinen kann, der über siebzig Jahre alt ist. Wenn ich einer fünfzigjährigen Frau begegnete, die verzweifelt war, weil sie eben ihre Mutter verloren hatte, hielt ich sie für neurotisch: wir sind alle sterblich; mit achtzig Jahren ist man wohl alt genug, einen Toten abzugeben …*

Aber nein. Man stirbt nicht daran, dass man geboren worden ist, nicht daran, dass man gelebt hat und auch nicht am Alter. Man stirbt an etwas. Zu wissen, dass meine Mutter durch ihr Alter einem nahen Ende zubestimmt war, hat die schreckliche Überraschung nicht gemildert: sie hatte ein Sarkom. Ein Krebs, eine Embolie, eine Lungenkongestion: all das kommt ebenso brutal und unversehens wie das Aussetzen eines Flugzeugmotors mitten am Himmel. Meine Mutter ermutigte zum Optimismus, als sie, die Gelähmte und Sterbende, den unermesslichen Wert jedes einzelnen Augenblicks bekräftigte; doch ihr vergeblicher erbitterter Kampf zerriss den beruhigenden Schleier des Alltäglich-Banalen. Einen natürlichen Tod gibt es nicht: nichts, was einem

Menschen je widerfahren kann, ist natürlich, weil seine Gegenwart die Welt infrage stellt. Alle Menschen sind sterblich: aber für jeden Menschen ist sein Tod ein Unfall und, selbst wenn er sich seiner bewusst ist und sich mit ihm abfindet, ein unverschuldeter Gewaltakt.

Mit 78 Jahren ist Simone de Beauvoir gestorben – sie hatte einen sanften Tod.

Ich werde ich mich hinlegen und schlafen; ich liebe Sie so, süßer Kleiner. Ich glaube, morgen werde ich einen Brief von Ihnen bekommen; seit heute warte ich schon wieder darauf, Sie wieder zu sehen, denn ich fühle Ihre Abwesenheit schon wieder. Mon cher amour, Sie sind so viel reicher als irgendeine Erinnerung; ich kann Sie nicht ersetzen, nicht einmal durch die heftigste Leidenschaft; ich brauche Sie, Sie aus Fleisch und Blut. Aber ich bin nicht unglücklich – ich liebe Sie so sehr. Ich werde vorm Einschlafen alle Ihre letzten kleinen Briefe noch mal lesen. Bis bald, mon cher, cher amour, Ihr reizender Castor.

ANTOINE DE SAINT-EXUPÉRY

Das Lächeln. Dies scheint das Schlüsselwort zu sein, das Antoine de Saint-Exupéry, der Literat, Flieger, Reporter, Lyriker, dieser Abenteurer, Philosoph, Sprachforscher und Gott-Sucher seinen Lesern an die Hand gibt. Das Lächeln strahlt aus seinen Texten hervor wie ein Leitmotiv, erhellt sie und lässt die facettenreiche Persönlichkeit dieses Schriftstellers durch sein Werk hindurch aufleuchten.

Antoine de Saint-Exupéry war, wie Fjodor Dostojewski, überzeugt davon, dass zu glauben Hoffen-können bedeutet und dass der Mensch nur so die fundamental wichtige Hoffnung auf Sinn in sich tragen könne. Doch während der Russe geradezu fanatisch sich auf Christus den Erlöser als Kernfigur dieser Hoffnung berief, war der Franzose von der heiteren Gewissheit, dass ein Leben ohne Glauben nur ein vergebliches wäre. Sein Glauben ist ein eher alttestamentarischer, dem jüdischen Denken näher als dem christlichen.

In der Sammlung «Citadelle», deren deutscher Titel «Die Stadt in der Wüste» lautet, findet sich das Gebet «Gott finden». Diesen Text überstrahlt das oben erwähnte Lächeln, in ihm verweisen Sterne auf etwas noch Ferneres, Sterne, die als Motiv das Werk dieses Autors ebenso durchziehen, wie das des Kindes, das für Saint-Exupéry den Inbegriff von Reinheit und Liebe darstellt.

Gott finden

Ich begriff, dass einer, der das Lächeln
der Statue
oder die Schönheit der Landschaft
oder das Schweigen des Tempels erkennt,
Gott findet.
Schreitet er doch über den Gegenstand hinaus,
um den Schlüssel zu erlangen,
und über die Worte, um den Lobgesang
zu hören,
und über die Nacht und die Sterne,
um die Ewigkeit zu erfahren.
Denn Gott ist vor allem
Sinn deiner Sprache, und wenn deine Sprache
einen Sinn annimmt,
offenbart sie dir Gott
Jene Tränen des kleinen Kindes sind,
wenn sie dich rühren,
eine Luke, die auf das offene Meer hinausgeht.
Denn dich bewegen nicht diese Tränen allein,
sondern alle Tränen.
Das Kind nimmt dich nur an der Hand,
um dich zu lehren.

An anderer Stelle, in dem kleinen Text, «Bekenntnis einer Freundschaft» – einem Brief an seinen Freund Léon Werth, dem Saint-Exupéry «Der Kleine Prinz» gewidmet hat – findet sich ein Lob des Lächelns: *Das Wesentliche hat meistens kein Gewicht. Hier war das Wesentliche, allem Anschein nach, nur ein Lächeln. Ein Lächeln ist oft das Wesentliche. Man wird mit einem Lächeln bezahlt. Man wird mit einem Lächeln belohnt. Man wird durch ein Lächeln belebt. Und die Art eines Lächelns kann schuld daran sein, dass man stirbt.*

Im «Kleinen Prinz», wo das Lächeln immer wieder auftaucht, ist es am Schluss ein Abschiedsgeschenk an den, der zurückbleibt:

«Ach! Kleines Kerlchen, kleines Kerlchen! Ich höre dieses Lachen so gern!»

«Gerade das wird mein Geschenk sein … Es wird sein wie mit dem Wasser …»

«Was willst du sagen?»

«Die Leute haben Sterne, aber es sind nicht die gleichen. Für die einen, die reisen, sind die Sterne Führer. Für andere sind sie nichts als kleine Lichter. Für wieder andere, die Gelehrten, sind sie Probleme. Für meinen Geschäftsmann waren sie Gold. Aber alle diese Sterne schweigen. Du, du wirst Sterne haben, wie sie niemand hat …»

«Was willst du sagen?!

«Wenn du bei Nacht den Himmel anschaust, wird es dir sein, als lachten alle Sterne, weil ich auf einem von ihnen wohne, weil ich auf einem von ihnen lache. Du allein wirst Sterne haben, die lachen können!»

Und er lachte wieder.

«Und wenn du dich getröstet hast (man tröstet sich immer), wirst du froh sein, mich gekannt zu haben. Du wirst immer mein Freund sein. Du wirst Lust haben, mit mir zu lachen. Und du wirst manchmal dein Fenster öffnen, gerade so, zum Vergnügen … Und deine Freunde werden erstaunt sein, wenn sie sehen, dass du den Himmel anblickst und lachst. Dann wirst du ihnen sagen: ‹Ja, die Sterne, die bringen mich immer zum Lachen!› Und sie werden dich für verrückt halten. Ich werde dir einen hübschen Streich gespielt haben …»

Und er lachte wieder.

«Es wird sein, als hätte ich dir statt der Sterne eine Menge kleiner Schellen geschenkt, die lachen können …»

Und er lachte noch immer.

In Saint-Exupérys «Brief an einen Ausgelieferten», 1943 in New York zum ersten Mal erschienen, heißt es dann: *Das Lächeln ist ein Zeremoniell der Liebe.* Ein Zeichen der Feste, das Menschen mit einander zu verbinden vermag: *Wir vereinigen uns im Lächeln über alle Sprachen, Kasten und Parteien.*

In diesen wenigen Sätzen wird Antoine de Saint-Exupéry bereits als ein Humanist sichtbar, der ein Leben lang sucht – nach dem Guten im Menschen. Und zu lächeln zeichnete auch den Menschen, den Mann Saint-Exupéry aus. Die wichtigste Frau in seinem Leben hatte sich just in dieses Saint-Exupéry-Lächeln verliebt. Im Februar 1944 schreibt Consuelo de Saint-Exupéry in einem ihrer berühmt gewordenen Sonntagsbriefe, von denen sie nur zwei abgeschickt hatte, ihrem Tonio einige Zeilen über dessen Lächeln: *Tonio, Ihren letzten Brief weiß ich schon auswendig. Ich brauche dringend einen neuen, der meine langen Tage des Wartens und der Sorge lindert [...] Ich spreche mit Ihrem Porträt, das vor mir hängt und einen Quadratmeter misst. Ihre Augen sind tiefe Seen, und ich kann meine Hand auf Ihren Mund legen. Ich erinnere mich an Dein Lächeln, und ich glaube wirklich, dass der Zauber Deines Lächelns mich bewogen hat, Deine Ehefrau fürs ganze Leben zu werden. Niemand kann so lachen wie Du. Das ist kein Lachen wie das der anderen, Du weißt schon, was ich meine. Für mich ist es eine Gnade, eine Art, den hübschen Dingen auf dieser Welt Dank zu sagen. Dein Lachen ist wie die reife Frucht eines Baumes. Dein Lächeln umarmt mein Herz, und wenn ich eine Zauberin wäre, würde ich dafür sorgen, dass Du Dich immer im Zustand der Gnade befindest, damit Dein kleiner Mund immer lächelt.*

Auch seine Freunde und seine Kameraden, die Flieger, berichten Ähnliches. Sie sprechen, wie Léon Werth, vom «Kinderblick», beschreiben ihn als «Erzengel und Edelmann». Und Hauptmann Courtin, Antoine de Saint-Exupérys Vorgesetzter, schwärmte ganz unmilitärisch: «Ein seltenes Wesen, ein außergewöhnliches und kostbares Wesen, ein Fürst, ein gutmütiger und zerstreuter Fürst, der sich zu uns verirrt hatte.»

Von Saint-Ex, wie ihn seine Freunde nannten, ist vor allem «Der kleine Prinz» bekannt, das Kinderbuch für Erwachsene, das ihn weltweit berühmt gemacht hat. Von seinen anderen Texten kennt man vielleicht «Nachtflug» und «Flug nach Arras»; die Carnets aber, die Aufzeichnungen, sind kaum bekannt. So auch und vor allem das posthum erschienene Werk «Die Stadt in der Wüste», das der Schriftsteller sein Hauptwerk nannte, oder pathetischer: «das Buch meines Lebens».

Antoine de Saint-Exupéry machte es sich schwerer als Anton Tschechow, der seiner Frau, als diese ihn fragte, was das Leben sei, antworte, dass die Frage dümmlich wäre. Es sei, als fragte sie, was eine Mohrrübe wäre: «Eine Mohrrübe ist eine Mohrrübe. Und das ist alles!» Für Saint-Exupéry war Leben Tat und Teilnahme. Mit anderen sein und andere lieben: *Der Beruf des Zuschauers war mir immer grässlich. Was bin ich, wenn ich nicht teilhabe? Um zu sein, muss ich teilhaben*, heißt es in «Flug nach Arras». Und auch: *Sein heißt teilhaben, heißt teilen*. In einem Interview mit dem amerikanischen Magazin «Life» veränderte der Autor diesen Satz und setzte für «Sein» ein anderes Wort: *Lieben heißt teilhaben, heißt teilen*. Teilhaben heißt für Saint-Exupéry, und dies gilt auch für sein Werk: tätig sein. Müßiggang ist ihm also das Gegenteil von Teilhabe. Saint-Exupéry wollte Leben erleben, Leben gestalten, sich als Mensch bilden: *Leben heißt Geborenwerden. Es wäre allzu bequem, fix und fertige Seelen auszuleihen.*

Aus dem Erlebten machte Antoine de Saint-Exupéry Literatur. Denn auch seine philosophischen, religiösen und gesellschaftskritischen Bemerkungen finden ihren Grund in seinen Erlebnissen. *Man kann die Welt nur nach dem verstehen, was man erlebt.*

Antoine Jean-Baptiste Marie Roger Graf von Saint-Exupéry wurde am 29. Juni 1900 in Lyon geboren. Sein Vater war Versicherungsinspektor und stammte aus dem Limousin, seine Mutter aus der Provence.

Seine Familie nannte den kleinen Antoine aufgrund seiner hellblonden Haare den «Sonnenkönig». Im Alter von vier Jahren verlor er seinen Vater. Die Mutter gab die Wohnung in Lyon auf und zog mit ihren fünf Kindern, drei Töchtern und zwei Söhnen, in die Provinz. Antoine verbrachte seine Kindheit abwechselnd auf zwei Schlössern: in Saint-Maurice-de-Remens, dem Besitz seiner Tante, und in La Môle im Var, dem Schloss der Großmutter mütterlicherseits. Der Knabe wird von den damaligen Freunden als ein kräftiges, heiteres, offenherziges Kind beschrieben, ebenso wild wie träumerisch. Schon als Junge interessierte ihn die moderne Technik, er liebte Lokomotiven, fand die ersten Flugzeuge faszinierend und konstruierte selbst ein Fahrrad-Flugzeug, das wohl nicht recht funktioniert hat – es ging jedenfalls nicht in Serienproduktion.

1909 lässt sich die Familie in Le Mans nieder. Am 7. Oktober dieses Jahres tritt Antoine als Externer in die Jesuitenschule von Notre-Dame de Saint-Croix ein und bleibt dort bis 1914. Er ist ein eher mittelmäßiger Schüler mit einigen, wie ich finde, sympathischen Macken: Er übersetzt – heimlich, wohlgemerkt – Texte von Julius Caesar, um zu erfahren, wie römische Kriegsmaschinen funktionierten; und er mag die Mathematik nicht. Schon 1912 – er ist zwölf – unternimmt er einen ersten Flug im Aerodrome von Ambérieu, mit einem Piloten namens Védrines. Dieser Flug hat ihn tief beeindruckt. Der junge Antoine verarbeitet das Erlebnis literarisch, wenn ich einmal übertreiben darf. Er schreibt ein Gedicht, das er seinem Französischlehrer widmet und von dem drei Zeilen erhalten sind:

Die Flügel erbebten unter dem Atem des Abends
Die schlummernde Seele wiegte des Motors Gesang
Erblassend strich die Sonne an uns entlang.

Nein, Antoine war kein literarisches Wunderkind. Aber die Lehrer, es müssen besonders gute gewesen sein, wurden auf den schreibenden Schüler aufmerksam. 1914 erhält er einen Schulpreis für sein «Märchen vom Zylinderhut». Aus den Briefen an seine Mutter wissen wir, dass der Knabe Süßigkeiten liebte und zwar besondere: *Lass Trüffeln in Schokolade für mich machen, schicke mir etwas derartiges; das wird der Landschaft meines Magens gut tun. Ich mag die Fleischpasteten von Mutter Bossue nicht: ich liebe das echte Backwerk, die Makronen, die Trüffel in Schokolade (nicht als Pralinen!!!) und die Bonbons. So weißt Du gut Bescheid. Antoine denkt und die Familie lenkt. Bitte lenke schnell und versorge mich mit Bonbons.*

Überhaupt scheint er schon früh recht anspruchsvoll gewesen zu sein. 1918, während seines kurzen Studiums, schreibt er der Mutter aus Paris und bittet um: *1. Einen steifen Hut. Außerdem noch eine Zahnpasta, Boto; 2. Schuhsenkel (kaufe sie in Lyon und nicht in Ambérieu, wo sie kaputtgehen); 3. Briefmarken; 4. Eine Matrosenmütze.*

Ein Jahr zuvor, 1917, macht er Abitur; und er bereitet sich anschließend auf eine Aufnahmeprüfung vor. Er will die École Navale besuchen, weil er Marineoffizier werden möchte, fällt aber durch. So entscheidet er sich für etwas ganz anderes und studiert Architektur an der École des Beaux Arts in Paris. Das war 1919. Einer seiner Kommilitonen beschreibt ihn zu dieser Zeit als athletisch, mit einem Gesicht, das demjenigen Gilles von Watteau geglichen haben soll. Neben dem Studium arbeitet er als Statist am Châtelet-Theater.

Er bricht Studium und Theaterlaufbahn ab und tritt am 2. April 1921 seinen Militärdienst im 2. Fliegergeschwader in Straßburg an, wo er zunächst als Reparateur arbeitet. Von seinem Gehalt spart er so viel wie möglich, um bei einem zivilen Lehrer Flugunterricht zu nehmen. Am 17. Juni wird er als Offiziersschüler dem 37. Fliegergeschwader in Rabat zugeteilt. Zur selben Zeit erhält er den zivilen Flugzeugführerschein. 1922 besteht er auch die Prüfungen für den militärischen Flugzeugschein und wird als Leutnant der Reserve der Jagdfliegergruppe des 33. Fliegergeschwaders in Le Bourget zugeteilt.

Die Jahre von 1923 bis 1926 gestalten sich schwierig. Er weiß nicht, wie es mit ihm weitergehen soll; er will unbedingt heiraten und teilt dies seiner Mutter wieder brieflich mit: *Paris 1924. Meine kleine Mama! […] Ich habe den kleinen, ganz kleinen Wunsch zu heiraten, aber ich weiß nicht wen. Und dann verfüge ich über einen großen Vorrat an Vaterliebe. Ich hätte gern kleine Antoines …*

Schon 1923 sollte er als aktiver Militärflieger eingezogen werden, aber die Familie des Mädchens, das er gefunden hatte und heiraten möchte, verbietet eine solch gefährliche Karriere. Die Liebe siegt – erst einmal: Er verlobt sich; er lässt das Fliegen und wird Büroangestellter in einer Ziegelei und später Lastwagenverkäufer.

Nebenher fliegt er privat und verfasst 1925 seine erste Novelle «L'Aviateur», «Der Flieger», die ein Jahr später in der Zeitschrift «Le Navire d'Argent» erscheint und als eine erste Fassung des «Südkuriers» gelten muss. Die Verlobung platzt. Und das ist Saint-Exupérys Glück – er kann wieder fliegen. 1927, endlich, ist er Pilot bei der Luftfrachtgesellschaft Latécoère in Toulouse und übernimmt Postflüge. Zuerst die Strecke Toulouse – Casablanca, dann die Strecke Casablanca – Dakar.

Endlich kam der Tag, an dem auch ich in das Zimmer des Direktors gerufen wurde. Er sagte nur: «Sie fliegen morgen.» Ich blieb stehen und wartete, dass er mich entließ. Er aber fügte nach einer Pause noch hinzu: «Sie kennen die Vorschriften?» Damals waren nämlich die Motoren noch lange nicht so zuverlässig wie heute. Oft genug ließen sie einen plötzlich im Stich, und ohne jede Warnung saß man im Geklirr des zertrümmerten Porzellanladens. Dann steuerte man der Steinkruste Spaniens entgegen, die doch keinerlei Zuflucht bot. «Wenn hier der Motor kaputt geht», sagten wir unter uns, «dann folgt das Flugzeug ihm nur zu schnell nach.» Nun, ein Flugzeug ist nicht unersetzbar. Die Hauptsache ist, nicht blindlings aufs Felsenland niederzugehen. Darum war es uns bei schwerster Strafandrohung verboten, Wolkenmassen über den Berglandschaften zu überfliegen. Der Flieger, dem der Motor ausgefallen wäre, wäre in der weißen Wüste verschwunden und an die Berge gerannt, ohne sie vorher sehen zu können. Und so wiederholte denn an jenem Abend eine langsame Stimme mit sehr viel Nachdruck noch einmal die Vorschrift: «Nach Kompass fliegen ist schon schön; in Spanien über Nebelmeere so wegsteuern, das macht sich fein, aber …» – und da wurde die Stimme noch langsamer und nachdrücklicher – «aber … vergessen Sie nicht: Unter den Wolken wartet auf Sie – die Ewigkeit.»

Im Oktober 1927 wird Saint-Exupéry Postenchef des Flugplatzes Cap Juby bei Tarfaya in der damaligen spanischen Kolonie Westsahara, wo er sich mit den aufsässigen Beduinen der Umgebung auseinandersetzen muss – und auf die Flugzeuge wartet. In dieser Zeit arbeitet er am «Südkurier». Es ist eine längere Erzählung. Beschrieben wird der letzte Flug eines Piloten und erzählt wird von einer traurig endenden Liebesgeschichte zwischen dem Flieger Jacques Bernis und der sehnsuchtsvoll von ihm begehrten Geneviève.

Toulouse 5-45 h. Die mächtigen Räder drücken die Bremsklötze nieder. Der Propeller macht Wind, dass das Gras bis auf zwanzig Meter hin weg-

weht. Mit einer Handbewegung entfesselt oder beruhigt Bernis diesen Sturm. Im Auf und Ab wird der Lärm immer dröhnender und ist bald wie etwas Festes, Dichtes, das alles Körperliche umfängt. Wenn der Pilot fühlt, wie ihm daraus eine Fülle, eine Sättigung steigt, denkt er: Jetzt ist's recht. Dann schaut er nach vorn, auf die schwarze Haube, die sich gegen den hell werdenden Himmel stemmt wie ein Geschütz. Um die Luftschraube erzittert die Landschaft im Morgengrauen.

Noch rollt das Flugzeug langsam, bei Gegenwind; dann zieht der Pilot den Gashebel. Im Bann des Propellers stößt der Apparat in die Höhe. Die ersten Sprünge wiegen sich in der elastischen Luft, dann scheint der Erdboden sich zu spannen, er leuchtet unter den Rädern auf wie ein Treibriemen, der in Gang kommt. Der Pilot prüft die Luft, die anfangs dünn ist, dann fließend wird, endlich fest genug, er stützt sich an ihr empor und steigt.

Die Bäume, die zunächst die Fahrt begleiten, geben den Horizont frei, dann verschwinden sie. In zweihundert Meter Höhe kann man sich noch hinabbeugen wie zu einer Landschaft, die ein Kind aufgebaut hat, wo die Bäume gerade stehen, bemalte Häuser dazwischen, und auch der Wald hat etwas Künstliches an sich, wie ein grüner Pelz: bewohnte Erde …

Bernis sucht die beste Rückenhaltung, die richtige Ellbogenlage, die er braucht, um sich wohlzufühlen. Hinter ihm bezeichnen die tief liegenden Dünste über Toulouse die Stelle, wo die Bahnhofshallen liegen. Immer weniger bremst er seinen Apparat, der steigen will, und gibt etwas von der Kraft frei, die er mit der Hand zügelt. Jede Bewegung seines Handgelenks befreit eine Kraftwelle, die ihn emporhebt und in seinem Körper höher und höher flutet.

In fünf Stunden Alicante, heute Abend Afrika. Bernis kommt ins Träumen. Er ist zufrieden: «Ich habe alles in Ordnung gebracht.»

Nach diesem Flugzeugstart aus der Feder Saint-Exupérys will ich die Liebesgeschichte, die sehr lesenswert ist, nicht verraten, zwei Zitate aus dieser Erzählung aber dennoch aufführen: einen Satz zur Leidenschaft, zur Liebe, der bereits sehr früh ankündigt und offenbart, dass Saint-Eyupéry gewagte Bilder mag, die er in seinen späteren Werken exzessiv einsetzen und ausbauen wird: *Die Landschaft des Herzens wechselt zu schnell … Begierde, Zärtlichkeit, Feuers-*

glut – dann wieder rein und kühl geworden, losgelöst vom eigenen Körper, gleichsam am Bug des Schiffes, das ins Meer zurück will.

Auch das folgende Zitat aus «Südkurier» verweist bereits früh auf die noch kommenden Werke, auch auf den «Kleinen Prinzen». Bernis sitzt in seinem Flugzeug, er ist verloren, hat keine Sicht – diese Situation wird es in allen Saint-Exupéry-Büchern immer wieder geben. Nirgendwo sonst aber lässt sich bei ihm eine annähernd schöne Mondbeschreibung finden.

[…] «Ich muss jetzt nah bei Cap Gir sein, aber hängen soll man mich, wenn … es geht heute wirklich sehr schlecht.» Und nun überlegte er: «Ich bin wohl zu weit aufs Meer abgekommen.» So stellte er mittels der Bussole den Flug wieder richtig. Es war sonderbar, wie er sich immerwährend nach rechts, gegen das Meer, hingedrängt fühlte, als ritte er eine scheue Stute und als übten wirklich von links her die Berge einen Druck aus. «Es muss regnen.» Er streckte die Hand hinaus und spürte das peitschende Nass. «Ich werde in zwanzig Minuten wieder landeinwärts fliegen, dann wird es eben vor mir sein – weniger Risiko.» Aber nein, mit einem Schlag, welche Helligkeit! Der Himmel, von Wolken reingefegt, alle Sterne frisch gewaschen, wie neu. Der Mond – der Mond, die beste aller Lampen! Unten leuchtete der Flugplatz von Agadir in dreimaliger Schaltung auf wie eine Leuchtreklame. «Lasst Euch heimgeigen mit euren Lichtern – ich habe den Mond!»

In dem Buch «Wind, Sand und Sterne», 1939 erschienen, wird Saint-Exupéry den Mond sterben lassen, nachdem er zuvor wundervoll den Himmel beschrieben hat: *Ganz allmählich vollzieht sich der Weltuntergang, ganz allmählich schwindet mir das Licht. Himmel und Erde verschwimmen ineinander, als ob die Erde emporstiege und wie Rauch die Luft erfüllte. Die ersten Sterne zittern noch wie durch grünliches Wasser. Erst viel später werden sie zu harten Diamanten, erst sehr viel später kommt zu mir das stumme Spiel der Meteore. Ich habe Nächte erlebt, in denen ihre Feuergarben so massenhaft fielen, dass es schien, als ob ein schrecklicher Sturm unter den Sternen wütete […] Die Nacht war hereingebrochen, aber noch nicht die echte. Denn noch schien eine schmale Mondsichel. Ich spielte mit einer Weintraube. Hunger hatte ich nicht, weder Hunger noch Durst. Ich hätte so zehn Jahre weitersteuern mögen. Und nun ist auch der Mond gestorben.*

1928 macht Saint-Exupéry Urlaub in Frankreich und nimmt in Brest an einem besonderen Lehrgang für Navigation teil, den er mit einem Diplom abschließt. 1929 wird er Betriebsdirektor der Fluggesellschaft Aéropostale Argentina und richtet die Linie Buenos Aires – Punta Arenas ein. Er unternimmt Nachtflüge und 1931 erscheint das gleichnamige Buch «Vol de nuit». – Ein Buch, das André Gide in höchsten Tönen lobte und das, ausgezeichnet mit dem Prix fémina, Saint-Exupéry den literarischen Durchbruch brachte.

Im Zentrum dieses Textes steht ein Mann namens Rivière, Leiter des gesamten Flugnetzes und glühender Befürworter der gefährlichen Nachtflüge. *«Das ist für uns», hatte Rivière erwidert, «eine Lebensfrage, weil wir den Vorsprung, den wir tagsüber vor den Eisenbahnen und Dampfern gewonnen haben, jede Nacht wieder verlieren.»*

Das Buch ist gewiss eine Hymne auf das Abenteuer, auf männliche Kameradschaft; zugleich aber reflektiert Saint-Exupéry, was in einem Menschenleben eine wirkliche Tat bedeutet: *«Lieben, nur lieben – was für eine Sackgasse.» Rivière hatte die dunkle Empfindung von einer Pflicht, die höher stand als die Liebe [...] Ein Satz kam ihm in den Sinn: «Es gilt, sie unsterblich zu machen.»*

Und so erklärt Rivière einem Untergebenen: *«Sehen Sie, Robineau, es gibt keine Lösungen im Leben. Es gibt Kräfte in Bewegung, die muss man schaffen, die Lösungen folgen nach. Im Ziel liegt keine Rechtfertigung, aber das Tun befreit vom Tode.»*

Antoine de Saint-Exupéry ist ein Schriftsteller, der – auf der Suche nach Liebe, Wahrheit, Glauben und nach dem richtigen Leben – sich immer wieder in Widersprüche verdenkt. So steht dem Gedanken im «Nachtflug» – dass lieben, nur lieben eine Sackgasse sei – ein anderes Bekenntnis gegenüber, formuliert in den «Kriegsbriefen an einen Freund»: *Ich kann nicht außerhalb der Liebe leben. Ich habe niemals geredet noch gehandelt noch geschrieben, wenn nicht aus Liebe.*

Jetzt, 1931, ist Saint-Exupéry berühmt. Er kehrt nach Paris zurück. Und er hat sich verguckt. *Wenn ich eine Frau schön finde, gibt es nichts mehr zu sagen. Ich sehe sie einfach nur lächeln. Die Intellektuellen nehmen das Gesicht auseinander, um es durch Einzelteile zu erklären, aber sie sehen das Lächeln nicht.*

Das Lächeln, von dem er hier noch abstrakt spricht, gehört Consuleo Suncin, einer 27-jährigen Witwe. Seinen ersten Liebebrief an diese Frau beginnt Antoine de Saint-Exupéry mit einer Fanfare: *In diesem Brief steckt der Sturm meines Herzens, das Gewitter meines Lebens, das von weit her zu Ihnen zieht.*

Am 23. April 1931 wird geheiratet. Kein schlechtes Wort sei über diese durchaus krisenhafte Ehe gesagt, die trotz anderer Affären hielt. Stattdessen nur zwei Bekenntnisse der Frau und ein Gebet des Mannes: *Unser Leben war einständiges Hin und Her von Liebe und Trennungen ...* Und an anderer Stelle: *Tonio sagte zu mir: ‹Meine Frau ... Du bist der Sinn meines Lebens. Ich liebe Dich wie das Leben›.*

Das Gebet, das er ihr schrieb, nannte er «Abendgebet für Consuelo»; und es zeigt seine Liebe und seine Angst ebenso wie seine Einschätzung der geliebten Frau. Saint-Exupéry schickte es ihr im Januar 1944. Schon Jahre zuvor hatte er begonnen, für sich einen Weg zu Gott, zum Glauben zu suchen.

Herr, ich will dich nicht lange stören, mach mich einfach so, wie ich bin. In kleinen Dingen wirke ich eitel, aber bei den großen bin ich bescheiden. In Kleinigkeiten wirke ich egoistisch, aber wenn es um Großes geht, kann ich alles geben, sogar mein Leben. Oft scheine ich in Kleinigkeiten unrein, aber glücklich bin ich nur in der Reinheit. Herr, mach, dass ich immer der Frau gleiche, die mein Mann in mir erkennt. Herr, Herr, rette meinen Mann, weil er mich wirklich liebt, und weil ich ohne ihn verwaist wäre. Aber gib, Herr, dass er als erster von uns beiden stirbt. Er sieht zwar ganz gefestigt aus, aber er würde sich zu sehr ängstigen, wenn er mich nicht mehr im Haus lärmen hört. Herr, erspare ihm vor allem die Angst. Gib, dass ich immer Lärm im Haus mache, auch wenn ich dafür ab und zu etwas zerschlagen muss. Hilf mir treu zu sein und die Menschen nicht zu beachten, die er verachtet oder die ihn hassen. Das bringt ihm Unglück. Weil er sein Leben auf mich gebaut hat. Herr, schütze unser Haus. Deine Consuelo. Amen.

1931/32 fliegt er die Postverbindung Frankreich-Südamerika; er ist Versuchspilot für Wasserflugzeuge, wobei er bei einem dieser Versuche beinahe ertrunken wäre. 1934 wird er von der neu gegründeten Air France eingestellt. Daneben unternimmt er Vortragsreisen in Frankreich und im Ausland; er reist nach Saigon; und er spielt in der Verfilmung des «Südkuriers» mit. Er ersetzt als Double den Hauptdarsteller Pierre-Richard Wilm bei allen Flugszenen.

1935 besucht er Moskau und schreibt eine viel beachtete Artikelserie über diesen Besuch für «Paris Soir».

Ende 1935 musste er bei einem Versuch, den Streckenrekord Paris-Saigon zu brechen, in der ägyptischen Wüste notlanden, 200 Kilometer von Kairo entfernt. Saint-Exupéry und sein Techniker Prévot wurden erst nach fünftägigem Marsch von einer Karawane gerettet. In «Wind, Sand und Sterne» – der französische Titel ist «Terre des hommes» – finden wir diesen Absturz und die Rettung beschrieben. Dieser Roman ist spannend und rührend zugleich. Ist Abenteuerbeschreibung und Reflektion, ist wieder ein Hohelied auf die Kameradschaft, die Solidarität und die Menschlichkeit. Und er ist – wie eigentlich alle Bücher von Saint-Exupéry – eine Fundgrube für Liebhaber von Aphorismen und Lebensweisheiten.

Einige Passagen möchte ich zitieren, die deutlich werden lassen, warum dieses Buch bei seinem Erscheinen 1939 so ein großer Erfolg war – in Frankreich und in Amerika, wo Saint-Exupéry 1938 es, nach einem Absturz während seiner Genesung geschrieben hatte. Er war bei dem Versuch eines Rekordfluges von New York nach Feuerland abgestürzt, nach einer Zwischenlandung in Guatemala. Dieser Roman erhielt den Grand Prix du Roman de l'Académie française. Hier also die Sätze, die nicht nur damals Anklang fanden und ein Publikum verunsicherten und zugleich trösteten: *Wir besaßen ja nur Wind, Sand und Sterne. Das wäre selbst für Trappisten ein wenig zu hart gewesen. Und doch teilten auf diesem schlecht beleuchteten*

Tischtuch sieben Menschen, die nichts besaßen als ihre Erinnerungen, unsichtbare Schätze untereinander aus.

Diese Schätze sind Saint-Exupérys Glück: Das gemeinsame Gespräch, die gemeinsame Suche nach Erkenntnis, nach einem neuen, tieferen Humanismus. Seine Menschen suchen nach dem Grund des Seins und stellen Fragen: *Wie kommt es, dass die Menschen ihren Blick auf die Ewigkeit richten, wo sie doch vom Zufall auf eine noch warme Lava geworfen und schon vom andringenden Sand und Schnee bedroht werden? Ihre Kultur ist nur eine dünne Vergoldung, die ein Vulkanausbruch, ein neues Meer, ein Sandsturm, fortfegt.*

Trotz und gerade wegen des hier anklingenden Kulturpessimismus, möchte ich darauf hinweisen, dass dieser Schriftsteller nicht müde wird, immer wieder die Kultur zu bestimmen und sie zu definieren – was ihm aber nicht gelingt. Er widerspricht sich. Im «Flug nach Arras» definiert er Kultur so: *Von nun an meine ich besser zu erkennen, was Kultur ist. Eine Kultur ist eine Erbmasse von Glauben, Gewohnheiten und Erkenntnissen, die langsam im Laufe von Jahrhunderten erworben, rein logisch manchmal schwer zu rechtfertigen sind, die sich aber ganz von selbst rechtfertigen wie Wege, wenn sie nur irgendwohin führen, da sie dem Menschen seine innere Weite auftun.*

Auf die Kulturträger, auf Saint-Exupérys Elite-Denken, das in den Erzählungen und Romanen ebenso zum Ausdruck kommt wie in den Aufzeichnungen, die er wie Tschechow in ein kleines ledernes Notizbüchlein schrieb, das er immer bei sich trug, komme ich später zurück. Hier muss erst einmal nachgetragen werden, was wir an Wissenswertem und Bedenkenswertem in «Wind, Sand und Sterne» finden. So der folgende Gedanke, der deutlich macht, dass sein Autor das Ziel für wichtiger hält als die Mittel: *Wer nur um Gewinn kämpft, erntet nichts, wofür es sich lohnt zu leben.*

Ebenso gibt es eine klare Absage an blinde Abenteuerlust, deren Ziel allein ein Nervenkitzel oder die Angst sein mag – sein Fliegen und mit seinem Fliegen verbindet Saint-Exupéry stets ein

Ziel: Er will dem Menschen dienen und die Menschheit voranbringen, Fortschritt stiften. Und er ist sich erstaunlich sicher, dass Entäußerung, Askese den Fortschritt bringen wird: *Vollkommenheit entsteht nicht dann, wenn man nichts mehr hinzuzufügen hat, sondern wenn man nichts mehr wegnehmen kann. Am Endpunkt ihrer Entwicklung macht die Maschine sich unsichtbar [...] Es gilt nicht, gefährlich zu leben. Dieser Satz ist Angeberei. Für die Stierkämpfer habe ich gar nichts übrig. Nicht die Gefahr liebe ich. Ich weiß, was ich liebe, ich liebe das Leben.*

Setzungen moralischer Natur wie diese finden sich viele, ein besonderes Kleinod des Textes aber sind die Rettung aus der Wüste und die folgende Fuchs-Geschichte:

Wir hatten am Abend zuvor an den Ausläufen einiger rätselhafter Löcher Schlingen gelegt. Der Jäger in mir war wach, und ich ging vor allen andern, die Fallen nachzusehen ... Sie waren alle leer. Ich würde also kein Blut zu trinken bekommen. Ich hatte es auch eigentlich nicht erwartet.

Ich war nicht enttäuscht, wohl aber regte sich die Neugier. Wovon leben diese Tiere in der Wüste? Zweifellos handelte es sich um den Fenek, dieses hasengroße fuchsartige Raubtier mit den Riesenohren. Ich konnte meinem Wissensdurst nicht widerstehen und folgte den Spuren von einem dieser Tiere. Sie führten mich in ein enges Sandtal, in dem jeder Schritt deutlich abgedrückt war. Ich bewunderte das hübsche Palmenmuster, das drei fächerförmige Zehen hinterlassen hatten. Ich stellte mir meinen vierbeinigen Freund lebhaft vor, wie er im ersten Dämmerlicht lostrabte und Tau von den Steinen leckte. Jetzt wurden die Abstände zwischen den Fußstapfen größer, mein Fenek war also gerannt. Und jetzt war gar ein Gefährte zu ihm gestoßen, und sie waren nebeneinander hergelaufen. Mit völlig unangebrachter Freude begleitete ich die beiden Füchslein auf ihrem Morgenspaziergang. Die Lebenszeichen taten mir wohl, und ich vergaß den Durst ein wenig. Schließlich kam ich sogar an den Vorratsspeicher dieser Wüstenfüchse. Kaum über den Sand heraus erhoben sich alle hundert Schritte kleine, dürre Bäumchen von der Größe einer Suppenschüssel, deren Zweige mit kleinen goldgelben Schnecken besetzt waren. Der Fenek war dort einholen gegangen, und ich stieß auf eines der geheimnisvollen Wunder der Natur.

Mein Fenek blieb nicht etwa vor jedem Baum stehen. Manche ließ er links liegen, obwohl sie von Schnecken wimmelten. Andere umging er scheu. An andere wiederum machte er sich heran, aber ohne sie leerzufressen. Zwei bis drei Schnecken erntete er und zog dann ein Wirtshaus weiter. Warum handeln die Feneks so? Macht es ihnen Freude, ihren Hunger nicht auf einmal zu befriedigen, sondern sich lang währenden Genuss auf ihrem Morgenbummel zu verschaffen? Schwerlich; denn dazu fügt sich dieses Spiel zu deutlich einer lebensnotwendigen Vorsicht. Wenn der Wüstenfuchs sich am ersten Baum satt fräße, wäre in zwei oder drei Mahlzeiten die ganze lebende Last heruntergeholt. So wäre schnell von Bäumchen zu Bäumchen der Viehbestand vernichtet. Aber der Fenek hütet sich, den Nachwuchs zu stören. Er holt sich jede seiner Mahlzeiten von hundert solcher braunen Stauden. Ja, er tut noch mehr: Er nimmt nie zwei benachbarte Schnecken vom gleichen Zweig. Er handelt wie in vollem Bewusstsein der Gefahr. Fräße er nach seinem Hunger, stürben die Schnecken aus, und wenn die Schnecken verschwunden wären, hätte es auch mit den Feneks ein Ende.

Die Spuren führten mich zum Lager. Da unten saß also mein Fenek und hörte mich und zitterte vor meinen Schritten. Ich sagte ihm: «Mein Füchschen, ich bin zwar verloren, aber so komisch es ist, dein Lebenswandel interessiert mich doch!»

Einen kleinen Augenblick blieb ich stehen und träumte vor mich hin. Es ist wundersam, wie man sich jeder Lage anpasst. Niemand hat Angst, weil er dreißig Jahre später doch sterben muss. Dreißig Jahre oder drei Tage – es kommt nur darauf an, von wo man es betrachtet.

Und nun, viel zu kurz, die Rettung. Diese Episode ist auf- und erregender als jeder Krimi, obwohl man weiß, dass Saint-Exupéry und sein Techniker gerettet werden müssen.

Wir haben uns zum Gehen gezwungen, und plötzlich höre ich den Hahn krähen. Guillaumet hatte mir seinerzeit auch erzählt: «Gegen Ende hörte ich in meinen Anden die Hähne. Ich hörte auch die Eisenbahn.» Das fällt mir im Augenblick ein, und ich sage mir: «Erst täuschen einen die Augen. Das macht der Durst. Die Ohren haben länger gehalten.»

Aber Prevot fasst mich am Arm: «Hören Sie!»

«Was denn?»

«Den Hahn!»

«Ja aber – ja aber …»

«Ja aber, das hieße Leben – du Dummkopf!»

Noch eine Täuschung sucht mich heim. Ich sehe drei Hunde herumjagen. Prevot sieht hin und kann nichts wahrnehmen. Aber nun strecken wir beide die Arme dem Beduinen entgegen, beide holen wir den letzten Atem aus unserer Brust und beide lachen wir vor Glück. Aber unsere Stimmen tragen keine dreißig Meter mehr. Die Stimmbänder sind vertrocknet. Wir hatten miteinander nur noch geflüstert, und das nicht einmal bemerkt.

Der Beduine und sein Kamel, die hinter dem Hügel hervorgekommen sind, wollen sich entfernen. Langsam, langsam ziehen sie weiter. Vielleicht ist er allein! Vielleicht hat ein grausamer Teufel uns diesen Menschen gezeigt, um ihn uns wieder zu nehmen.

Und wir können nicht mehr rennen!

Da erscheint ein anderer Araber auf der Düne, mit der linken Seite uns zugewandt. Wir schreien – aber ganz leise. Wir schwenken die Arme und füllen nach unserer Meinung den Himmel mit riesigen Signalen. Aber der Beduine sieht immer nach rechts.

Jetzt aber, ganz langsam, macht er eine Viertelwendung links. Sobald er das Gesicht uns zugewendet hat, ist es auch schon geschehen: Durst, Tod und Luftspiegelungen sind verwischt in dem Augenblick, in dem er uns erblickt. Eine kleine Viertelwendung verwandelt unsere Welt. Eine Bewegung des Körpers, ein rascher Blick schaffen Leben, und er scheint mir nicht von dieser Welt.

Ein Wunder! Ein Wunder! Er kommt auf uns zu wie ein Gott über das Meer!

Er hat uns ins Gesicht gesehen, hat uns die Hände auf die Schultern gelegt, und wir haben ihm gehorcht und uns hingelegt. Hier gibt es keine Rasse, keine Sprache, keine Partei. Ein armer Wanderhirte hat Engelshände auf unsere Schultern gelegt.

Saint-Exupéry beschreibt rührend, aber nie sentimental.

Er kehrte gerade von einer Reise zu seinem amerikanischen Verleger aus New York zurück, als Anfang September 1939 der Zweite

Weltkrieg ausbrach. Saint-Exupéry wurde eingezogen und in Toulouse zum Ausbilder für Piloten bestellt. Seine Einheit, die Gruppe 2/33 wurde im Mai 1940 von Orconte nach Orly verlegt. Am 12. Mai erhält Saint-Exupéry den Auftrag, einen Aufklärungsflug über Arras durchzuführen. Daraus wurde das gleichnamige Buch, das Saint-Exupéry 1940 in New York schrieb – nach dem Zusammenbruch des französischen Widerstands am 17. Juni 1940 und seiner Emigration. Es erschien am 20. Februar 1942 in den Vereinigten Staaten und stand sechs Monate lang an der Spitze der Bestsellerliste. Im selben Jahr wurde es in Frankreich veröffentlicht – die deutsche Zensur strich nur vier Worte: «Hitler ist ein Idiot.»

Das Buch wurde allerdings auf Wunsch der Deutschen, der Besatzungsmacht, 1943 in Frankreich verboten und blieb es bis zur Kapitulation. «Flug nach Arras» ist autobiografisch, und dies ganz unverschlüsselt. Saint-Exupéry flog vom 23. Mai 1940 bis zum 6. Juni Einsätze im Norden Frankreichs, vor allem im Raum Arras. Bei diesen Flügen wurden 17 der 50 Einheiten geopfert, nach Saint-Exupérys Überzeugung völlig sinnlos. Sie seien geopfert worden, schreibt er, *wie ein Glas Wasser über einem Waldbrand.*

Das Buch offenbart Saint-Exupérys Resignation über die Geschehnisse im Krieg, nicht über die Niederlage Frankreichs, sondern über die Veränderungen, die dabei in den Menschen vor sich gingen. Der Mensch, so Saint-Exupéry, entfremde sich, indem das Ziel eines oder weniger Menschen, zum Ziel aller wird, werden muss. Das Ziel: der Krieg. Sinnlose Todesbefehle würden ausgeführt, so kritisiert Saint-Exupéry die Franzosen und die Amerikaner, obwohl die Kapitulation schon feststehe: *Hunderte von Frauen und Kindern, die sich, so gut sie können, aus ihren brennenden Wagen herauswinden. Und da ein Artillerie-Oberleutnant, der wider Willen in die Verstopfung hineingeriet, ein 75-mm-Geschütz in Stellung zu bringen sucht, auf das der Feind feuert – und da der Feind das Geschütz verfehlend die Straße bestreicht – laufen Mütter zum Oberleutnant, der schweißtriefend in seiner unbegreiflichen Pflicht beharrt und eine Stellung zu retten sucht, die keine zwanzig Minuten zu halten ist (sie sind zu zwölft): «Macht, dass ihr weiterkommt! Macht, dass ihr weiterkommt! Ihr Feiglinge!»*

Wofür Saint-Exupéry eintritt, ist ein humanistisches Ideal. Gegen Ende der Erzählung bricht die Handlung ab und in einer Art allgemeinen Zusammenfassung wird der Autor, wie auch in seinem letzten Werk, «Die Stadt in der Wüste», nachdenklich, extrem bildreich und gleichnishaft. *Wie soll man die Gleichheit auf der Ebene der Individuen, zwischen dem Weisen und dem Rohling, dem Dummkopf und dem Genie definieren? Wenn wir sie festlegen und verwirklichen wollen, verlangt die Gleichheit auf der Ebene der Stoffe, dass diese alle denselben Platz einnehmen und dieselbe Rolle spielen. Das ist absurd.*

Saint-Exupéry unterscheidet hier zwei Formen von Gleichheit. Die erste besteht in der Position des einzelnen Menschen im Menschen, beziehungsweise des einzelnen Steines im Bau eines Doms. Hier gibt es nur Gleichheit insofern jeder Stein für den Erhalt des Domes gleich wichtig ist: *Der Gelehrte schuldete selbst dem Kohlenträger Achtung, denn im Kohlenträger achtete er Gott.*

Die zweite Form ist die der konkreten Position des Einzelnen in der Menschheit, die Menschen würden nur fälschlicherweise als gleich definiert. Sind die Menschen innerhalb der Kriegsmaschinerie gleich geworden, insofern sie alle blinden Gehorsam gegenüber den Befehlen ihres Vorgesetzten leisten, haben sie sich von sich selbst entfremdet. Der Einzelne ist gegenüber dem Anderen, unabhängig seines Berufes, zu einem Werkzeug des Krieges geworden. Wenn der Mensch aber aufhört, sich selbst durch seine Taten hindurch zu bestimmen, werden diese ziellos. Es gibt dann, so Saint-Exupéry, kein Ideal mehr, auf das er sich hin ausrichtet. Kein Ziel mehr, das es zu erreichen gilt, sondern fremdbestimmte Handlungen, die nur einem Ziel dienen, das das Ziel aller wird: der Krieg.

Jean-Paul Sartre arbeitete zur selben Zeit an seiner Existenzphilosophie, an seinem Hauptwerk «L'Être et le Néant», und auch Saint-Exupéry will formulieren, welche Verantwortung der Mensch für sich trägt und seine Mitmenschen, er will wissen, ob Gott existiert und ob er eine Rolle im Schicksal des Menschen spielt, der Menschen überhaupt.

Jeder ist für alle verantwortlich. Jeder ist allein verantwortlich. Jeder ist allein für alle verantwortlich. Ich verstehe zum ersten Mal eines der Geheimnisse der Religion, aus der die Kultur hervorging, die ich als die meine anspreche: Die Sünden der Welt tragen [...] Und jeder trägt alle Sünden der ganzen Welt [...] Früher nahm wirklich das Opfer, das das Wesen des Menschen begründet, den Namen der Nächstenliebe an, wenn es Gott durch sein menschliches Ebenbild hindurch ehrte. Im Individuum beschenken wir Gott oder den Menschen. Da wir aber Gott und den Menschen vergaßen, beschenken wir nur mehr das Individuum. Und von da an nahm die Nächstenliebe oft die Form eines unannehmbaren Verhaltens an.

Saint-Exupéry wird diese Gedanken in «Die Stadt in der Wüste» weiterführen, wird sich auch in seinem 1943 verfassten «Brief an einen General» in sehr resigniertem Ton über die Zukunft der Menschheit ohne Gott und ohne Liebe äußern.

Am 16. Mai 1943 war Saint-Exupéry aus Amerika zurückgekehrt und hatte es trotz des nach den Dienstvorschriften unüberwindlichen Hindernisses seines Alters, er war 43, geschafft – nicht zuletzt dank der Intervention von Roosevelts Sohn – in Algerien wieder zu seiner Gruppe 2/33 zu stoßen, die unter amerikanischem Kommando stand. In dieser Zeit entstand der «Brief an einen General», ein eher unbekannter, mir aber sehr wichtiger Text, der – wie viele andere Zeugnisse, zu denen auch der «Brief an die Franzosen» und der «Brief an einen Ausgelieferten» gehören – deutlich werden lässt, dass der Philosoph Saint-Exupéry, der zuweilen sehr schwiemelig denkt und formuliert, wenn es darauf ankam, ein sehr klarer Denker sein konnte. Er schreibe, so erklärt er dem anonymen General, *um Ihnen deutlich zu machen, dass dieses Herdendasein auf einer amerikanischen Flugbasis, die Mahlzeiten, die man stehend in zehn Minuten herunterschlingt, dieses Hin und Her zwischen den Eindeckern mit ihren 2600 PS und einem Gebäude, in dem wir zu dritt eingepfercht sind, mit einem Wort: dass diese schreckliche Menschenwüste nichts an sich hat, was meinem Herzen schmeichelt. Auch dies, wie die nutzlosen Aufklärungsflüge ohne Hoffnung auf Rückkehr im Juni 1940, ist eine Krankheit, durch die man hindurch muss. Ich bin ‹krank› für unbestimmte Zeit. Doch ich billige mir nicht das Recht zu, diese Krankheit nicht durchzumachen. Das ist alles. Heute bin ich tieftraurig – es geht sehr tief. Ich bin traurig für meine Generation, die jeder menschlichen Substanz entleert ist. Die nur Bars, Mathematik und Rennwagen als Form des geistigen Lebens kennengelernt hat und gegenwärtig in eine ausgesprochene Herdenaktion eingespannt ist – eine Aktion, die keinerlei Farbe mehr hat [...] Die Krankheit dieser Jugend besteht nicht darin, dass es ihr an besonderen Talenten gebräche, sondern dass es ihr verwehrt ist, will sie nicht konventionell erscheinen, sich auf die großen erfrischenden Mythen zu berufen. In ihrer Dekadenz ist die Menschheit von der griechischen Tragödie bis zum Theater eines Louis Verneuil herabgesunken [...] Ich hasse meine Epoche aus ganzer Seele. Der Mensch stirbt in ihr vor Durst. Ach, Herr General, es gibt nur ein Problem, ein einziges in der Welt. Wie kann man den Menschen eine geistige Bedeutung, eine geistige Unruhe wiedergeben, etwas auf sie hernieder tauen lassen, was einem gregorianischen Gesang gleicht! Hätte ich den Glauben, stünde es fest, dass ich, sobald diese Zeit des ‹notwendigen und undankbaren Jobs› vorüber ist, nur noch die Benediktinerabtei Solesmes ertragen könnte. Sehen Sie, man kann nicht mehr leben von Eisschränken, von Politik, von Bilanzen und Kreuzworträtseln. Man kann es nicht mehr. Man kann nicht mehr leben ohne Poesie, ohne Farbe, ohne Liebe [...] Es gibt nur ein Problem, ein einziges: Es gilt wieder zu entdecken, dass es ein Leben des Geistes gibt, das noch höher steht als das Leben der Vernunft und das allein den Menschen zu befriedigen vermag. Das übersteigt noch das Problem des religiösen Lebens, das nur eine seiner Erscheinungsformen ist – wenn auch das Leben des Geistes vielleicht notwendig zu dem anderen hinführt. Und das Leben des Geistes beginnt dort, wo man ein ‹einziges› Wesen oberhalb der Stoffe erkennt, aus denen es sich zusammensetzt. Die Liebe zum Hause – diese Liebe, von der man in den Vereinigten Staaten nichts weiß – gehört schon zum Leben des Geistes. Und auch das Dorffest und der Totenkult (ich komme darauf, da hier nach meiner Ankunft zwei oder drei Fallschirmspringer den Tod fanden, aber man hat sie beiseite geschafft: Sie waren nicht mehr von Nutzen). Das gehört zur Epoche, nicht zu Amerika: Der Mensch hat keinen Sinn mehr. Man muss unbedingt zu den Menschen sprechen. Was hilft's, wenn wir den Krieg gewinnen und dann eine hundertjährige Krise durchmachen, in der wir an revolutionärer Epilepsie kranken? Sobald die deutsche Frage endgültig geregelt ist, werden sich erst alle wirklichen Probleme stellen. Es ist wenig wahrscheinlich, dass am Ausgang dieses Krieges das Spekulieren auf die amerikanischen Vorräte ausreichen wird, um die Menschheit, wie 1919, von ihren wahrhaften Sorgen abzulenken. Da es an einer starken geistigen Strömung fehlt, werden sechsunddreißig Sekten wie Pilze emporschießen und sich untereinander entzweien. Selbst der Marxismus, der allzu altersschwach ist, wird in eine Vielzahl gegensätzlicher Neomarxismen zerfallen. In Spanien war das deutlich zu sehen. Falls uns nicht ein französischer Cäsar für alle Ewigkeit in einem neosozialistischen Konzentrationslager unterbringt. Den heutigen Menschen hält man, je nach dem Milieu, durch Skat oder Bridge im Zaum. Wir sind erstaunlich gründlich kastriert. So sind wir nun schließlich frei. Man hat uns Arme und Beine abgeschnitten, dann ließ man uns frei herumlaufen. Doch ich hasse diese Epoche, in der der Mensch unter dem allgemeinen totalitären Druck zu sanftem, höflichem und ruhigem Vieh wird. Man stellt uns das als moralischen Fortschritt hin! Was ich am Marxismus hasse, das ist das Totalitäre, zu dem er führt. Der Mensch wird dort als Produzent und Konsument definiert: Das entscheidende Problem ist die Verteilung. So ist es in den Musterfarmen. Was ich beim Nazismus hasse, das ist das Totalitäre, das er wesensmäßig anstrebt. Man lässt die Arbeiter des Ruhrgebiets vor einem Van Gogh, einem Cezanne und einem Farbdruck defilieren. Natürlich stimmen sie für den Farbdruck. Das ist die Wahrheit des Volkes! Man sperrt Menschen, die das Zeug zu einem Van Gogh, einem Cézanne haben, man sperrt alle großen Nonkonformisten hermetisch in einem Konzentrationslager ein, und man füttert ein gefügiges Herdenvieh mit Farbdrucken. Doch was wird aus den Vereinigten Staaten und aus uns, ja, auch aus uns, in dieser Epoche eines allgemeinen Funktionärtums? Der Epoche des Robotermenschen, des Termitenmenschen, des Menschen, der hin- und herpendelt zwischen der Fließbandarbeit und dem Skatspielen? Des Menschen, der seiner ganzen Schöpfungskraft beraubt wurde und der nicht einmal mehr in seinem Dorf einen Tanz oder ein Lied hervorzubringen vermag. Des Menschen, den man mit Konfektionskultur, mit Standardkultur versorgt, so wie man das Rindvieh mit Heu versorgt. So sieht er aus, der Mensch von heute.*

Und ich, ich denke daran, dass man vor knapp dreihundert Jahren »La Princesse de Cleves« schreiben oder sich wegen einer unglücklichen Liebe in ein Kloster einschließen konnte; so brennend war damals die Liebe. Freilich bringen sich Menschen heutzutage um. Doch deren Leiden gehört in die Kategorie eines rasenden Zahnwehs. Eines unerträglichen. Es hat nichts mit Liebe zu tun.

Das gegenwärtige, das moderne Leben hat für ihn nichts (mehr) mit Liebe zu tun. Und nichts mehr mit Kultur. Und beide stehen – neben, vielleicht über dem Lächeln – im Zentrum von Antoine de Saint-Exupérys Werk.

Bevor ich noch etwas über die «Stadt in der Wüste», den «Kleinen Prinzen» und den gezähmten Fuchs sage, möchte in aller Kürze das letzte Lebensjahr von Saint-Exupéry beschreiben.

Er wird Ende 1943 zum Major ernannt und ist endlich, nach vielen vergeblichen Versuchen, nach neuerlichen Trainingsflügen in seine Gruppe 2/33 aufgenommen worden. Ihm ist aufgetragen, fünf Aufklärungsflüge zu unternehmen – von Korsika aus. Saint-Exupéry hat schon acht statt der bewilligten fünf Flüge hinter sich. Er besteht darauf, weitere fliegen zu dürfen. Seine Vorgesetzten stimmen zu. Noch einen soll er, darf er unternehmen.

31. Juli 1944. Start 8.30 Uhr. Ziel: die Gegend Grenoble, Annecy. Um 13.30 Uhr ist er noch nicht zurück. Der Treibstoff reicht zu diesem Zeitpunkt noch für eine Stunde. 14.30 Uhr, Saint-Exupéry kann nicht mehr in der Luft sein.

Seit kurzem wissen wir, dass er von einem jungen deutschen Fliegeroffizier abgeschossen wurde. Im Jahr 2000 wurden Wrackteile der Saint-Exupéry-Maschine auf dem Grund des Mittelmeeres in der Nähe der Île de Riou geortet, im Herbst 2003 geborgen und im Jahr danach anhand einer im Turbokompressor eingravierten Nummer identifiziert.

«2, Beekman Place, Sommer 1944. Mein Gatte, mein Tonio, Du fehlst mir und ich warte auf Dich, aber ich fürchte, ich werde Dich nie wieder sehen. Ich flehe zu Gott, mich anzuhören, ich denke mir lange Gebete aus, damit er uns wieder vereint [...] Du allein wusstest, Tonio, dass die Liebe der direkteste und kürzeste Weg ist, und Du sagtest zu mir: ‹Damit eine Rose schön ist, braucht sie einen Gärtner, der sich um sie kümmert, der sie pflegt und sie gießt.› Aber Du bist nicht mehr da, und Deine Rose verwelkt ohne ihren Gärtner.»

Der kleine Prinz, der der Entwicklung einer riesigen Knospe beiwohnte, fühlte wohl, es müsse eine wunderbare Erscheinung aus ihr hervorgehen, aber die Blume wurde nicht fertig damit, sich in ihrer grünen Kammer auf ihre Schönheit vorzubereiten. Sie wählte ihre Farben mit Sorgfalt, sie zog sich langsam an, sie ordnete ihre Blütenblätter eins nach dem andern. Sie wollte nicht wie die Mohnblüten ganz zerknittert herauskommen. Sie wollte nicht früher erscheinen als im vollen Ornat ihrer Schönheit. Nun ja! Sie wollte gefallen. Ihre geheimnisvolle Toilette hatte also Tage und Tage gedauert. Und dann, eines Morgens, gerade zur Stunde des Sonnenaufganges, hatte sie sich enthüllt. Und sie, die mit solcher Genauigkeit gearbeitet hatte, sagte gähnend:

«Ach! Ich bin kaum erwacht ... Ich bitte um Verzeihung ... Ich bin noch ganz zerrauft ...»

Da konnte der kleine Prinz seine Bewunderung nicht mehr verhalten:

«Wie schön Sie sind!»

«Nicht wahr?», antwortete sanft die Blume. «Und ich bin zugleich mit der Sonne geboren ...»

Der kleine Prinz erriet wohl, dass sie nicht allzu bescheiden war, aber sie war so rührend!

«Ich glaube, es ist Zeit zum Frühstücken», hatte sie bald hinzugefügt, «hätten Sie die Güte, an mich zu denken?»

Und völlig verwirrt hatte der kleine Prinz eine Gießkanne mit frischem Wasser geholt und die Blume bedient.

Die Rose war Consuelo – Saint-Exupérys Frau, mit der er zusammen in New York lebte, als er dieses Wundermärchen schrieb.

Ich muss den Fuchs noch zu Wort kommen lassen, aber zuvor einige Bemerkungen zur «Stadt in der Wüste».

Saint-Exupéry, der die gewagtesten Bilder schuf, Symbole und Gleichnisse liebte, wollte, dass die Sprache so einfach wie möglich sei, damit sie von allen verstanden und von niemandem missverstanden werde. Denn er glaubte, dass es vor allem anderen die sprachlichen Unzulänglichkeiten seien, die Menschen in Zwiste, Kämpfe, Kriege stürze. Er glaubte daran, dass in Wahrheit alle Menschen allein nach dem Guten strebten. Und er sieht Rettung nur in der Stille. Das bedeutet: Er verlangt keine Antwort mehr, auch nicht von Gott. Der große Kaid in «Die Stadt in der Wüste» spricht aus, was der Autor denkt: *Ich hatte Gott nicht berührt, doch ein Gott, der berühren lässt, ist kein Gott mehr. Er ist es auch nicht mehr, wenn er dem Gebete gehorcht. Und zum ersten Mal ahnte ich: Die Größe des Gebets beruht vor allem darauf, dass ihm nicht geantwortet wird und dass dieser Austausch nichts mit einem schäbigen Handel zu tun hat. Und ich ahnte, dass das Erlernen des Gebets im Erlernen des Schweigens besteht und dass dort erst die Liebe beginnt, wo kein Geschenk mehr zu erwarten ist. Die Liebe ist vor allem Übung des Gebets und das Gebet Übung des Schweigens.*

Und an anderer Stelle dieses Buches der Fragmente, in einer Hymne an die Stille heißt es dann: *Ich weiß wohl, Herr, dass die Weisheit nicht in der Antwort besteht, sondern, dass sie von der wetterwendischen Sprache erlöst [...] Ich kenne die Liebe und weiß: Sie besteht darin, dass keine Frage mehr gestellt wird. Und ich überwinde Gegensatz um Gegensatz und schreite auf die Stille aller Fragen zu, so finde ich die Seligkeit.*

Ich habe weiter oben erwähnt, dass Saint-Exupéry sich immer wieder Gedanken über den Unterschied zwischen Elite und Masse machte, und dass er einen sehr elitären Standpunkt einnimmt:

Priorität der Masse gegenüber der Elite? Niemals. Priorität des Stoffs, des Lebensstandards gegenüber dem Geiste? Niemals. Priorität der Logik gegenüber einer gewissen menschlichen Irrationalität? Niemals. Verwurzelung derer, die die Kirchen brandschatzten und die Aristokratie bespuckten, in der sozialistischen Lehre? Niemals. Und welcher aufgeklärte französische Kommunist würde es wagen, diese Gesichtspunkte zu verteidigen?

Denn ob man es wahrhaben will oder nicht: Spanien, das seine Kunstschätze verbrannte und das verschlossene Universum der Klöster ausleerte, hat damit, wenn auch nur einen Augenblick, der Dummheit gegenüber der Kultur Priorität eingeräumt. Und ich werde den Massen keinen Vorwurf machen, wohl aber denen, die sich damit abgefunden haben, dass der Dreck aus der Kloake entweicht. Denn wenn er spektakulär entweicht, um in der Kulturentwicklung einen Einschnitt zu bewirken – welch nicht wieder gutzumachenden Einschnitt kann er sich dann bei verschwiegenden Vorgängen erhoffen: etwa bei jenen, die mit dem Schulwesen zusammenhängen?

Diese Gedanken finden sich in den Aufzeichnungen, den Carnets. Und keineswegs arrogant beklagt er, was aus den Menschen geworden ist. Hier mischt sich Mitgefühl mit Verachtung, Trauer mit einem großen Selbstwertgefühl, angereichert mit der Gewissheit intellektueller und emotionaler Überlegenheit. Was Saint-Exupéry sehr früh in «Wind, Sand und Sterne» formuliert, finden wir sehr oft ähnlich beschrieben.

Du alte Beamtenseele, Kamerad an meiner Seite! Nie hat dir jemand den Weg ins Freie gezeigt, und du kannst nichts dafür. Du hast dir deinen Frieden gezimmert, indem du wie die Termiten alle Luken verschlossen hast, durch die das Licht zu dir drang […] Du willst dich nicht mit großen Fragen belasten; du hattest genug zu tun, dein Menschentum zu vergessen […] Keiner hat dich mitzureißen versucht, als es noch Zeit war; nun ist der Lehm, aus dem du gemacht bist, eingetrocknet und hart, und niemand wird künftighin den schlummernden Musiker oder Dichter oder Astronomen erwecken, die vielleicht auch in dir einst gewohnt haben.

Das klingt verbittert und verbittert klingt Saint-Exupéry, wenn er fragt: *Womit mögen sie, wenn sie frei sind, ihre unsinnigen kleinen Sonntage füllen?* Ganz anders der Fuchs, jener hübsche, der den Kleinen Prinzen lehrt, was zähmen bedeutet:

«Was heißt ‹zähmen›?»

«Das ist eine in Vergessenheit geratene Sache», sagte der Fuchs. «Es bedeutet: sich ‹vertraut machen›.»

«Vertraut machen?»

«Gewiss», sagte der Fuchs. «Du bist für mich noch nichts als ein kleiner Knabe, der hunderttausend kleinen Knaben völlig gleicht. Ich brauche dich nicht, und du brauchst mich ebenso wenig. Ich bin für dich nur ein Fuchs, der hunderttausend Füchsen gleicht. Aber wenn du mich zähmst, werden wir einander brauchen. Du wirst für mich einzig sein in der Welt. Ich werde für dich einzig sein in der Welt ...»

«Ich beginne zu verstehen», sagte der kleine Prinz. «Es gibt eine Blume ... ich glaube, sie hat mich gezähmt ...»

Antoine de Saint-Exupéry zähle ich zu meinen Leidenschaften, weil er mit allen Mitteln für seine Leidenschaften kämpfte: für das Fliegen und für Consuelo. Weil er so viel vom Mensch-Sein verstand; weil er mit großer geistiger Anstrengung das Geheimnis des Glaubens und des Gottvertrauens zu erkunden versuchte und schließlich in den «Carnets» formulierte: *Was kümmert es mich, ob Gott nicht existiert: Gott verleiht dem Menschen etwas Göttliches.*

Antoine de Saint-Exupéry denkt Gott und Sprache zusammen. Doch die Menschen vergeuden die Worte, betrügen mit Sprache, sie sagen mit Worten nicht mehr die Wahrheit und entfernen sich schwatzend von Gott.

O die Schwätzer

O Herr! Mögest Du eines Tages, wenn Du
unsere Schöpfung in die Scheuer einbringst,
ein großes Tor für die geschwätzige Rasse der
Menschen öffnen; mögest Du ihnen in Deiner
ewigen Wohnung einen eigenen Platz weisen,
wenn die Zeiten vollendet sind.
Es ist mir aufgegangen, dass aller Fortschritt
des Menschen in der Entdeckung besteht, dass
seinen Fragen kein Sinn innewohnt.
Ich habe meine Weisen befragt, und sie haben
nicht etwa einige Antworten auf die Fragen des
letzten Jahres gefunden – nein, Herr,
sie lächeln heute über sich selber,

denn die Wahrheit entpuppte sich
als das Sich-Erübrigen einer Frage.
Die Liebenden, die auf der niedrigen Mauer
vor den Orangenpflanzungen sitzen, Schulter
an Schulter mit baumelnden Beinen, wissen
genau, dass sie auf die Fragen keine Antwort
erhielten, die sie gestern gestellt haben.
Ich kenne aber die Liebe und weiß:
Sie besteht darin, dass keine Frage mehr
gestellt wird.
Und ich überwinde Gegensatz um Gegensatz
und schreite auf die Stille aller Fragen zu;
so finde ich die Seligkeit.
O die Schwätzer! Wie sehr haben sie die
Menschen verdorben.
Töricht ist der, der von Gott eine Antwort
erwartet.
Wenn Er dich aufnimmt,
wenn Er dich heilt, so geschieht es,
weil Er mit Seiner Hand deine Fragen gleich
dem Fieber von dir nimmt.
So ist es.
Herr, wenn Du Deine Schöpfung eines Tages in
die Scheuer einbringst,
so öffne das doppelte Scheunentor und lass
uns dort eintreten, wo nicht mehr geantwortet
wird, denn dort gibt es keine Antwort mehr,
aber die Seligkeit, die der Schlussstein der
Fragen ist, und die Schau, die befriedigt.
Und der Liebende wird die Weite des süßen
Wassers entdecken, die umfassender ist als die
Weite des Meeres, und er wird gewahr werden,
dass ihn seine Ahnung nicht trog,
als er das Rauschen der Brunnen hörte,
als er die Beine baumeln ließ und sich an die

Geliebte schmiegte.
Stille, Hafen des Schiffes.
Stille in Gott, Hafen aller Schiffe.

Seit 1975 trägt ein Asteroid, der Asteroid 2578, den Namen Saint-Exupéry. Der Kleine Prinz wohnt auf dem 1909 entdeckten B 612. Und das Geheimnis, das der Fuchs dem Kleinen Prinzen anvertraute, ist ein achtbares: *Man sieht nur mit dem Herzen gut. Das Wesentliche ist für die Augen unsichtbar.*

NATHALIE SARRAUTE

Den ersten Text, den ich von Nathalie Sarraute kennenlernte, habe ich nicht gelesen, ich habe ihn gehört. Beim Theaterfestival in Avignon wurde Sarrautes kleiner Einakter «Elle est là» gezeigt, ein Vier-Personen-Stück. Drei Männer, bezeichnet als H 1, 2 und 3, also als homme un, deux und trois, unterhalten sich mit einer Frau, F genannt, also schlicht femme. Genauer, sie unterhalten sich nicht, sie reden aneinander vorbei und schweigen einander an. In der deutschen Übersetzung von Elmar Tophoven haben die Vier Namen erhalten, Allerweltsnamen. Wir begegnen Frau Fischer und den Herren Müller, Maier und Schulze.

HERR MÜLLER: *Ich meine, man beobachtet seit einiger Zeit eine gewisse Zuspitzung … eine Verschlimmerung, die mehr und mehr zu spüren ist …*

HERR MAIER: *Ja … ja …*

HERR MÜLLER: *Ich las neulich … er war ganz meiner Meinung … Es handelt sich um einen Trend …*

HERR MAIER: *Ja … das stimmt genau …*

HERR MÜLLER: *Was wollen Sie? Da kann man nur die Ohren steif halten … Es hat übrigens niemand das geringste … finden Sie nicht?*

HERR MAIER: *Doch, doch, gewiss … Das finde ich auch … Aber einen Moment, bitte … Gestatten Sie … Entschuldigen Sie bitte … ich muss nur … ich komme gleich wieder …*

Drei Wortwechsel und 54 Punkte, Auslassungspunkte. An ihnen kann man alle Texte der Nathalie Sarraute erkennen. Und sie sind schon in Sarrautes erstem Werk da, den Prosaskizzen «Tropismes», die 1938 erschienen – ein Roman der besonderen Art, Verweigerung eines Romans und zugleich Kommentar des Romans, der kein Roman ist. Die Autorin war bereits 38 Jahre alt und erwies sich gleich mit diesem Werk neben Alain Robbe-Grillet und Michel Butor als die Wegbereiterin und Hauptvertreterin des nouveau roman, wenngleich die Öffentlichkeit zunächst kaum reagierte.

Jean-Paul Sartre, Max Jacob und Charles Mauron waren die einzigen, die der Autorin Briefe schrieben und sich beeindruckt zeigten. Und es erscheint nur eine einzige Rezension, in der «Gazette de Liège».

Die «Tropismen» sind ein Antiroman: keine Handlung, keine Fabel, nichts als Sprache, Wörter und immer wieder die drei Punkte, die Auslassungen. In den «Tropismen» werden zwar Bewusstseinszustände dargestellt – wie in den Romanen Dostojewskis zum Beispiel, aber nicht etwa in Form innerer Monologe: Bei Nathalie Sarraute kommunizieren Worte mit Worten, da wagen sprachliche Gemeinplätze, also Plattitüden, eine Konversation mit klaren Gedanken. Zeitweilig kann der Eindruck erwachsen, doch noch an einer Art Geschichte zu partizipieren, aber man sieht sich getäuscht, der Leser wurde von der Autorin getäuscht. Die «Tropismen» sind Fragmente. Fragmente von Handlung. Fragmente von Unterhaltung. Fragmente von Beschreibung.

Der 15. Text der 24 Tropismen ist eine Konversation zwischen einem älteren Herren und einem jungen Mädchen, zwischen einem Franzosen und einer Engländerin vielleicht – wenig ist sicher bei Nathalie Sarraute. Wenn ich mich nicht verzählt habe, 42 Auslassungspunkte und 4 Gedankenstriche, die ebenfalls Schweigen signalisieren, und eine ungeheure Menge Fragezeichen – 38 insgesamt:

Alte Herren wie ihn liebte sie sehr: man konnte mit ihnen sprechen, sie verstanden so viele Dinge, sie kannten das Leben, sie hatten mit interessanten Leuten verkehrt (von ihm wusste sie, dass er der Freund von Félix Fauré gewesen war und dass er die Hand der Kaiserin Eugénie geküsst hatte).

Wenn er zu ihren Eltern zum Diner kam, ging sie – ganz kindlich, ganz ehrerbietig (er war so gescheit), ein wenig eingeschüchtert, aber zappelnd (seine Meinung zu hören, musste so lehrreich sein) – ging sie als erste in den Salon, um ihm Gesellschaft zu leisten.

Er stand mühsam auf: «Ei! da sind Sie ja! Nun, wie geht es Ihnen denn? Und wie geht es überhaupt? Was machen Sie? Was werden Sie Schönes unternehmen dieses Jahr? Ach, Sie gehen wieder nach England zurück? Ja wirklich?»

Sie ging dorthin zurück … Wirklich, sie liebte dieses Land so sehr. Die Engländer, wenn man sie kannte … Aber er unterbrach sie: «England! … Ach! ja, England … Shakespeare? Wie? Nicht wahr? Shakespeare. Dickens. Ich erinnere mich, sehen Sie, als ich jung war, unterhielt ich mich damit, Dickens zu übersetzen. Thackeray. Sie kennen Thackeray? Th… Th… So sprechen sie es wohl aus? Wie? Thackeray? Das ist es wohl? So sagt man wohl?»

Er hatte sie gierig ergriffen und hielt sie zur Gänze in seiner Faust. Er sah zu, wie sie ein wenig zappelte, wie sie sich ungeschickt sträubte und kindisch, mit ihren kleinen Füßen in der Luft herumschlug, und dabei immer liebenswürdig lächelte: «Doch, ja, ich glaube so ist es gut. Ja. Sie sprechen das gut aus. Tatsächlich, das t-h… Tha… Thackeray… Ja, so ist es. Aber sicherlich, ich kenne Vanity Fair. Ja bestimmt, das ist von ihm.»

Er drehte sie ein wenig, um sie besser zu sehen: – «Vanity Fair? Vanity Fair? Ach ja, sind Sie sicher, Vanity Fair? Das ist von ihm?»

Sie zappelte anmutig weiter, immer mit ihrem kleinen höflichen Lächeln, mit ihrem Ausdruck forschenden Wartens. Er drückte sie immer mehr: «Und welche Strecke nehmen Sie? Über Douvres? Über Calais? Dover? Nicht wahr, über Dover? So ist es wohl? Dover?»

Es gab kein Mittel, ihm zu entrinnen. Kein Mittel, ihn aufzuhalten. Und sie hatte so viel … hatte über so viele Dinge nachgedacht … Er konnte so reizend sein … Aber er hatte seinen schlechten Tag, eine seiner wunderlichen Launen. Mitleidlos, pausenlos fuhr er fort: «Dover, Dover, Dover? Wie? Nicht wahr? Thackeray? Wie? Thackeray? England? Dickens? Shakespeare? Nicht wahr? Nicht wahr? Dover? Shakespeare? Dover?» – und sie wird weiter versuchen, sich zu befreien, sanft, ohne heftige Bewegungen zu riskieren, die ihm missfallen könnten, und wird ehrfurchtsvoll mit leiser, mit gerade ein wenig bedeckter Stimme antworten: «Ja, Dover, richtig. Sie haben wohl oft diese Reise gemacht? … Ich glaube, es ist bequemer über Douvres. Ja, wirklich … Dover.»

Er wir erst zu sich kommen, seine Faust lockern, wenn er ihre Eltern kommen sieht, und sie wird endlich, ein wenig rot, ein wenig zerzaust, das hübsche Kleid ein wenig zerknittert, ohne Furcht, dass er verstimmt würde, wagen, ihm zu entschlüpfen.

Der Brockhaus definiert «Tropismen» als «Krümmungsbewegungen festsitzender Organismen (Pflanzen, sessile Tiere) oder von Organen, die durch einen einseitigen Reiz ausgelöst und in ihrer Richtung bestimmt werden, d. h. die Organismen (Organe) nehmen eine bestimmte Lage zur Reizquelle ein.» Nathalie Sarraute stellt in den «Tropismen» Situationen auf, in denen sie die Personen sprachlichen Reizen, Sprechreizen aussetzt, so dass diese sich sprachlich zu den Reizungen verhalten müssen. Damit wird folgerichtig im Kontext der Sprache das Verhalten der Personen verändert, wie auch ihr Denken über sich selbst, ihr Nachdenken über ihre Gefühle und Stimmungen.

Es ist auffällig, dass das Wort «tropismes» ausschließlich als Titel vorkommt, nicht aber im Text selbst. Allerdings taucht der Terminus immer wieder in Sarrautes literaturkritischen Texten auf, wo Tropismen definiert sind als «des mouvements indéfinissables qui glissent très rapidement aux limites de notre conscience.» Also als undefinierbare Bewegungen, die sehr schnell bis an die Grenzen unseres Bewusstseins gleiten.

Nie hat sich Nathalie Sarraute von dieser Methode des Schreibens distanziert. Im Gegenteil, noch im hohen Alter betonte sie, dass die Tropismen die lebendige Substanz all ihrer Bücher geblieben seien. Der Tropismus, also das Aussenden von Reizen auf die Sprache, ist der rote Faden, der sowohl durch die Romane als auch durch die Stücke und kritischen Texte führt, also auch durch ihr literaturtheoretisches Hauptwerk « L'Ère du soupcon», in dem sie sich ausführlich mit «Conversation et sous-conversation» beschäftigt, also dem Text und dem Subtext eines Gesprächs.

Der Tropismus erlaubt Nathalie Sarraute eine besonders intensive Erkundung der Beziehung zwischen Sprache und Bewusstsein, ein Vorgang, der auch in ihren Romanen die Konversation ins Zentrum der schriftstellerischen Arbeit führt. Dazu erfindet sie Figuren: namenlose Repräsentanten wie die drei Männer und eine Frau in «Elle est là» oder in dem Einakter «Pour un oui ou pour un non»; oder aber mit Namen versehen, wie in dem Stück «Le Mensonge», in dem neun Personen anwesend sind, fünf Frauen, vier Männer. «Zuerst tritt Robert auf», steht im französischen Original, was leider in der deutschen Bühnenfassung fehlt und doch so wichtig ist, weil «danach Yvonne, Lucie, Simone, Jacques auftreten, während sie sprechen.» Es gibt also zu Beginn kein Schweigen, die vier platzen auf die Bühne; und sie platzen mit der Sprache heraus.

Die Bühnenanweisung wurde von Nathalie Sarraute erst 1970 hinzugefügt, da «Le Mensonge» als Hörspiel konzipiert worden war und zum ersten Mal am 2. März 1966 gleichzeitig in französischer und deutscher Sprache ausgestrahlt wurde.

Lange Zeit konnte sich Nathalie Sarraute nicht vorstellen, dass sie es einmal *wagen würde, etwas anderes zu schreiben als Romane.* Das Hörspiel als Textgattung, in dem die Personen, die Sprechenden, weiterhin unsichtbar sind, keine Menschen aus Fleisch und Blut, schien ihr jedoch als Variante ihres Schreibens möglich: *Das Hörspiel hatte bereits den Vorteil, mich nicht zu nötigen, wie dies bei einem Theaterstück oder beim Film ja der Fall wäre, Personen aus Fleisch und Knochen zu zeigen, wie sie sich auf der Bühne oder über die Leinwand bewegen. Hier zieht allein der Dialog zwischen den unsichtbaren Personen alle Aufmerksamkeit auf sich.*

«Elle est là» wird dann das erste Werk sein, dass Nathalie Sarraute bewusst für die Bühne schreiben wird und das 1980 in Paris, zwei Jahre nach der Erstveröffentlichung, in der Regie von Claude Régy uraufgeführt wurde. Ich sah 1986 eine Aufführung, inszeniert von Michel Dumoulin mit dem wunderbaren Jean-Paul Roussillon in der Rolle des Homme 2 und der bezaubernden Maria Casarès als Frau. Mein Initiationserlebnis.

Niemand hat so gut wie die Autorin selbst beschrieben, worum es in diesem dramatischen Text geht. Nicht um Aktion oder gar Aktionen, sondern um einen Disput, einen Diskurs.

Wieder entsteht die durchaus aggressive Konversation durch eine Reizung – «eine unangenehme Reizung», die winzig klein ist – embryonal sagt Sarraute – und allmählich monströs groß wird.

Und so wird aus einem Kampf der Ideen ein Kampf zwischen Menschen aus Fleisch und Blut. Als Thema des Stückes wird erstaunlich schnell deutlich: die Intoleranz. Mit «Elle est là» hatte Nathalie Sarraute den Beweis erbracht, dass sie für das Theater erfinden kann. Ich erinnere mich genau, wie spannend diese Aufführung war, in der nichts geschah, in der man in Gesichtern lesen, die Bewegungen von Armen, Händen und Fingern dechiffrieren musste. Ich erinnere mich, wie Jean-Paul Roussillon sich erregte: «Da ist sie!», muffelte er, runzelte die Stirn verächtlich; die fleischigen Lippen rundeten sich und in den Mundwinkeln sammelte sich Speichel. «Da ist sie!» Maria Casarès lächelte, selbstbewusst. Mit leeren Händen stand sie im gotischen Kreuzgang des Cloître de la collégiale von Villeneuve-lez-Avignon. Was den Mann erregt: Die Frau hat eine Idee, die ihm nicht passt. Sie hat sich bereits zuvor einem möglichen Gespräch entzogen und damit beiden einen für sie typischen Eklat erspart. Gewalt hilft ihm auch nicht, und so gibt der Mann letztlich auf. Und wähnt sich tolerant.

Den Gesprächen zwischen den Figuren fügten sich in dieser Inszenierung die Haltungen der Schauspieler, ihre Blicke, ihr Lächeln als Subtext hinzu. Aber eigentlich ist Sarrautes Theater reine Sprache. La Parole pure. – Gesprochene Sprache, die sich verselbstständigt, die Besitz ergreift von den Menschen, die mit Sprache, für ihre Ideen, für ihre Grundsätze streiten. Und doch kämpfen nicht die Menschen gegeneinander, sondern ihre Sätze. Sie werden zu Waffen, spitz und scharf oder schwer und plump. Ihre Stärke, ihre Gefährlichkeit überträgt sich auf die Körper der Sprechenden.

In einem Gespräch, dass Nathalie Sarraute mit einem Journalisten der Tageszeitung «L'Humanité» führte – publiziert in der Ausgabe vom 12. Mai 1980 –, erläuterte sie ihren Text und zeigte keinerlei Bedenken mehr gegenüber dem Theater als Form für ihre Sprachexperimente. Und dies, obwohl ihr schon im Januar 1976, nach den Uraufführungen von «Le Silence» und «Le Mensonge» im Pariser Petit Odéon, seitens französischer Kritiker vorgeworfen worden war, dass ihre Stücke den Romanen zu sehr verwandt seien. Manche Rezensenten hielten die Dialoge für schwergewichtig, also platt, die Charaktere, die Rollen für zu wenig ausgearbeitet. Sie hatten nichts verstanden. Auch jene nicht, die vorsichtiger mit dem dramatischen Werk der Dichterin umgingen und es als «langweilig-intelligent, klein und subtil» bezeichneten. Als «literarisches Theater» würdigten die einen die Stücke, andere suchten darin zu erkennen, was die Sarraute nicht verstecken und offenbaren wollte. Diese kritisierten, wie André Ransan am 19. Januar 1967 in «L'Aurore», Sarraute stelle bloß Ideen aus, und deshalb gab er ihr dann noch ein kleines arrogantes Lob mit auf den Weg – dies täte sie mit Klarheit. Ransan sehnte sich völlig widersinnig nach den Stücken des achtzehnten und neunzehnten Jahrhunderts, nach Realismus: «Aber es ist ja offensichtlich, dass die Personen uns nur als Allegorien, nicht aber als Menschen mit menschlichen Reaktionen erscheinen können. Also schlägt man uns eine Art intellektuelles Spiel vor.»

Ganz falsch: Bei Nathalie Sarrautes Theaterstücken geht es nicht um kaltes, intellektuelles Disputieren. Es geht um Leben und Tod, um Opfer. Um den Tod. Die Autorin weiß das selber am allerbesten: *In «Elle est là» handelt es sich um drei Männer und um eine Frau, die Hauptrolle ist dabei von einem Mann gespielt, denn, bis heute gilt – Sartre hatte es bereits angedeutet – dass Männer stärker um Ideen besorgt sind als der Grossteil der Frauen ...*, sagt sie dem Redakteur von «L'Humanité». *Dieser Mann erträgt es nicht, dass eine Idee, die der seinen widerspricht, im Kopf eines anderen vorhanden wäre. Er ahnt, ohne dass sie etwas dazu äußert, dass sein Kompagnon nicht denkt wie er. Ich gehe also von etwas aus, das verspürt wird, nicht analysiert, von einem unangenehmen Reiz, und das es sich, hier jetzt, in einem embryonalen Zustand befindet, aber monströse Züge annehmen kann, je nach den Umständen. Einer Idee gegenüber, die dem, was für uns Wahrheit bedeutet, entgegensteht, zeigen wir alle möglichen Formen von Regungen. In meinem Stück geht das bis hin zu der Notwendigkeit, den Gegenspieler zu zerstören oder für den Triumph dessen, was für uns die Wahrheit ist, unser Leben zu opfern. Ich hoffe, dass aus meinem Stück ersichtlich wird, dass allein das Opfer, das Selbstopfer vielleicht sinnvoll ist.*

Damit – endlich – sind wir bei Sartre. Im Vorwort zu dem Roman «Portrait d'un inconnu», dem «Porträt eines Unbekannten», 1948 im Original erschienen, sechs Jahre später in der deutschen Übersetzung von Elmar Tophoven, beschäftigt sich Sartre mit dem Sarrautschen «Tropismes». Er zählt den Roman zu den Antiromanen und möchte in dieser Kategorie auch die Werke Nabokovs und Evelyn Waughs untergebracht wissen. Die Antiromane, zeichneten sich, so Sartre, dadurch aus, zwar noch den Anschein des Romans zu wahren, doch nur um mit dem erfundenen Material «den Roman durch den Roman in Frage zu stellen, ihn in der Zeit seines Entstehens vor unseren Augen zu zerstören».

Sartre glaubt, dass diese Romane über sich selbst reflektieren. Schließlich, nachdem er «Das Portrait eines Unbekannten» als Parodie eines Enthüllungsromans, eine ganz besondere Form eines Kriminalromans ausgegeben hat – in dem Sarraute eine Erzähler-Person inszeniert, die einen autobiografischen Bericht abgibt – wendet sich Sartre den «Tropismen» zu, um zu belegen, dass kein Autor vor Sarraute die Nichtauthentizität zum Thema gemacht hat. Zunächst zitiert Sartre aus dem 10. Kapitel, in dem die Sarraute von Tee-Nachmittagen berichtet, bei denen die Beteiligten ununterbrochen sprechen, immer wieder dieselben Dinge wiederholen, die Themen drehen, umdrehen, kneten: *Sie gingen zu den Tees. Da blieben sie stundenlang sitzen, ganze Nachmittage vergingen dabei. Sie sprachen: «Jämmerliche Szenen gibt es zwischen ihnen, Schwierigkeiten wegen nichts. Ich muss sagen, bei dem ganzen beklage ich trotzdem ihn. Wieviel? Doch wenigstens zwei Millionen. Und nichts als die Erbschaft der Tante Josephine … Nein … wie denn, meinen Sie? Er wird sie nicht heiraten. Er braucht eine Frau für daheim, er macht es sich selbst nicht klar. Aber nein, ich sage es Ihnen. Eine Frau für daheim, das braucht er … Für daheim … Für daheim …» Man hatte es ihnen immer gesagt. Dass, sie hatten es wohl immer sagen gehört, sie wussten es: die Gefühle, die Liebe, das Leben, das war ihr Gebiet. Es gehörte ihnen.*

Von diesem Zitat ausgehend, erklärt Sartre, dass dies das «‹Gerede› Heideggers» sei, «das ‹man› und, um es deutlich auszusprechen, das Reich der Nichtauthentizität.» Und Sartre entdeckt nun, dass Sarraute genau dies sich zum Thema gemacht habe: die Nichtauthentizität. Er kenne keinen Autor, «der sie mit Absicht zum Thema eines Buches gemacht hätte: weil eben die Nichtauthentizität dem Roman wesensfremd ist».

Die Romanciers vor Sarraute bemühten sich, eine Welt mit Individuen zu gestalten – unersetzliche Einzelcharaktere mit den bösen, schönen, glücklichen Einzelschicksalen. Nicht so Nathalie Sarraute. Sie, so schreibt Sartre, zeige uns «die Mauer der Nichtauthentizität» und zwar überall. Und auf die Frage, was sich hinter dieser Mauer verberge, antwortet er: «Eben nichts. Nichts oder fast nichts. Vage Bemühungen um etwas, das man im Dunklen ahnt, zu fliehen. Die Authentizität, das echte Verhältnis zu den anderen, zu sich selbst, zum Tod wird überall suggeriert, bleibt aber unsichtbar. Man ahnt sie, weil man sie flieht.»

Sarrautes Bücher erzählen von den Gefahren, zu sprechen und zu schweigen. Denn zum einen sagen die Menschen nicht, was sie sagen wollen, sondern verstecken genau dies hinter der Glätte der schnellen Jas und Neins. Dort lauert der Abgrund. Irgendwo muss die Seele der Sprechenden ja versteckt sein. Irgendwo muss hinter dem Gemeinplatz ein eigener Platz verborgen sein. Das Reden ist das eigentlich Geheimnisvolle und das Spannende im Œuvre von Nathalie Sarraute. Die Menschen, die sie präsentiert, sind keine Charaktere, sie haben keine Geschichte und schon gar keine Geschichten parat. Sie beschreibt, wie Sartre erklärt, «das unablässige, weiche Hin- und Her zwischen dem Besonderen und dem Allgemeinen.» Und hinter allem lauert Vernichtung, manchmal Hoffnung. Wer in diese Texte hört oder ihnen – den Hörspielen, den Theaterstücken – zuhört, der entdeckt Welt. Sartre behält Recht.

Indem Nathalie Sarraute «eine unfassbare Authentizität ahnen lässt» und versucht, «die beruhigende und öde Welt der Nichtauthentizität zu beschreiben», hat die Schriftstellerin eine ganz besondere Technik entwickelt. Mit ihr gelingt es der Autorin, «über das Psychologische hinaus die menschliche Wirklichkeit in ihrer Existenz selber zu erreichen».

Und damit haben wir fast eine Definition des nouveau roman. Im Unterschied zum traditionellen Roman verzichten die Autoren auf realistische Erzähltechniken, auf individuelle Figuren als Handlungsträger mit einer fixierten Identität. Es gibt keine stringente, linear und logisch ablaufende Handlung, keine Fabel – und wer nach psychologischen Entwicklungen sucht, wird enttäuscht. Obwohl die Autoren des nouveau roman – zu denen neben anderen auch Claude Simon, Robert Pinget und Marguerite Duras zählen – durchaus keine einheitliche Gruppe bilden: Sie alle benutzen die Beschreibung, die genaue, detaillierte, auf der Oberfläche registrierende Beschreibung, um verschiedene Sichtweisen zu eröffnen, verschiedene Deutungen zuzulassen. Die Texte der Sarraute, auch die Romane, die Stücke, nicht allein die kritischen Essays, sie sind Untersuchungen, recherches du langage. Der Roman und auch das Theaterstück, diskutiert Sprache, Sprachmuster. Das Schreiben selbst, die Form des Schreibens, wird Zentrum des Kunstwerks.

Wo bleibt dann die Wirklichkeit, die Realität, die in den Texten der Nathalie Sarraute ausgespart wird? Sie kann, sie muss auf Seiten des Rezipienten erfolgen, hineingelesen, herausgehört werden. Der nouveau roman braucht die Aktivität des Lesers, der an der Generierung des Textes beteiligt wird, oder zumindest aufgefordert wird, sich an ihr aktiv zu beteiligen. Tut er's nicht, sind Sarrautes Texte vielleicht womöglich wirklich nicht mehr als klein, subtil, intelligent, aber unnütz.

Wer aber Sarrautes Sprachexperimente erlebt, der erlebt Glücksmomente. Sarraute wollte die Sprache revolutionieren, radikal verändern, so wie es die Maler zuvor schon getan hatten – und Schriftsteller wie Proust, wie Flaubert, wie Gertrude Stein – und je älter sie wird, desto witziger, böser, frecher sind ihre Texte.

Im Alter von 97 Jahren schrieb sie «Ouvrez», 1997 in Paris publiziert, drei Jahre später in der deutschen Übersetzung von Erika Tophoven erschienen. Ein absurder Wörterroman, in dem die Wörter zu lebendigen Wesen werden. Aus Fleisch und Blut.

Der erste Satz darin beginnt mit einem Gedankenstrich und endet mit drei Punkten: *– Oje, da steht sie schon die Wand …*

Bevor ich darauf eingehe, wie die Konjunktion «dennoch» aus dem Sarrautschen Wörtergefängnis entkommt, möchte ich zu der Funktion der Auslassungspunkte kommen.

Es gibt im Werk der Nathalie Sarraute ein existentielles Verhältnis von Stille und Lärm, Schweigen und Sprechen, Pause und Wort. Von Pünktchen auf der einen, Vokalen und Konsonanten auf der anderen Seite. Stille hat bei ihr eine besondere Dynamik. Auch sie kann eine dieser zwischen die Worte gesetzte Reizungen sein. Wenn sich ereignet – was sich die Sarraute von ihren Texten wünscht –, dass die Worte zu so etwas ähnlichem werden wie Personen, dann passiert zwischen ihnen auch etwas wie Handlung. Die Gedankenstriche und Auslassungspunkte strukturieren dabei nicht nur diese Aktionen, sondern sie können sie auch auslösen. Das ist das Spannendste an den Werken dieser Schriftstellerin. Stille bedeutet zum einen die völlige Abwesenheit von Sprache. Also den Verzicht zu sprechen oder die Verweigerung, sich verbal zu äußern. In beiden Fällen kann das Schweigen durchaus Ersatz für das Sprechen sein, weil das Nichtgesagte, das Nichtsagenwollen, den Reiz für den Konversationspartner erhöht, die Stille zu durchbrechen. Entweder, indem er seinerseits auch schweigt und so sein Gegenüber dazu auffordert, die Pause zu beenden. Oder – die einfachere, die schwächere Lösung, die Haltung des Unterlegenen – indem er selbst das Wort ergreift. Das heißt, wenn bei Nathalie Sarraute geschwiegen wird, ist dieses Schweigen eine Aktion zwischen den Worten; und sie verbirgt Sinn. Sie kann Rückzug signalisieren oder – weit öfter noch – Attacke. Worte sind Waffen, aber auch das Schweigen kann Kampf sein. Die Romane der Sarraute sind Wettkämpfe, Schweigen hat eine agnostische Funktion und eine juristische: Derjenige, der das Wort abgibt und schweigt, verurteilt den anderen, das Wort zu ergreifen, de reprendre la parole, und weiter zu kämpfen. Oder das Feld zu räumen.

Es gibt die aggressive Stille und die angriffslustige Stille, als die weniger starke Variante. Es gibt den sprechenden Austausch, den stummen Austausch – klare Verhältnisse also. Dazwischen – und deshalb schätzte ich die Sarrauteschen Werke, die in Deutschland so ganz zu unrecht kaum bekannt sind – dazwischen existiert der stillschweigende Austausch. Er ist pure Kampfansage.

Nathalie Sarraute lässt den Worten freien Lauf, gibt ihnen Freiheit. Auf die Stille passt sie auf, bewacht sie. Nicht zuletzt, weil dahinter sich der Tod verbirgt. Während die Menschen plappern, sich hin und her treiben lassen von den Worten, widerspricht die Stille, das Schweigen. Deshalb brauchen ihre Texte nicht allein den aufmerksamen Leser, sondern den, der mitmacht, (mit-)forscht.

Es gibt bei Sarraute die laute Stille, das Verschwiegene im Geäußerten. Hinter dem Banalsten kann sich das Größte, das Geheimste, das Fürchterlichste verbergen – nämlich die innere Bewegung der Personen. Was will der kluge alte Franzose auf alle Fälle bei sich behalten, während er wie ein Papagei von Thackeray und Dover quaselt? Begehrt er das Mädchen, das er sich geschnappt hat? Dieses Reden und Nichts-Sagen ist keine Attacke, sondern angstvoller Rückzug. Vielleicht auch nur Fassade, Versteck.

Nathalie Sarraute transformiert das Unsagbare, das, was niemand sich zu sagen traut, in Worte, die camouflieren. Und das Schweigen enttarnt das Verborgene. Die Sarraute stellte den Worten Fallen, damit der Leser sie fängt. Den Worten, die allen Schriftstellern zuvor taugten, spricht Sarraute ihre Tauglichkeit ab. Sie sucht nach neuen und nach dem fond, dem Grund der Worte, nach ihrem Fundament.

In dem Buch «Enfance», 1983 erschienen, ist dies sehr schön nachzulesen. Sarraute erzählt hier ihre Kindheit in Russland und Frankreich in der Zeit vor dem Ersten Weltkrieg. Nathalie Sarraute, die zuvor keiner ihrer Figuren einen Namen gab, führt in diesem Werk eine Natascha ein, die zu Nathalie wird. Auch in diesem sehr persönlichen Buch, das dialogisch konstruiert ist, geht es darum, für die eigene Vita, für das Erinnern, die richtigen Worte zu finden. Das ist das Thema, das bereits mit dem ersten Absatz als Motiv erscheint:

Du bist also wirklich dazu entschlossen, deine «Kindheitserinnerungen heraufzubeschwören»? ... Wie dich diese Worte stören, du magst sie nicht. Gib aber zu, dass es die einzig passenden sind.

Gewiss erzählt Sarraute, indem sie versucht von ihrer Kindheit zu erzählen, auch von der Suche nach den richtigen Worten und vice versa. Sie sieht blühende Bäume, blauen Himmel darüber, die Luft, so schreibt sie, *schien leicht zu flimmern* – und jetzt sucht sie ein Substantiv, das Einzigartige, was in diesem Augenblick über sie kam, sie überkam, zu beschreiben. Es ist eine mühselige Suche nach einem Wort für dieses Gefühl: … *welches Wort kann es erfassen? nicht das Allerweltswort: «Glück», das sich als erstes einstellt, nein, das nicht…«Wollust», «Überschwang» sind zu hässliche Wörter, sie sollen nicht daran rühren … und «Schwärmerei» … wie sich vor diesem Wort das, was da ist, zusammenzieht!…«Freude!», ja, vielleicht … dieses kleine, bescheidene, ganz einfache Wort kann es ohne Gefahr streifen … aber es ist nicht imstande, das in sich aufzunehmen, was mich erfüllt …*

Wundersam, berührend, wie sie den Wörtern Leben verleiht: Es gibt welche, die *sich nicht gut mit den andern zu vertragen* scheinen; welche, deren *Gewohnheiten* sie nicht kennt und von denen sie nicht weiß, *was gut für sie ist*; Worte, von denen sie behauptet, sie fühle sich *nicht sehr wohl bei ihnen*; Worte, die sie *beängstigen*, auf die sie lieber verzichten möchte und sich deshalb wünscht, *sie sollen sich nicht nähern, sie sollen nichts berühren.*

Ich mag «Kindheit». Und ich liebe «Hier»: zwanzig kleine Sketche, 1995 erschienen, in denen die Sarraute wieder auf der Suche nach den Wörtern und den Gedanken ist. Sie beschreibt, wie ein Wort hereinkommt in ein Gespräch und fragt erstaunt, entrüstet: *Wie konnte es alle Kontrollen passieren?* Sie sieht erschrocken: … *da springt ein zusammenhangloser Gedanke vor, setzt sich an die Spitze, andere springen nach, lenken wie Freischärler, richtige Banditen den Trupp in eine ganz andere Richtung.* Und sie beklagt, ein wenig beleidigt: *Die Gedankensprünge kennen offensichtlich keine Zurückhaltung mehr, sie glauben, sie können sich alles erlauben …*

Sie erfindet den aberwitzigsten Smalltalk; und sie, die Hüterin des Schweigens, besucht selbiges: *Schweigen … Wie anders konnte man diese Wortlosigkeit zwischen zwei Personen bezeichnen, die sich allein gegenübersitzen, was konnte man anderes sagen, wenn man sie beobachtete, als «sie bewahren Schweigen». Und man muss zugeben, dass von den vielen, so verschiedenen Arten des Schweigens ... man käme nie an ein Ende, wollte man alle aufspüren ... gerade dieses zu der Sorte gehört, die einen ziemlich schlechten Ruf haben. Wenn die beiden Personen, die sich offenbar schon lange gut kennen, schweigend dasitzen und das Schweigen zwischen ihnen andauert, so erweckt es bei denen, die draußen haltmachen, stehenbleiben, den Eindruck von innerer Entfernung, von Überdruss, Langeweile, «Einsamkeit zu zweit», wovon man weiß, dass sie noch bedrückender sein kann als die andere ...»*

Selbst dem phantasielosesten Leser – wenn er denn bis Seite 133 gelangt ist – werden die letzten drei Auslassungspunkte Angst machen oder, schlimmer noch, ihn an Einsamkeit in Zweisamkeit erinnern.

Wer war diese Nathalie Sarraute, die die Literatur revolutionierte und es fertigbrachte, dass wir uns in einem Roman für die Wörter interessieren und nicht für die Personen, nicht für die Handlung, nicht für eine wie auch immer geartete Psychologie? Wer war sie, die behauptete, dass die Wörter da seien, um zu provozieren, weil ein kleines Wort ein großes Drama auslösen könne, wenn man es nicht zähme oder in eine Umgebung setze, wo es keinen Schaden anrichten dürfe? Wer war Nathalie Sarraute, die Wörter inszenierte, in Szene setzte, ihnen Auftritte verschaffte und Abgänge? Sie genauestens sezierte?

Nathalie Sarraute wurde am 18. Juli 1900 im russischen Ivanovo geboren. Ihr Vater war Israel Tcherniak, genannt Ilya Tcherniak, geboren in Witebsk, Doktor der Chemie an der Universität von Genf. Ihre Mutter war Pauline Chatounowski, geboren 1867 in Elisabethgrad, zwei Jahre vor Israel Tcherniak – und sie wird von Nathalie Sarraute in «Kindheit» liebevoll beschrieben. 1902 trennen sich die Eltern und Pauline kehrt mit Nathalie nach Paris zurück, wo sie sich wieder mit Nicolas Boretzki verheiratet. Einmal jährlich besucht Nathalie für zwei Monate ihren Vater, entweder in Ivanovo oder in der Schweiz, wo sie zuweilen ihre Sommerferien verbringt. Dort lernt sie die deutsche Sprache.

1906 wird sie von der Mutter und ihrem Stiefvater mit nach Sankt Petersburg genommen, aber schon drei Jahre später wieder nach Paris geschickt, wo sie ihren Vater trifft, der sich ebenfalls wieder verheiratet hatte, mit Vera Cheremetievski. Über diese Zeit, über die Reisen, schreibt Nathalie Sarraute später in den Kindheitserinnerungen. Und dass sie eine besonders intelligente, besonders fleißige, besonders erfolgreiche und strebsame Schülerin war, erfahren wir dort auch:

«*Nie kommt es mir in den Sinn, Schriftstellerin werden zu wollen. Manchmal frage ich mich, ob ich nicht Schauspielerin werden könnte ... aber dafür muss man hübsch sein wie Vera Koren oder wie Robine. Nein, ich wollte gern Lehrerin werden.*

An dem Tag, an dem unsere Klassenlehrerin uns die Aufsätze zurückgibt, ahne ich schon, ja, ich bin überzeugt davon, dass mein Name oben auf der Liste steht. Die Zensur ist nicht so wichtig ... es wird wohl eine der besten sein ... Aber damit mein Erfolg eine Bestätigung findet, muss meine Arbeit unbedingt an erster Stelle stehen! ...»

«*Hast du nie bedacht, dass es die beste Arbeit von dreißig ziemlich mittelmäßigen sein könnte und dass diese Auswahl infolgedessen ...*»

«*Nein, nie. Die Zahl eins ist für mich etwas Absolutes. Sie ist etwas Unübertreffliches. Ganz gleich auf welchem Gebiet. Ich bilde mir ein, dass sie mit nichts zu vergleichen ist. Es kann nicht sein, dass das, was ich gemacht habe, hinter der Arbeit einer anderen rangiert.*»

1912 kommt Nathalie Sarraute ins Lycée Fénelon – mit dem Eintritt in diese Schule endet die «Kindheit». Über diese Zeit in Fénelon berichtet sie Marc Saporta 1984 in einem Gespräch: *Wir arbeiteten wie die Verrückten; ich besonders.*

1913 liest sie «Krieg und Frieden» – und ist begeistert. Als einer ihrer Lehrer in der Klasse fragt, ob jemand diesen Roman gelesen habe, wagt Nathalie nicht den Finger zu heben, weil sie fürchtet, der Lehrer könne sich dann an diesem Werk vergehen, könne wagen, es zu berühren.

1918 macht sie Abitur in Montpellier und schreibt sich dann in

Paris als Studentin in der faculté des lettres ein. 1920 und 1921 studiert sie in Oxford, erst Chemie, dann Geschichte – um ihrem Vater eine Freude zu machen.

1921/22 studiert sie einige Monate in Berlin und hört bei dem Soziologen und Volkswirtschaftler Werner Sombart. Bei diesem Aufenthalt entdeckt sie in einer Bibliothek Thomas Manns «Tonio Kröger», einen Text, den sie lebenslang schätzte. *Es war ein ziemlich trister Winter,* sagte sie später zu Saporta. *In Berlin war es, wo ich zufällig «Tonio Kröger» von Thomas Mann gelesen habe. Ich fand mich darin wieder. Und er wurde mir wichtig. Danach ging ich endgültig nach Paris zurück und studierte die Rechte.*

1922, nach der Rückkehr, schreibt sie sich an der Pariser Universität in der juristischen Fakultät ein – und befreundet sich ein Jahr darauf mit Raymond Sarraute. Er, geboren 1902, macht sie bekannt mit der Malerei der Zeit und unterstützt ihre schriftstellerischen Ambitionen. 1925 heiraten die beiden; und beide erhalten die «licence de droit», also die Zulassung. Sie arbeitet daraufhin ein Jahr lang bei einem Rechtsanwalt. 1926 wird sie in die Pariser Anwaltskammer aufgenommen und plädiert bis 1941 in Fällen kleinerer Vergehen: *Ich war Referendarin; und schon in die Anwaltskammer aufgenommen worden. Ich hatte keine großen Aufgaben zu bewältigen, kleine Schriftsätze, halt Dinge, die man Referendaren zumutet und anvertraut.*

Von 1932 bis 1937 arbeitet sie an den «Tropismen», die 1939, endlich, erscheinen – im Verlag Denoël, nachdem Gallimard und Grasset das Werk abgelehnt hatten. Nathalie Sarraute hat zu diesem Zeitpunkt schon zwei Töchter: Claude und Dominique. 1941 trennt sich das Ehepaar wegen der Rassegesetzte der Nationalsozialisten. Die Mutter von Raymond Sarraute war Jüdin und er wurde dadurch zu einem Betroffenen; Nathalie Sarrautes Vater war gleichfalls Jude. Und Raymond Sarraute war, so erklärte seine Frau nach dem Krieg, kein besonders ehrenhafter Mann, wenn er von Schlangen oder Tigern bedroht wurde. Dennoch bleiben sie in enger Verbindung. 1942 verschafft Raymond seiner Frau einen neuen Personalausweis, eine neue Identität: Aus Nathalie Sarraute wird Nicole

Sauvage, und sie lebt bei einer Madame Dieudonné in einem Ort namens Parmain, in der Nähe von L'Isle-Adam. 1944 kehrt sie nach Paris zurück. Ob sie, die wie sie sagte, *sehr links* gewesen sei, nach der Trennung den Judenstern getragen habe, wollte Marc Saporta 1984 in dem schon zitierten Gespräch wissen. Und sie antwortete: *Nein, ich hatte nie die Absicht, ihn zu tragen. Als die Sterne verteilt wurden, wollte ich den meinen abholen. Man hat mir zwei gegeben wie allen Juden. Ich bat um einen dritten, weil ich, wie ich ihm sagte, drei Töchter hätte und jeder einen geben wollte.* «Gab es eine Reaktion?», fragte Saporta. – *Keine. Er reichte mir den dritten Stern mit einer absoluten Gleichgültigkeit.*

Die Sarraute folgte nicht ihrem Vater in die Schweiz nach Lausanne, wie er vorgeschlagen hatte, sondern ging mit den Töchtern erst nach Janvry in ein kleines Landhaus, wo Raymond Sarraute sie jeden Samstag auf dem Fahrrad besuchte, danach nach Parmain. Sie wurde denunziert und musste mehrfach das Versteck wechseln. Auf die Bemerkung von Saporta, sie sei sehr mutig gewesen, den Judenstern nicht zu tragen und verfolgte kanadische Flieger eine zeitlang zu verstecken, antwortete die Sarraute: *Nein. Was heißt courage, wenn man sich erinnert, zu welchem Mut andere Menschen fähig waren. Übrigens war es genauso gefährlich den Stern zu tragen wie ihn nicht zu tragen. Eine meiner Freundinnen wurde festgenommen, weil ein Zacken des Sterns verdeckt war durch den Kragen ihres Regenmantels. Sie wurde deportiert und starb während der Deportation.*

1945 trifft sie Jean-Paul Sartre wieder, im Café de Flore. 1948 erscheint: «Portrait d'un inconnu», mit Sartres Vorwort; 1950 «L'Ère du soupcon». 1959 beginnt sie die Welt zu bereisen; sie kommt nach Italien, Deutschland, Russland, Schweden, Norwegen, Dänemark, Polen, Kanada, Österreich, England, Irland, in die Schweiz und in die Vereinigten Staaten von Amerika, wohin sie noch ein letztes Mal 1995 reiste, im Alter von 95 Jahren.

Im April 1963 kommt der Band «Fruits d'or» heraus. Auf Deutsch: «Die goldenen Früchte». Ein witziges, ein schlaues, ein charmantes Buch. Der Titelheld ist ein Roman: «Die goldenen Früchte», also ihr Roman, das eigene Werk. Und was dreißig Jahre später Zeitungsleser und Fernsehgucker amüsieren wird, hat die

Sarraute schon imaginiert. Das Geplapper über ein Kunstwerk. Kein Quartett – ein Orchester der Kritiker, der Besserwisser, der Ignoranten. Als Saporta in dem erwähnten Gespräch der Sarraute unterstellt, sie habe diese Dinge in Salons aufgeschnappt, wird sie wütend: *Aber das ist falsch. Absolut falsch. Wer hat Ihnen so etwas erzählt; wie können Sie so etwas glauben? Das ist monströs! Wir führten ein zurückgezogenes Leben mit nur wenigen Freunden […] Das ist unglaublich. Ich weiß zwar, dass man solche Sachen schon gesagt hat. Und damit tut man so, als wären die Konversationen in «Les Fruits d'Or» inspiriert worden von literarischen Cocktails […] Ich sage es noch einmal: Wir frequentierten die Gesellschaft nicht.*

Sarrautes Konversationen in dem Roman sind so erlesen gut, dass sie nicht aufgeschnappt sein können, sondern ausgesucht, ausgesucht erfunden, dem Vokabular von Kritikern, professionellen und unprofessionellen, abgetrotzt: «*Und DIE GOLDENEN FRÜCHTE, mögen Sie die?*» *Sanfte, dünne Stimme, die sich einschleicht, sachte darauf hinweist … ja, mir gefällt so was …* Kurz drauf sagt jemand anderer: «*Ich weiß nicht, ich bin da etwas skeptisch. Man redet so viel darüber … Lemée bewundert so was. Das ist ein wenig beunruhigend …*» Und dann viel später, nachdem jemand von Blech faselte und jemand anderer vom authentischen Kunstwerk, nachdem einer moserte: «… *ich habe wohl zehnmal von vorn angefangen … Es ist steif, es ist kalt … Man glaubt, in saftiges Fruchtfleisch zu beißen, und man zerbricht sich die Zähne am Metall*»; nachdem ein anderer in der Runde schwärmte, schwärmte von der *Zauberkraft des gedruckten Worts*, nachdem einer vehement widersprach: «*das beste Buch, das in den letzten fünfzehn Jahren geschrieben wurde*», folgt ein wundersamer, ein irrwitziger, kluger und geradezu hellseherischer Kommentar: *Und so kommt es, dass Bücher, deren Leere zu füllen jeder eifrig bemüht war … Die sensibelsten, die intelligentesten Leute schütteten alle ihre Schätze hinein – und mit welcher Großzügigkeit … Man legte ihre Dürftigkeit als besonders graziös aus … Man entdeckte in ihrer Unklarheit Gott weiß welche Dichte … und dann schienen sie wieder leer zu sein … es war zu schwer für sie … sie befanden sich wieder in ihrem ursprünglichen Zustand, sie waren wieder auf sich selbst angewiesen … hohle … verworrene … schmächtige … konventionelle …*

armselige Schmöker … Wer sie heute noch bewundert, scheint ein Trottel, ein Tölpel zu sein […] Sie, die alle gleich sind, die alle das gleiche Brandzeichen tragen, lassen sich leicht zusammenpferchen, sie drängeln sich ein wenig, ihre staubigen Flanken stoßen aneinander, und DIE GOLDENEN FRÜCHTE *sind dabei, mitten unter ihnen.*

Dieser Roman, der ein Geniestreich ist, kam erstmals 1964 in deutscher Sprache heraus und wurde mit dem Internationalen Literaturpreis von 14 internationalen Verlegern ausgezeichnet. Zu diesem Roman erläutert die Literatin später, dass in diesem Werk *in meinem, dem wirklichen – was zählt ist, das zwischen dem Leser und dem fiktiven Roman – ganz egal, was das ist – sich ein Vorhang breitmacht und dazwischen drängt, der Vorhang besteht aus den Meinungen der anderen […] Ich wollte ein Spiel vom Schein und der Tropismen in einem völlig reinen Zustand vorführen.*

Ich denke, Francois Erval, der den Roman am 25.April 1963 in dem Magazin «L'Express» rezensierte, wird recht behalten: Er hielt den Roman für ein «Reines Meisterwerk […] Es wird noch leben in dreihundert Jahren. Nein, wirklich, «Les Fruits d'Or» sind etwas ganz Besonderes. Eine Art Wunder.»

1966, im März, wurde das Hörspiel «Le Mensonge» gesendet; ein Monat später erschien der Text als Theaterstück in den Cahiers Renaud-Barrault. 1973 kommt «Vous les entendez?» heraus, zehn Jahre später «L'Enfance». 1989 erscheint «Tu ne t'aimes pas» mit den fünf Fragen am Anfang und, versteht sich, einem Gedankenstrich ganz vorneweg: – *«Sie lieben sich nicht? Aber wie das? Wie ist das möglich? Sie lieben sich nicht? Wer liebt wen nicht?»*

1991 erhält sie die Ehrendoktorwürde der Universität Oxford. Zwei Jahre später folgt ein Triumph besonderer Art: Die Comédie-Française nimmt «Le Silence» und «Elle est là» in ihr Repertoire. Ihr werden Film- und Fernsehdokumentationen gewidmet und viele internationale Kolloquien. 1996 erscheint ihr Œuvre in der renommierten Reihe «Bibliothèque de la Pléiade» bei Gallimard, diese Ehre wird lebenden Autoren nur höchst selten zuteil. Doch die Verleger und Lektoren haben Nathalie Sarraute unterschätzt. Ihr Œuvre war nicht abgeschlossen.

1997 kommt mein Lieblingsbuch dieser Autorin heraus: «Ouvrez». Und Nathalie Sarraute gibt vor dem ersten der fünfzehn Kapitel eine kleine Erklärung ab, so als müsse sie, die das unerklärliche Eigenleben der Wörter nie erklärt hat, diesmal erklären. Als hätten ihre Bewunderer nicht inzwischen gelernt, dass die Wörter der Sarraute unsichtbare Bewegungen vollziehen, sich verändern und die Standorte verlassen. Dass sie Material sind, dass sie befreit werden oder in eine Zwangsjacke gesteckt werden müssen. Mal zerrt sie sie ans Licht, mal zurrt sie sie in die Dunkelheit, wohl wissend, dass sie sich wehren können. Manchmal, denke ich, sie hört sie ab, misst ihren Pulsschlag und beachtet, bevor sie eines der Wörter einsetzt, den Herzrhythmus. Gesund genug für die Attacke, alt genug zum Verzeihen? Klein genug? Groß genug? Schnell genug? Albern? Witzig? Sie feilt nicht nur, sie korrigiert, präzisiert, rückt den Wörtern auf die Pelle. Ist also eine ganz indiskrete Schreiberin, weil sie alles, wirklich alles wissen will von den Wörtern, bevor sie sich ihrer bedient. Denn, das habe ich noch gar nicht erwähnt: Was ihr taugen soll, muss im Rhythmus passen zu dem, was davor ist; zu dem, was danach sein wird. Dass diese Texte über die Sprache, von der Sprache durchaus auch Gefühle transportieren, dass die «Kindheit» ein zärtlicher Roman ist, einer, den man Kindern vorlesen möchte und seinen Großeltern, will ich nicht verschweigen. «Kindheit» ist nicht so experimentell, nicht so verrückt wie die anderen Texte, aber anrührend. Weil Nathalie Sarraute so viel von sich verrät und – auch dies – man sie liebgewinnen muss: das Kind Nathalie, das die erwachsene Sarraute nicht vergessen, nicht verdrängt hat, sondern das ihr ganz nah ist. So nah, dass man selber wieder Kind sein möchte, mit ihr «Le quatuor des écrivain» spielen und ihr Oliver Twist vorlesen möchte.

Also hier ist mein Lieblingstext, das Werk einer 96-jährigen Frau – kein kleines, ein großes Wunder: «Aufmachen». Hier ist die Einleitung:

Wörter, durch und durch eigenständige lebendige Wesen, sind die Ak-

teure der folgenden Szenen. Sobald Wörter von außen kommen, entsteht eine Wand. Auf dem Plan bleiben nur die Wörter, die imstande sind, die Gäste angemessen zu empfangen. Alle anderen ziehen sich zurück und werden sicherheitshalber hinter die Trennwand verbannt. Aber diese Wand ist transparent, die Ausgesperrten können hindurchschauen und beobachten. Hin und wieder packt sie die Lust, bei dem, was sie sehen, einzugreifen, sie halten es nicht mehr aus, sie rufen … Aufmachen.»

Dennoch kann entkommen, ist auch durch einen Spalt entwischt: Dennoch, *das sich direkt am Ausgang aufhielt, zappelnd vor Ungeduld wie immer … drauf und dran vorzupreschen …* Dennoch *ist durchgeschlüpft* … Dennoch?

Alle Unwahrheiten halten inne wie erstarrt …

– Schon schlängeln sie sich an dieses Dennoch *heran, bedrängen es …* Dennoch? *Was heißt das? Wieso* Dennoch? Dennoch was? *Warum* Dennoch? *Wo kommt es her?*

– Unmöglich, Dennoch *draußen zu lassen, so allein …*

An anderer Stelle – ich mag sie besonders – tun sich einige Worte zu einer Gang zusammen und wollen die anderen Worte, die nicht dazu gehören, zwingen, sich erkennen zu geben:

Schon machen sie sich an die Arbeit …

Sie mustern die dunkle gleichförmige Masse, und was sie als erstes herausfinden, ist: Frist.

Ja, Frist *verdiente, genauer untersucht zu werden …* Frist … *Warum zum Teufel ist das da?*

Frist *kann nicht allein sein. Ganz in der Nähe muss sich* Zahlung *oder* Kündigung *befinden …*

Sie suchen … Zahlung? Kündigung? *Wo sind die? Nichts rührt sich. Sie sind nicht da …*

Aber ganz nahebei ist dreißig Jahre … *Ach so, das ist es also …*

Es war zu erwarten … Verjährungsfrist dreißig Jahre … *Dann muss ganz in der Nähe* Verbrechen sein …

Was für ein Roman! Er erfreut, er amüsiert, und zugleich schärft er das Gespür für die Sprache. Plötzlich haben wir Angst, selbst die einfachsten Worte zu benutzen, ohne darüber nachzudenken, ob sie sich am richtigen Platz befinden und dies zur rechten Zeit. Wie viel mehr Furcht hat man, wenn man die großen Worte benutzt, die Drei-Worte-Formeln, etwa ‹Ich liebe Dich› oder ‹Er ist tot› oder ‹Ich habe Mutter lieber als Vater›.

In «L'Usage de la Parole», 1980 bei Gallimard erschienen, bedenkt Nathalie Sarraute solche Worte. Sie beginnt mit einem Aufsatz über «Ich sterbe» – im französischen Original stehen die beiden deutschen Worte im Titel. Andere Kapitel tragen die Titel «Und warum nicht?», «Mon petit» oder «Ich verstehe nicht».

Mein liebster Text behandelt «Le Mot Amour»: *Das Wort ‹Liebe›, gleitend von einem zum anderen, vollendet dieses Wunder: unendliche Worte, flüssig, unfassbar, unbeschmutzbar, nehmen Konsistenz an, werden in allen Punkten ähnlich, aus einer einzigen Substanz gemacht, die ‹Liebe› ist eines unter jedem von ihnen.*

Nathalie Sarraute beschreibt das Wunder der Liebe, das sich ereignet, wenn das Wort ‹Liebe› auf den Lippen der Liebenden erscheint und sich draußen zeigt, wie die Flagge, die man auf dem Palast hisst, wenn der König in ihm weilt. Lässt sich Liebe genauer beschreiben, treffender und dennoch poetisch und schön? Ein nüchternes Hohelied auf die Liebe: *Das Wort ‹Liebe› und seine Ableitungen: ‹Ich liebe Sie, ich liebe Dich, wir lieben uns› verbreiten Sicherheit und besänftigen, wenn sie ausgesprochen werden, wenn sie wiederholt werden wie Worte aus Gebeten.*

Das ist das Einzigartige an Nathalie Sarraute: Sie ist klug, sie kann formulieren, und sie kann (mit-)fühlen. Sie ist unter den Dichterinnen des vergangen Jahrhunderts eine der ersten. Für mich – une passion passionante.

Nathalie Sarraute starb am 19. Oktober 1999 in Paris.

MARGUERITE DURAS

Sie polarisiert, sie spaltet, sie schreibt besessen, sie lebt exzentrisch. Ihre Literatur sei großartig, bewundern die einen, andere verachten ihren Stil und erfinden noch zu Lebzeiten der Autorin den Begriff «Durasoir» – ein Kunstbegriff, komponiert aus dem Künstlernamen Duras und dem Wort «rasoir», das sowohl das «Rasiermesser» mit seiner scharfen Klinge meint, als auch in seiner negativen Bedeutung, den «langweiligen Menschen». Marguerite Duras' Literatur ruft extreme Begeisterung hervor und extreme Verachtung, und in Bezug auf ihren Lebensstil schlägt das Barometer der Reaktionen ebenso extrem in beide Richtungen aus.

Nicht beides aber muss man gleichermaßen verehren oder verurteilen. Ich bewundere diese Frau, die egozentrisch, außergewöhnlich, ja, verrückt zu nennen wahrscheinlich einer Untertreibung gleichkommt; und ich finde viele ihrer Publikationen von eher mittelmäßiger literarischer Qualität. Ich bewundere diese Frau wegen ihrer Maßlosigkeit in allem, was sie denkt, was sie tut und was sie äußert. Die sich maßlos überschätzt. Die maßlos liebt. Die maßlos trinkt.

Und maßlos schreibt. Denn vieles, was sie publiziert, wäre um ihrer selbst willen besser ungedruckt geblieben. Aber Duras wollte, brauchte ihre Auftritte. So umfasst ihr Werk – Filme und Theaterinszenierungen inbegriffen – über fünfzig Titel. Und gerade weil sie ein schwieriger Charakter war, eine narzisstisch gesteuerte Persönlichkeit, schätze ich sie; auch, weil ich immer auf der Seite der Liebenden stehe, mögen sie noch so seltsame Obsessionen haben. Ich mag ihre mühsam chiffrierten autobiografischen Werke, weil die Verletzliche vor keiner Verletzung sich fürchtete – oder sich, womöglich, die Verletzung gar wünschte. Und zuletzt, weil sie, bevor sie vom Alkohol zerstört wurde, eine schöne Frau war.

So kann ich der kurzen Erzählung «Liebe», die 1971 erschien und eigentlich ein kleines Drehbuch ist, wenig abgewinnen, selbst wenn Marguerite Duras in dieser Erzählung zu ihrem Stil findet: genaues Hinsehen, knappes Beschreiben des Erblickten. Ein Stil, den die Romancière und Dramatikerin Hélène Cixous, übrigens die Freundin von Ariane Mnouchkine, als «die Kunst der Armut» lobt, und den ihre Kritiker verärgert als «effet Duras» abkanzeln.

Ein Schrei. Beim Deich hat jemand geschrieen. Der Schrei ist ausgestoßen worden, und man hat ihn überall vernommen, im erfüllten wie im leeren Raum. Er hat das düstere Licht, die Langsamkeit zerrissen. Noch immer hämmern die Schritte des Mannes, der auf und ab geht, er ist nicht stehen geblieben, nicht langsamer geworden, aber sie, sie hat den Arm leicht angehoben, in einer kindlichen Geste, hat ihn über die Augen gedeckt, sekundenlang so verharrend, und er, der Gefangene, er hat diese Geste wahrgenommen: er hat den Kopf in die Richtung der Frau gedreht.

Der Arm ist wieder herabgesunken.

Die Geschichte. Sie beginnt. Sie hat vor dem Auf und Ab am Meer, vor dem Schrei, vor der Geste, der Bewegung des Meers, der Bewegung des Lichts begonnen.

Jetzt aber wird sie sichtbar. Selbst auf dem Sand setzt sie sich schon fest, auf dem Meer.

Der Mann, der schaute, kehrt zurück.

Erneut hört man seinen Schritt, man sieht ihn, er kehrt aus der Richtung des Deichs zurück. Sein Schritt ist langsam. Sein Blick irrt umher.

Je näher er dem Holzsteg kommt, desto lauter wird der Lärm, der Lärm der Schreie, der Hungerschreie. Es sind die Möwen. Sie sind da, sie waren da, rings um den Mann, der geht.

Bereits dieser recht kurze Ausschnitt lässt einige der charakteristischen Eigenarten ihres Stils erkennen. Aneinandergereihte Sätze, in Montagetechnik miteinander verwoben, kreisen sehr häufig um etwas Geheimnisvolles, das nicht selten durch einen Schrei evoziert wird. Was sich durchaus verträgt mit dem schnörkellosen Grundmuster ihres Stils, weswegen die Duras – gegen ihren Willen – von vielen, so auch von Roland Barthes, zur Gruppe der Nouveau Romanciers gezählt, also an die Seite von Nathalie Sarraute gestellt wird. Ein weiteres Merkmal bildet das Geflecht von Dreier-Beziehungen, in diesem kurzen Text diejenige zwischen einer Frau und zwei Männern, wobei zur Unterscheidung einer der beiden Männer schlicht «der Fremde» genannt wird.

Und wieder ist es ein Schrei, der in dem berühmten Roman «Moderato cantabile» – von Peter Brook verfilmt mit der wunderbaren Jeanne Moreau – das Verschwiegene, das Nicht-Geäußerte birgt, ja es geradezu übertönt, und genau in dieser Funktion seine Kraft entfaltet. Der kleine Roman – 120 Seiten kurz – beginnt dabei gemächlich. Eine unziemlich nervige Klavierlehrerin fragt einen Knaben, der immer in Anwesenheit seiner Mutter unterrichtet wird, nach der Bedeutung der musikalischen Bezeichnung *moderato cantabile*. Der Junge reagiert störrisch, er weiß es, verweigert aber die Antwort. Endlich, nach sechs Seiten, rückt er doch damit heraus, will aber das Diabelli-Stück nicht spielen. Und dann passiert es:

Auf der Straße, aus dem Gebäude unten, ertönte der Schrei einer Frau. Eine lange, anhaltende Klage stieg auf, und so laut, dass das Brausen des Meeres daran zerschellte. Dann, jäh, brach sie ab.

– Was ist da? rief das Kind.

– Es ist etwas geschehen, sagte die Dame.

Das Brausen des Meeres schwoll wieder an. Das Rot des Himmels indessen begann zu verblassen. – Nein, sagte Anne Desbaredes. Es ist nichts.

Sie stand von ihrem Stuhl auf und ging zum Klavier.

– Warum so nervös, sagte die Dame, beide mit missbilligender Miene betrachtend.

Anne Desbaredes packte ihr Kind bei den Schultern, drückte es, dass es ihm weh tat, schrie beinahe.

Man muss Klavierspielen lernen, man muss.

Auch das Kind zitterte, aus demselben Grunde, es hatte Angst gehabt.

– Kann Klavier nicht leiden, sagte es murrend. Neue Schreie lösten jetzt den ersten ab, verstreute Schreie, verschiedene. Sie bestätigten nur, was gewesen war, vergangen, nunmehr beruhigend. So nahm denn die Klavierstunde ihren Fortgang.

– Man muss, beharrte Anne Desbaredes, man muss.

Die Dame schüttelte den Kopf, so viel Nachsicht zu missbilligen. Die Dämmerung begann übers Meer zu fegen. Und langsam verblasste der Himmel. Der Westen allein blieb noch rot. Er versank. – Warum, fragte das Kind.

– Die Musik, Liebling …

Das Kind ließ sich Zeit, Zeit zum Versuch, zu verstehen, verstand nicht, fand sich aber ab.

– Also gut. Aber wer hat geschrieen? – Ich warte, sagte die Dame.

Es fing zu spielen an. Musik stieg auf über dem Stimmengewirr einer Menschenmenge, die sich unter dem Fenster zusammenzurotten begann, auf dem Kai.

– Immerhin, immerhin, sagte Anne Desbaredes fröhlich, sehen Sie.

– Wenn er nur wollte, sagte die Dame.

Das Kind beendete seine Sonatine. Sogleich verfing sich, unabweisbar, das Stimmengewirr von unten in dem Raum.

– Was ist da? fragte das Kind wieder.

– Fang noch mal an, antwortete die Dame. Vergiss nicht: moderato cantabile. Denk an ein Lied, das man dir zum Einschlafen vorsingt.

– Niemals singe ich ihm Lieder vor, sagte Anne Desbaredes. Heute Abend wird er mir eins abverlangen und so lange, dass ich mich nicht werde weigern können zu singen.

Die Dame wollte nichts hören. Das Kind begann wieder die Sonatine von Diabelli zu spielen.

– Ein B vorgeschrieben, sagte die Dame sehr laut, du vergisst das dauernd.

Sich überstürzende Stimmen von Frauen und Männern stiegen, immer zahlreicher, vom Kai herauf. Alle schienen sie dasselbe zu sagen, dass man nicht deutlich verstand. Die Sonatine plätscherte weiter, ungerügt, aber diesmal, mittendrin, hielt es die Dame nicht mehr aus.

– Hör auf.

Das Kind hörte auf. Die Dame wandte sich zu Anne Desbaredes um.

– Ganz bestimmt, es ist etwas Schlimmes geschehen.

Marguerite Duras baut Spannung auf, indem sie so wenig wie möglich erklärt, ihre Figuren und Motive stets im Vagen lässt. Es wird in diesem Roman bis zum Ende so bleiben: Ein Mann hat seine Frau – vielleicht war sie auch nur seine Geliebte – umgebracht. In einem Café, einer Bar wie es sie zu Tausenden gibt in Paris, in Frankreich. Ein Mord aus Leidenschaft:

Im Hintergrund des Cafés, im Halbschatten des rückwärtigen Raumes. Lag auf dem Boden ausgestreckt eine Frau, leblos. Ein Mann, über sie geworfen, an ihre Schultern geklammert, rief sie ganz ruhig.

– Liebste du, Liebste du.

Er wandte sich der Menschenmenge zu, blickte sie an, und man sah seine Augen. Jeder Ausdruck war aus ihnen gewichen, außer – zerschmettert, unzerstörbar, weltentrückt – dem seiner Leidenschaft … Der Mann in seiner Raserei wälzte sich über den ausgestreckten Körper der Frau. Ein Inspektor packte ihn beim Arm und hob ihn hoch. Er ließ es geschehen. Offensichtlich hatte ihn jede Würde auf immer verlassen. Er prüfte den Inspektor mit einem Blick, immer noch fern aller übrigen Welt. Der Inspektor ließ ihn los, zog ein Notizbuch aus der Tasche, einen Bleistift, befahl ihm, seine Personalien anzugeben, wartete.

– Geben Sie sich keine Mühe, ich werde jetzt nicht antworten, sagte der Mann.

Marguerite Duras wird nicht erklären, was dieser Mann und warum er es womöglich zuvor getan hatte. Sie eröffnet mit diesem Mord eine ganz andere und doch sehr ähnliche Geschichte. Die Mutter des Knaben, Madame Desbaredes, geht von nun an täglich in dieses Café – immer begleitet von ihrem Sohn – und trifft dort einen fremden Mann, der zugegen war, als der Mord geschah. Zwischen diesen beiden Menschen entsteht eine sehr bizarre Liebesgeschichte. Der Mann heißt Chauvin und kennt – rätselhaft, wie es sich bei Duras gehört – aus der Ferne schon seit Jahren die feine Madame Desbaredes. Er ist ein Voyeur. Er hat sie beobachtet, «die Frau des Direktors von Import-Export und der ‹Küstengießerei›», durch die Fenster ihrer großbürgerlichen Villa; er kennt ihre schlaflosen Nächte; er ahnt ihre Begierden. Schon wenig später lässt die Autorin ihrer Hauptfigur Unmissverständliches geschehen:

Anne Desbaredes seufzte, eine fast wollüstige Klage entfuhr der Frau.
– Es ist merkwürdig, ich habe keine Lust, nach Hause zu gehen, sagte sie.
Er ergriff plötzlich sein Glas, leerte es in einem Zug, antwortete nicht, wandte die Augen von ihr ab.
– Ich muss zu viel getrunken haben, fuhr sie fort, sehen Sie, das ist es.
– Ja, das ist es, sagte der Mann.
Das Café war fast leer geworden. Seltener traten neue Gäste ein. Mit dem Spülen ihrer Gläser beschäftigt, beobachtete die Wirtin sie heimlich, verärgert, dass sie sich so verspäteten, ohne Zweifel. Das Kind, das zur Tür zurückgegangen war, schaute hinaus auf die jetzt stillen Kais. Vor dem Mann stehend, den Rücken dem Hafen zukehrend, schwieg Anne Desbaredes noch lange. Er schien ihre Gegenwart nicht zu bemerken.
– Es wäre mir unmöglich gewesen, nicht wiederzukommen, sagte sie endlich.
– Auch ich bin aus demselben Grunde wiedergekommen wie Sie.

So klingt der typisch mysteriöse Duras-Sound, den wir in allen ihren Texten und Filmen finden. «Moderator cantabile» erschien 1958; der Roman spielt bereits mit dem wichtigsten Thema der Autorin: der Liebe, deren Erfüllung nur im Tod zu finden ist. In diesem Rätseltext kommt es nach vielen durchaus liebevollen Begegnungen zwischen Chauvin und Anne schließlich doch wieder zu einem grausamen Ende. Nachdem sich beider Hände berührt haben, nachdem alle Personen, die von den seltsamen Treffen zwischen den beiden wissen, darüber reden, dass Madame ihren Mann betrüge und sie als Ehebrecherin bezeichnen, sagt er: «Ich wünschte, Sie wären tot.» Und sie antwortet: «Es ist so weit.»– Ein Mord aus Leidenschaft. Obwohl Madame durchaus lebendig in den Sonnenuntergang abgeht, scheint ein Schrei das Einverständnis der beiden zu beenden und ihr Schicksal zu besiegeln. Ein stummer Schrei dieses Mal, moderato cantabile in die Einsamkeit gerufen. Ein Liebes-Todes-Kreis schließt sich.

Weitere wichtige Duras-Themen sind bereits in dieses Werk eingearbeitet: Alkoholismus und Liebesschmerz, Voyeurismus, Masochismus und Todessehnsucht: Was indes fehlt, ist das Inzest-Thema, das gleichfalls in Duras' Œuvre eine gewichtige Rolle spielt. Und daneben – immer wieder in ihrem Leben und ihrem stets autobiografischen Werk – das gierige Begehren nach Männern. Zu diesem Themenkomplex existiert ein geradezu obszöner kurzer Text der Duras, nicht wie die meisten ihrer anderen Werke in der deutschen Übersetzung bei Suhrkamp erschienen, sondern bei Brinkmann & Bose, Anfang der 80er Jahre entstanden: «Der Mann im Flur».

Auch hier ein Schrei, auch hier die Gier, auch hier Voyeurismus, der aber jetzt nicht nur typisches Handlungsmotiv ist, sondern zugleich als literarisches Stilmittel eingesetzt wird: *Der Mann hatte im Dunkel des Flurs gegenüber der nach draußen geöffneten Tür gesessen. Er betrachtet eine Frau, die ein paar Meter von ihm entfernt auf einem Steinweg liegt.* – So beginnt die Erzählung. Wir erfahren, dass die Frau nackt ist unter ihrem Seidenkleid. Nun kommt die Erzählerin, also die Voyeurin, ins Spiel.

Ich sehe, dass ihre Beine, die sie bislang halb angezogen in sichtlicher Lässigkeit hatte hängen lassen, ich sehe, wie sie sie durch eine bewusste, anstrengende Bewegung immer fester aneinander schiebt. Wie sie sie so fest aneinanderpresst, dass ihr Körper sich dabei verformt und so nach und nach seinen gewohnten Umfang verliert. Und dann sehe ich, dass die Anstrengung plötzlich aufhört, und mit ihr auch jede Bewegung. Nun hat der Körper auf einmal die Gradheit eines endgültigen Bildes. Der Kopf ist auf den Arm zurückgesunken. Regungslos verharrt sie nun in dieser Schlafpose. Ihr gegenüber der schweigende Mann. – Daraufhin werden Mann und Frau einander begegnen. Er geht mit ihr brutal um, setzt seinen Fuß auf ihren Körper, tut ihr weh, sie schreit, woraufhin der Fremde der Fremden sagt, dass er sie liebe. Erschöpft setzt er sich in einen Sessel, sie folgt ihm.

Er trägt eine blaue Leinenhose, die er geöffnet hat und aus der es hervorkommt. Es ist etwas Grobes und Brutales, ebenso wie sein Herz. Ebenso wie sein Herz, schlägt es. Eine Form aus Urzeiten, ununterschieden von Steinen, von Flechte, eine unvordenkliche, in den Mann gepflanzte, um die herum er sich abmüht. Um die herum er am Rande der Tränen ist und schreit.

Ich höre, wie die Frau zum Mann spricht. «Ich liebe dich.»

Ich höre, wie er ihr antwortet, er wisse es – «Ja.»

Ich sehe, dass die Frau sich bewegt und ihrerseits die drei Schritte gehen wird, die sie von ihm trennen. Ich sehe noch, wie er zu einer Fluchtbewegung ansetzt und wie er wieder in den Sessel zurückfällt. Dann sehe ich nichts mehr jenseits der Fakten.

Sie ist bei ihm angelangt, kauert sich zwischen seine Beine und betrachtet es, es ganz allein, in dem Schatten, den sie ihrerseits auf ihn wirft. Behutsam macht sie es frei, bis es ganz nackt ist. Schiebt die Kleidung auseinander. Holt die tieferen Teile hervor. Entfernt sich ein wenig davon, und lässt so das Licht darauf scheinen.

Ich sehe, dass der Mann den Kopf gesenkt hat und es betrachtet, wie er zur gleichen Zeit wie die Frau dieses Schauspiel seiner selbst betrachtet. Es schlägt immerzu, im Rhythmus des Herzens aufzuckend. Durch die feine Haut, die es bedeckt, ist das weite dunkle Netz des Blutes zu sehen. Es ist voller Lust, von mehr Lust erfüllt, als es zu halten vermag, und sich selber derart eng ist es so geworden, dass man zögert, die Hand darauf zu legen.

Der Mann und die Frau betrachten es gemeinsam. Sie machen ihm gegenüber keinerlei Geste und überlassen es noch sich selbst.

Sie hätte sich langsam voranbewegt, hätte ihre Lippen geöffnet und auf einmal sein weiches, glattes Ende ganz in den Mund genommen. Sie hätte die Lippen über dem Saum geschlossen, der seinen Anfang zeichnet. Ihr Mund wäre voll davon gewesen. Es ist derart weich, dass ihr davon die Tränen in die Augen treten. Ich sehe, dass nichts der Macht dieser Weichheit gleichkommt, es sei denn, das ausdrückliche Verbot, es anzutasten. Verboten. Sie kann nur noch mehr davon in den Mund nehmen, wenn sie es behutsam mit ihrer Zunge zwischen den Zähnen umkost. Ich sehe dies: dass sie das, was man gewöhnlich im Sinn hat, als dieses Grobe und Brutale im Mund hat. Sie verschlingt es im Geiste, sie nährt sich davon, sie kostet es im Geiste bis ins letzte aus. Während der Frevel in ihrem Munde ist, kann sie sich nur erlauben, es zur Lust zu leiten, zu führen, mit bereiten Zähnen. Mit ihren Händen hilft sie ihm zu kommen, wiederzukommen. Aber es scheint nicht wie-

derkommen zu können. Der Mann schreit. Mit seinen Händen im Haar der Frau verklammert, versucht er, sie von dort fortzureißen, aber er hat nicht mehr die Kraft dazu, und sie will nicht davon lassen.

Der Mann. Der vom Körper mitgerissene Kopf seufzt, eifersüchtig und im Stich gelassen. Seine Klage schreit, zu kommen, wieder zu sich zu kommen, sie schreit den marternden Widerspruch, dass man ihm so etwas Gutes gönne. Ihr, der Frau, ist das einerlei. Ihre Zunge fährt hinab zu jener anderen Weiblichkeit, sie gelangt dahin, wo sie kryptisch wird, und dann steigt sie geduldig abermals hinan bis sie wieder mit ihrem Munde umfängt und festhält, was sie verlassen hat. Sie hält es fest bis zur Grenze des Verschlingens in einer Bewegung ununterbrochenen Saugens. Er versucht nichts Neues mehr. Mit geschlossenen Augen. Allein. Ohne Gesten, schreit er.

Dort oben, der Schrei, die Klage wird greller.

Ein Vergleich mit der rigorosen Erzählhaltung einer Elfriede Jelinek drängt sich auf, denkt man an die akribisch brutal beschrieben Geschlechtsakte etwa aus den Romanen «Die Klavierspielerin» oder «Lust». Aber es gibt einen entscheidenden Unterschied: Bei Elfriede Jelinek geht die Gewalt ausschließlich vom Mann aus, bei Marguerite Duras hingegen ist die Frau aktiv, fordernd, ist sie die unnachgiebige Vergewaltigerin und – in vielen ihrer Werke – zugleich das Opfer.

In Duras' wohl berühmtestem Roman, «L'amant», «Der Liebhaber», 1984 publiziert und ausgezeichnet mit dem renommierten Prix Goncourt, steuert das Mädchen die Blicke des Mannes, sein Begehren. Sie wählt ihn. Mehr noch: Sie bedeutet ihm, dass sie mit ihm schlafen will. Sie zieht ihn aus, er soll, er darf ihr nicht dabei helfen: *Sie sagt, sie wolle es tun. Sie tut es. Sie zieht ihn aus.*

Duras kehrt die Verhältnisse um, verlässt sie andererseits aber nicht: Die Frau ist das begehrte Objekt der Männer, und macht sich aktiv zu deren Opfer. Natürlich irritiert und provoziert diese Haltung männliche wie weibliche Leser. Viele Frauen, die bei Duras lieben – besser gesagt: begehren und Liebe machen, elles font l'amour – prostituieren sich. Feministen müssten verärgert diese

Romane aus den Händen legen, denn erst das männliche Begehren, die Sexualität des Mannes macht Mädchen zu Frauen. Bei Duras brauchen alle Frauen den männlichen Blick des Begehrens, den sie wahrnehmen müssen, um sich als Frauen zu gefallen und anzunehmen.

Doris Kolesch und Gertrud Lehnert unterstreichen zu Recht in ihrer hervorragenden Monografie zu Marguerite Duras, dass Frauen bei ihr kein Selbst-Bild besitzen und keine Sexualität, solange Männer sie nicht begehren und penetrieren. Und Duras kenne, so behaupten sie, keinen Unterscheid zwischen einer frei vom Subjekt bestimmten Austauschbarkeit der Sexualpartner und der Käuflichkeit von Frauen: *Der Begriff ‹Prostitution› impliziert beides.* «Prostitution» ist also in Marguerite Duras' Œuvre in der Regel positiv besetzt; sie konnotiert das Anti-Bürgerliche, das ganz Andere, Neue, Unerwartete. Prostitution in diesem Sinne ist eine Revolte gegenüber der Statik des Bestehenden. In der Tat revoltiert das Mädchen im Liebhaber gegen die Normen ihrer Gesellschaft. Lustvoll und schamlos betont sie gegenüber den Ansprüchen ihrer Umgebung den körperlichen Aspekt ihrer Beziehung, die im Rahmen der bürgerlichen Doppelmoral für eine Frau, zumal eine so junge, nicht vorgesehen ist. Sie lebt ganz frei ihre »polymorphe Sexualität« der Adoleszenz aus: Sie liebt im Liebhaber den kleinen Bruder, im kleinen Bruder den Liebhaber, sie hat die Phantasie, ihrem Liebhaber ihre Freundin Helene zu ‹geben› und, indem sie die Vereinigung der beiden von ihr begehrten Körper beobachtet, auf diese Weise die absolute Lust zu erfahren.

Dieser Roman behandelt also auch Marguerite Duras' Liebe zu ihrem Bruder, also das bereits erwähnte Inzest-Thema. Alles Schreiben der Duras ist autobiografisch, ist Erinnerung, die bearbeitet in unterschiedlichen Variationen immer wieder auftaucht. Die Geschichte, die Marguerite Duras in «Der Liebhaber» erzählt, ist zugleich Teil des Romans «Der Liebhaber aus Nordchina». Allerdings ist in dem späteren Werk der Liebhaber hässlich geworden, ein mageres kleines Kind; und die Familie der Erzählerin rückt im Vergleich zu dem früheren Text stärker in den Fokus der Beobachtung. Nicht zuletzt diese Variationen bildeten den Grund dafür, dass sowohl die literarische Kritik als auch die Presse den Begriff «Durasoir» über die Maßen strapaziert haben.

Neben der Gier und der äußerst vielgestaltigen Sexualität, tauchen als Themenkomplexe Liebe und Zärtlichkeit auf. Die biografisch reale Liebe zu einem jungen Mann namens Yann – Marguerite Duras wird ihn in der literarischen Verarbeitung Yann Andréa nennen – ist sowohl in der erlebten Beziehung der beiden als auch in ihrem dann fiktiven Niederschlag von viel Leid gezeichnet, weil diese Beziehung etwas kennzeichnet, was Liebe bei Duras a priori schmerzhaft werden lässt: Ideale Liebe ist nur als unerfüllte Liebe denkbar. Es ist eine Struktur, in der ein Ungleichgewicht des Begehrens oder Liebens die Beziehung zweier Menschen durchkreuzt. Oder – dies ist die nächste Variante von unerfüllter Liebe – beide Partner begehren einander, aber die Erfüllung bleibt ihnen versagt. Dies ist der Fall bei Marguerite und Yann, und dies ist auch der Fall bei den inzestuösen Verhältnissen, wie sie Marguerite Duras in dem Werk «Agatha» beschreibt. Andererseits aber – und so einfach kompliziert ist es mit der Liebe bei der Duras – tritt die ersehnte Erfüllung genau dann ein, wenn eine Frau oder ein Mann den Geliebten oder die Geliebte beim Liebesakt mit einer anderen Person beobachten kann. Erfüllung also durch den Blick des Voyeurs.

Die Beziehung zu Yann ist nicht bloß außergewöhnlich, ungewöhnlich, sondern sie reicht an Wahnsinn heran. An einen Wahnsinn, der die beiden Menschen an den Rand der Verzweiflung bringt; und doch können die ungleichen Beiden nicht voneinander lassen. Diese Liebesgeschichte ist die Geschichte zweier Verzweifelter. Verzweifelt aufgrund ihrer Begierden, die sehr verschiedener Naturen sind, verzweifelt aufgrund ihrer Trunksucht, die sie bald miteinander teilen. Sämtliche Romane, Erzählungen und Filme der Marguerite Duras handeln von der scheiternden, der unmöglichen Liebe. Das allmählich wieder wachsende Interesse junger Menschen an dieser Autorin erklärt die Biografin Laure Adler genau anhand dieses Phänomens, dass die moderne Erfahrung von unerfüllter Sehnsucht thematisch bei Marguerite Duras bereits verarbeitet ist: «Ich bekomme viele Briefe junger Leute zwischen siebzehn und fünfundzwanzig Jahren, die von Marguerite Duras tief betroffen worden sind ... Und was diese junge Generation in ihren Briefen erwähnt, das ist immer dasselbe: das alte Lied von der Liebe, die Unmöglichkeit zu lieben. Ein bisschen wie bei Edith Piaf. Marguerite Duras spricht von der Liebe in so einfachen, so reinen, aber auch so schonungslosen Worten, dass das den Leser auf ewig prägt.»

Auf ewig gewiss nicht, aber einige von Duras' Texten verstören nicht wenig. Die anderen sind vielleicht tatsächlich «ein bisschen wie Edith Piaf.» – Also: Je ne regrette rien und Hymne an die Liebe. Und wie die Piaf war Marguerite Duras zur Alkoholikerin geworden. Man kann die letzte Liebe nicht verstehen, ohne über das Trinken zu reden. Duras machte aus ihrer Sucht nie einen Hehl. Sie ging mit dieser Krankheit offensiv um. Sie versteckte sie nicht, und sie beschönigte sie nicht. Ihre Prosaskizze «Der Alkohol», erschienen 1987 in dem Band «La vie matérielle», ein Jahr später in Deutschland herausgebracht unter dem Titel «Das tägliche Leben», ist von einer brutalen Offenheit.

Fraglos kokettiert Marguerite Duras, die immer wieder, von ihrer eigenen literarischen Größe überzeugt, das eigene Genie pries, mit ihrer Offenheit und ihrer antibürgerlichen Radikalität. Natürlich ist es eine Provokation zu behaupten, es sei das Einfachste, Gott, den es nicht gebe, durch Alkohol zu ersetzen.

Kaum habe ich zu trinken begonnen, bin ich Alkoholikerin geworden. Ich habe sofort wie eine Alkoholikerin getrunken. Ich habe alle hinter mir gelassen. Begonnen habe ich damit, am Abend zu trinken, dann habe ich am Mittag getrunken, dann am Morgen, dann habe ich angefangen, in der Nacht zu trinken. Einmal pro Nacht, dann alle zwei Stunden. Ich habe mich nie anders drogiert. Ich war mir immer bewusst, dass es mit Heroin zu einer ra-

schen Eskalation kommen würde. Ich habe immer mit Männern getrunken. Der Alkohol bleibt mit der Erinnerung an die sexuelle Gewalt verbunden, er verklärt sie, er ist nicht zu trennen von ihr. Doch nur in der Vorstellung. Der Alkohol ersetzt den Akt der Lust, ohne ihren Platz einzunehmen. Die Sexbesessenen sind im allgemeinen keine Alkoholiker. Alkoholiker sind, selbst »auf dem Niveau der Gosse«, Intellektuelle. Das Proletariat, das heutzutage eine intellektuellere Klasse ist als die bürgerliche, und zwar mit Abstand, hat eine Neigung zum Alkohol, weltweit. Die manuelle Arbeit ist zweifellos diejenige Beschäftigung, die den Menschen am direktesten zum Nachdenken, und somit zum Trinken, bringt. Sehen Sie sich die Ideengeschichte an. Der Alkohol macht reden. Das ist Geistigkeit bis zum Irrsinn der Logik, das ist Vernunft, die bis zum Überschnappen zu verstehen versucht, wie es zu dieser Gesellschaft, zu diesem Reich der Ungerechtigkeit gekommen ist, und die dabei immer in die gleiche Verzweiflung gerät. Ein Säufer ist manchmal grob, doch selten obszön. Gelegentlich wird er zornig oder tötet. Wenn man zu viel getrunken hat, kehrt man an den Anfang des infernalischen Lebenskreislaufs zurück. Man spricht vom Glück, man sagt, es sei unmöglich, aber man weiß, was dieses Wort bedeutet.

Es fehlt einem ein Gott. Diese Leere, die man eines Tages als Heranwachsender entdeckt, lässt sich durch nichts verdrängen. Der Alkohol ist erschaffen worden, damit man die Leere des Universums ertragen kann, die Bewegung der Planeten, ihre unerschütterliche Rotation im Raum, ihre stille Gleichgültigkeit am Ort unseres Schmerzes. Der Mensch, der trinkt, ist ein interplanetarischer Mensch. Er bewegt sich in einem interplanetarischen Raum. Dort lauert er. Der Alkohol tröstet über nichts hinweg, er füllt die psychischen Räume des Individuums nicht aus, er ersetzt nur das Fehlen Gottes. Er tröstet den Menschen nicht. Im Gegenteil, der Alkohol bestärkt den Menschen in seinem Wahnsinn, versetzt ihn in erhabene Regionen, wo er Herr seines Schicksals ist. Kein menschliches Wesen, keine Frau, kein Gedicht, keine Musik, keine Literatur, kein Gemälde kann den Alkohol in seiner Funktion, die er für den Menschen hat, ersetzen: ihm die Illusion einer großen Schöpfung zu geben. Er ist da, um diese zu ersetzen. Und er tut es für einen ganzen Teil der Menschheit, der an Gott hätte glauben sollen und nicht mehr glaubt. Der Alkohol ist steril. Die Worte, die der Mensch in der Nacht seiner Trunkenheit sagt, verflüchtigen sich mit dieser, sobald es tagt. Die Trunkenheit erzeugt nichts, sie dringt nicht in die Worte ein, sie trübt den Verstand, macht ihn matt. Ich habe alkoholisiert gesprochen. Die Illusion ist total: Was Sie sagen, hat noch nie jemand gesagt. Doch der Alkohol schafft nichts von Dauer. Das ist Luft. Wie die Worte. Ich habe alkoholisiert geschrieben, ich besaß die Fähigkeit, die Trunkenheit in Schach zu halten, zweifellos aus Abscheu vor dem Suff. Ich trank nie, um betrunken zu werden. Ich trank nie schnell. Ich trank die ganze Zeit und war nie betrunken. Ich war zurückgezogen, unerreichbar, doch nie betrunken.

Eine trinkende Frau, das ist, wie wenn ein Tier, ein Kind tränke. Der Alkoholismus wird mit der trinkenden Frau zum Skandalon: eine Alkoholikerin, das ist selten, das ist schlimm. Da wird die göttliche Natur verletzt. Um mich herum habe ich dieses Skandalon erkannt. Um die Kraft aufzubringen, ihm öffentlich zu trotzen, um zum Beispiel zu meiner Zeit nachts allein in eine Bar zu gehen, musste man bereits getrunken haben … Nach einer bestimmten Zeit hat man die Wahl: entweder bis zur Bewusstlosigkeit, bis zum Identitätsverlust trinken oder es bei den Anfängen des Glücks bewenden lassen. Gewissermaßen täglich sterben, oder weiterleben.

Genau zu der Zeit, als sie ihres Lebens überdrüssig war, exzessiv trank und zugleich Medikamente nahm – in «Das tägliche Leben» deutlich beschrieben –, lernt sie den letzten Mann ihres Lebens kennen: Yann, einen jungen Studenten aus Caen, der ihr zuvor schon viele bewundernde Briefe geschrieben hat. Er ruft sie an und fragt, ob er sie in ihrem Haus in Trouville besuchen darf. Er kommt und zwischen der 66jährigen Frau und dem über dreißig Jahre jüngeren Mann entwickelt sich eine Liebesbeziehung. Keine einfache, denn Yann ist homosexuell, seine Sexualität lebt er freizügig aus. *Diese Geschichte mit Yann Andréa, einem Homosexuellen, ist mir mit fünfundsechzig zugestoßen. Was da geschehen ist, ist wahrscheinlich das Unerwartetste in diesem Abschnitt meines Lebens, das Erschreckendste, das Wichtigste. Es ähnelt dem, was sich in «Der Schmerz» abspielt.*

Bevor ich weiter auf diese Liaison und ihre literarischen Früchte eingehe, möchte ich einen Zeitsprung zurück in das Jahr 1914 machen. Am 4. April dieses Jahres wird Marguerite als drittes und jüngstes Kind von Henri Donnadieu und Marie Legrand geboren. In Gia Dinh, in der ehemaligen französischen Kolonie Cochinchina, dem heutigen Vietnam. Es gibt eine kurze autobiografische Notiz: *Marguerite Duras wurde in Indochina geboren; ihr Vater arbeitete dort als Studienrat für Mathematik, ihre Mutter als Grundschullehrerin. Abgesehen von einem kurzen Aufenthalt in Frankreich während ihrer Kindheit, verließ sie Saigon erst im Alter von achtzehn Jahren.*

Später, in «Eden Cinema» von 1988, schreibt sie:

Ohne Gott, die Mutter.
Ohne Meister.
Ohne Maß. Ohne Grenzen, sowohl im Schmerz, den sie überall auflas, als in der Liebe um die Welt.

Dabei wird es zeitlebens bleiben. Ihr Vater war Mathematiklehrer, ihre Mutter Grundschullehrerin. Sie wohnt mit ihren Eltern und ihren Brüdern in verschiedenen Orten, auch in Phnom Penh – und immer sehr herrschaftlich.

Kurz vor seinem Tod, am 4. Dezember 1921, kauft der Vater ein Haus in Frankreich, in der Gemeinde Duras, wo er die Sommerferien mit seiner Familie von nun an verbringen wollte. Das Schicksal allerdings will es anders. Die Witwe und ihre Kinder bleiben in Cochinchina, wo die Mutter als Lehrerin arbeitet und vom Erbe und der Witwenrente eine Stück Land in Prey-Nob, Kambodscha, kauft, um es zu bebauen. Das Land ist jedoch unkultivierbar, das Unternehmen scheitert kläglich. Aus dem Traum vom Reichtum – gewonnen aus den Reisfeldern – wird ein Albtraum: Der Witwe Donnadieu war Land verkauft worden, das ständig überflutet wurde. Duras' Kommentar dazu in «Eden Cinema»:

Sie wusste nichts, die Mutter. Nichts.
Sie war aufgetaucht aus der Nacht des Eden Cinema, ohne jede Ahnung.
Vom großen Kolonial-Vampyrismus.
Vom fundamentalen Unrecht, das die Armen dieser Welt regiert.

Über diese Zeit, eine wohl sehr erbärmliche Zeit, lesen wir in dem Roman «Heiße Küste»; und im Nachlass der Schriftstellerin wurde ein leider undatiertes Gedicht gefunden, ein Gedicht über eben diese «Heiße Küste»:

Gesang des Caporals

Langes Warten
Unter der Sonne
Die Menschen schleppen sich die Straße entlang
An die Hoffnung gekettet
Ich habe viel von der Straße erwartet
Eine Kette an den Füßen, eine Kette um den Hals
Den Kopf in der Sonne
Den Magen leer, die Knute im Rücken
Reis des Elends
Sonne aus Stahl
Meine verhungerten Kinder
Hunger, Malaria
Oh, Ebenen meines Landes
Ruhmreich der Kinder wegen
Der verhungerten
Oh, Sonne von Salz
Oh, mein Land, mein einziges Schicksal

Von 1930 bis zur Übersiedlung nach Paris besucht Marguerite das Lycée Chasseloup-Laubat in Saigon. In dieser Zeit – vielleicht schon davor – werden die Geschwister Paul und Marguerite ein Paar, eng umschlungen tanzen sie zu dem Schlager «Ramona». Sie liebt ihn wie einen Verlobten, sie nennt ihn, den sie durchaus begehrt, den kleinen Bruder. Und im «Liebhaber aus Nordchina» heißt es dann: «Er ist der größte Schatz für mich …»

Sie liebt ihren Bruder und will ihm nahe sein und will doch weg aus diesem Land, weg aus der Armut. Täglich setzt sich das hübsche Mädchen auf die Brücke in der Nähe der Piste, der Straße, und wartet: auf das große Geld und den passenden Mann dazu –

in dieser Reihenfolge. Sie ist entschlossen, den Erstbesten zu nehmen und ihm zu folgen. Und die Mutter verfolgt dasselbe Ziel: «Irgendwie muss Geld ins Haus, so oder anders, aber es muss her.» – heißt es im «Liebhaber». Die Mutter hat nichts dagegen, wenn sich ihr Kind prostituiert. Und das Kind wartet auf den Mann, auffällig geschminkt, auffällig gekleidet, mit einem Herrenhut auf dem Kopf. Auch nachmittags im Eden-Cinéma, wo sie begierig zusieht, wie sich Mann und Frau auf der Leinwand küssen: *Wie ihre Kiefer erschlaffen wie im Tod und sich ihre Lippen vereinen wie Polypen, sich zermalmen, in wilder Gier sich zu verzehren, einer im anderen aufzugehen versuchen bis zur vollständigen Vernichtung.*

Eines weiß sie: Wenn kein Mann sie begehrte und mitnähme, würde sie in ein Bordell gehen. Aber das muss sie nicht. Sie begegnet dem Chinesen, dem «Liebhaber», Ende 1929.

Sie zögert. Sie sagt entschuldigend: – Ich bin noch klein.
– Wie viel Jahre? Sie antwortet:
– Sechzehn Jahre.
– Nein – er lächelt –, das ist nicht wahr.
– Fünfzehn Jahre … fünfzehneinhalb … geht das? Er lacht.
– Das geht.

Sie steigt in die Limousine ein und geht mit ihm in eine Wohnung: *Sie sagt zu ihm: ich würde es vorziehen, wenn Sie mich nicht liebten. Doch selbst wenn Sie mich lieben, möchte ich, dass Sie tun, was Sie üblicherweise mit Frauen tun. Er sieht sie entsetzt an, er fragt: ist es das, was Sie wollen? Sie sagt ja. Hier in diesem Zimmer hat er zu leiden begonnen, zum ersten Mal, er leugnet es nicht mehr. Er sagt ihr, er wisse bereits, dass sie ihn nie lieben werde. Sie lässt es ihn aussprechen. Zuerst sagt sie, sie wisse es nicht. Dann lässt sie es ihn aussprechen.*

Er sagt, er sei allein, auf grausame Weise allein mit seiner Liebe zu ihr. Sie sagt ihm, auch sie sei allein. Sie sagt nicht womit. Er sagt: Sie sind mir hierher gefolgt, wie Sie irgendjemandem gefolgt wären. Sie antwortet, das könne sie nicht wissen, sie sei noch nie jemandem in ein Zimmer gefolgt. Sie sagt, sie wolle nicht, dass er mit ihr rede, sie wolle, dass er tue, was er üblicherweise mit Frauen tut, die er in seine Wohnung mitnimmt. Sie fleht ihn an, es so zu tun.

Er hat ihr das Kleid vom Leib gerissen, er wirft es zu Boden, er reißt den kleinen weißen Baumwollslip weg und trägt sie nackt zum Bett. Und dann dreht er sich zur anderen Bettseite und weint. Und sie, langsam, geduldig, holt ihn zu sich zurück und beginnt ihn auszukleiden. Mit geschlossenen Augen tut sie es. Langsam. Er schickt sich an, ihr zu helfen. Sie bittet ihn, es nicht zu tun. Lass mich machen. Sie sagt, sie wolle es tun. Sie tut es. Sie zieht ihn aus. Als sie ihn darum bittet, verändert er die Lage seines Körpers im Bett, doch sachte, leicht, wie um sie nicht zu wecken.

Seine Haut ist von prachtvoller Zartheit. Der Körper. Der Körper ist mager, kraftlos, ohne Muskeln, er könnte krank gewesen sein, nun auf dem Wege der Genesung, er ist unbehaart, ohne ein Zeichen von Männlichkeit mit Ausnahme des Geschlechts, er ist sehr schwach, er scheint der Willkür von Kränkungen ausgeliefert zu sein, leidend. Sie sieht ihm nicht ins Gesicht. Sie sieht ihn nicht an. Sie berührt ihn. Sie berührt die Zartheit seines Geschlechts, seiner Haut, sie liebkost seine goldgelbe Farbe, das unbekannte Neuland. Er stöhnt, er weint. Er ist in einer erbärmlichen Liebe.

Und weinend tut er es. Zuerst ist der Schmerz da. Dann wird dieser Schmerz genommen, wird umgewandelt, langsam herausgerissen, der Lust zugeführt, mit ihr vereint.

Marguerite hat, was sie wollte und für die Familie – vor allem für die Mutter – wird sie zum Tauschobjekt: *Als Leo in die Familie eingeführt wurde, änderten sich schlagartig alle Pläne. Sobald wir von der Höhe seines Vermögens wussten, wurde der einhellige Beschluss gefasst, dass Leo die verschiedenen Vorhaben finanzieren sollte (ein Sägewerk für meinen jüngeren, eine Werkstatt für meinen älteren Bruder) – wobei meine Mutter sorgfältig all diese Pläne erwog; außerdem sollte er noch jedes Familienmitglied mit einem eigenen Auto ausstatten. Meine Aufgabe war es, Leo diese Projekte anzutragen und ihn zu diesem Zwecke zu «sondieren», ohne ihm irgendeine Gegenleistung in Aussicht zu stellen. «Wenn es dir gelingt, ihn nicht zu heiraten», sagte meine Mutter, «ist es allemal besser; denn du kannst sagen, was du willst, er ist immerhin ein Einheimischer».*

Die Biografin Laure Adler kommentiert: «Der Liebhaber wird zum Tauschobjekt, zur Geldquelle, zur einzigen Versorgungsinstanz der Familie Donnadieu. Ist Marguerite in diesem perversen Spiel, indem sie die Initiative ergreift, die Betrogene, die Komplizin oder das Opfer? Sie findet an dem Spiel Gefallen. Am Liebesspiel, das sie in den zwei Versionen des Liebhabers in Schrift verwandeln wird. Eine schöne Rache der Schriftstellerin an der schmutzigen Realität! Sie haucht der Geschichte neues Leben ein und baut sie auf so bewegende und glaubhafte Weise zum Roman aus, dass der Liebhaber zu einer Episode ihres wahren Lebens wird – und niemand denkt daran, sie anzufechten. Mit dem Buch ‹Der Liebhaber› hat sie sich gerächt. Aus einer erbärmlichen Geschichte hat sie eine erotische Erzählung gemacht.» – Und so wird sie es von nun an mit ihrem Leben machen. Sie wird es erinnernd transponieren in Literatur.

1931 macht Marguerite Duras in Saigon Abitur und übersiedelt im darauf folgenden Jahr nach Frankreich. Sie lebt in Paris und studiert Mathematik, Jura und politische Wissenschaften. Ihre Mutter und ihr kleiner Bruder, wie sie den jüngeren nennt, kehren nach Vietnam zurück. Marguerite bleibt in Frankreich. In Frankreich lebt auch ihr Bruder Pierre, aber die beiden haben keinen Kontakt. Und doch weiß Marguerite, dass die ersten achtzehn Jahre ihres Lebens in Vietnam die entscheidenden waren. Deshalb schreibt sie mehr als einmal: *Wenn ich gestern gestorben wäre, wäre ich mit achtzehn gestorben. Wenn ich zehn Jahre später stürbe, würde ich ebenfalls mit achtzehn gestorben sein.*

1938 ist sie Angestellte im Kolonialministerium beim Internationalen Informations- und Dokumentationsdienst; ein Jahr später heirat sie Robert Antelme, nachdem sie zuvor eine Beziehung zu einem Mann namens Jean Lagrolet hatte, einem Kommilitonen und zugleich – das betätigten später Duras' Jugendfreundinnen – versuchte immer wieder, ihre Professoren zu verführen. Robert Antelme hatte Jura studiert, interessierte sich aber für Literatur, das Theater und die antike Geschichte.

Zwischen Marguerite und Robert wurde aus einer Verliebtheit eine große Leidenschaft, die zu mehreren Freundschaftsdramen führte – eigentlich sind alle Duras-Lieben in einem hohen Sinn dramatisch, also groß. Ein ehemaliger Freund, Georges Beauchamp, berichtet, wie er in das Gefühlstohuwabohu Ordnung brachte. «Zwischen Jean Lagrolet und Marguerite lief es immer weniger gut. Sie wurde dieses Jungen überdrüssig, den sie stets als gequält erlebte. Sie hatte ihn dazu verleitet, mit Sachen wie Opium zu experimentieren, und sie ertrug seine intellektuellen Spinnereien immer weniger. Robert war stets da. An Jeans Seite. Verfügbar, aufmerksam. Er war nicht so schön, aber er lächelte ständig. Jean Lagrolet, das war Dorian Gray. Sie sehnte sich nach Ausgeglichenheit und Ruhe. Sie verließ ihn wegen Robert.» Und nun wird es wirklich grotesk, es wird gefährlich: Georges entreißt Robert den Revolver, den dieser aus dem Büro seines Vaters entwendet hat, um sich zu töten, weil er im Begriff ist, seinen besten Freund zu betrügen. Derweil setzt Jean das Laudanumfläschchen an, um sich ebenfalls umzubringen. Marguerite schließt sich weinend in ihr Zimmer ein. Es ist Georges, der den Knoten löst. Er gibt selbstlos Marguerite ihrem Robert – oder umgekehrt. Und er nimmt einen von Medikamenten völlig abgestumpften Jean Lagrolet wider dessen Willen auf eine lange Reise durch Mitteleuropa mit. Jean Lagrolet wird sich nie wieder von seinen Liebeswunden erholen, nie wieder eine Frau berühren, er wird allerdings auch seine Homosexualität nicht länger verleugnen.

Von 1940 bis 1942 arbeitet Marguerite Duras im «Cercle de librairie»; und sie veröffentlicht zusammen mit Philippe Roques bei Gallimard ein Buch mit dem Titel «L'Empire francais», in dem sie für den Kolonialismus streitet, wozu man wissen muss, dass nur die extreme Linke sich damals gegen die französische Kolonialpolitik aussprach.

Robert Antelme und Marguerite Duras, die immer noch Donnadieu heißt, wohnen bereits in der Rue Saint-Benoît 5, in Saint-Germain-des-Prés, wo Marguerite Duras bis zu ihrem Tod schreiben wird. Sie will zu dieser Zeit – die Deutschen sind bereits in Frankreich – nur zwei Dinge: ein Kind und schreiben. Und sie schreibt, aber den Roman «La famille Taneran», aus dem später «Les impudents» wird, lehnt der Verlag Gallimard ab. Sie wird schwanger, aber das Kind stirbt bei der Geburt. Und im chinesisch-japanischen Krieg stirbt auch ihr «kleiner Bruder» .

Schon vor diesen Ereignissen haben sich Marguerite Duras und Robert Antelme einander entfremdet, aber sie – die immer wieder nebenher und zwischendurch andere Männer liebte und mit ihnen Beziehungen einging – ließ sich nicht scheiden; man wohnte weiterhin zusammen.

Im Sommer 1942 begegnet Marguerite Duras einem Mann, der sie sofort verzaubert: Dionys Mascolo, der es vom Laufburschen bei Gallimard zum Lektor geschafft hatte. Coup de foudre. Ein Leben zu dritt. Dionys und Robert mögen einander nämlich auch. Zu dritt arbeiten sie aktiv in der Résistance, in der Gruppe um Morland, derjenigen von Francois Mitterrand, der unter diesem Namen auftrat. Die drei sind Mitglieder in der Gruppe «Mouvement national des prisonniers de guerre».

1943 erscheint der Roman «Les Impudents», das erste Werk unter dem Pseudonym Duras. Duras ist der Name des Kanton, aus dem ihr Vater stammt. «Festung an diesem Ort» heißt Duras auf okzitanisch. Sie wählt diesen Namen, weil sie diesen Ort als den «Ort des Schreibens» überhaupt postuliert. Hier, mit diesem Namen, will sie sich in ihrer Einsamkeit einrichten. Hier will sie, wie sie schreibt; *ein wunderbares Unglück* leben, *in dem größten Palast der Einsamkeit, den man je sah, dem eindrucksvollsten.*

Am 1. Juni 1944 wird Robert Antelme verhaftet und nach Buchenwald deportiert, später nach Dachau verlegt. Nach seiner Rettung schreibt er ein Erinnerungsbuch über diese Zeit, «L'espèce humaine», «Das Menschengeschlecht»; sie verarbeitet diese Periode in einem Buch, das ich sehr schätze, es heißt «La Douleur», «Der Schmerz», und es erschien erst 1986. Anders als viele Duras-Interpreten behaupten, ist dieses Werk nicht schon 1946 entstanden: Sie schrieb es kurz vor der Publikation, Mitte der achtziger Jahre. Es ist wiederum literarisierte und also verarbeitete Erinnerung.

Die Frau, die in dem Roman auf die Rückkehr des Häftlings wartet, ist Marguerite Duras, bleibt jedoch im Roman namenlos. Der Mann, auf den diese Erzählerin wartet, wird Robert L. genannt. Es ist der Bericht über zwei Leidende und zwei Schmerzen, denn auch die namenlose Ich-Erzählerin ist Protagonistin. Verschlüsselt im L., in dem das Französische «elle» phonetisch erklingt, also «sie» bedeutet. Und zugleich kommt durch diese «Sie» auch die intime Beziehung von Robert und Elle, also Robert und Marguerite, Robert und der Erzählerin zum Vorschein. Genau diese Verquickung führte dazu, dass man Marguerite Duras vorgeworfen hat, das Schicksal ihres deportierten Mannes zu instrumentalisieren und ihren Schmerz in den Vordergrund zu schreiben. Der Roman hat die Form eines Tagebuches und beginnt im April.

Gegenüber dem Kamin das Telefon, es steht neben mir. Rechts die Tür zum Wohnzimmer und zum Flur. Am Ende des Flurs die Eingangstür. Er könnte auf direktem Wege zurückkommen, er würde an der Eingangstür läuten: «Wer ist da?» – «Ich bin's.» Er könnte auch sofort nach seiner Ankunft in einem Durchgangslager anrufen: «Ich bin zurückgekommen, ich bin im Hotel Lutetia wegen der Formalitäten.» Es gäbe vorher keine Anzeichen. Er würde anrufen. Er würde ankommen. Das sind Dinge, die möglich sind. Immerhin kommen welche zurück. Er ist kein Sonderfall. Es gibt keinen besonderen Grund, warum er nicht zurückkommen sollte. Es gibt keinen Grund, warum er zurückkommen sollte. Es ist möglich, dass er zurückkommt. Er würde klingeln: «Wer ist da?» – «Ich bin's.» Es passieren noch ganz andere Dinge auf diesem Gebiet. Sie haben endlich den Rhein überschritten. Die Nahtstelle von Avranches ist endlich geplatzt. Sie sind endlich zurückgewichen. Ich habe schließlich bis zum Ende des Krieges gelebt. Ich muss aufpassen: es wäre nicht ungewöhnlich, wenn er zurückkäme. Es wäre normal. Man muss sich davor hüten, daraus ein Ereignis zu machen, dem etwas Außergewöhnliches anhaftet. Das Außergewöhnliche ist unerwartet. Ich muss vernünftig sein: ich erwarte Robert L., der zurückkommen soll.

Das Telefon klingelt: «Hallo, hallo, haben Sie eine Nachricht?» Ich muss mir sagen, dass das Telefon auch dazu da ist. Nicht auflegen, antworten. Nicht schreien, man solle mich in Ruhe lassen. «Keine Nachricht.» – «Nichts? Keinen Hinweis?» – «Keinen.» – «Wissen Sie, dass Belsen befreit worden ist? Ja, gestern Nachmittag ... «

In der Folge macht sich die Ich-Erzählerin Gedanken über die politische Entwicklung in Frankreich: *Die Rechte hat den Krieg überstanden und sich im Gaullismus wieder gefunden.*

Sie erlebt den Untergang Berlins: *Berlin brennt. Es wird bis zur Wurzel niedergebrannt werden. Zwischen seinen Ruinen wird das deutsche Blut fließen. Manchmal glaubt man, den Geruch des Blutes zu riechen.*

Später dann: *Deutschland ist zu Brei geschlagen. Berlin brennt lichterloh ... De Gaulle spricht nicht von den Konzentrationslagern, es ist auffallend, in welchem Maße er nicht davon spricht, wie sehr es ihm ganz offensichtlich zuwider ist, den Schmerz des Volkes in den Sieg zu integrieren, und zwar aus Angst, seine eigene Rolle zu mindern, ihre Bedeutung zu schmälern.*

Und plötzlich erkennt Sie, dass das brennende Deutschland den Ehemann gefährden könnte, wenn er noch lebt: *Es beginnt ein neuer Abschnitt des Martyriums. Deutschland steht in Flammen. Er ist mitten in Deutschland. Es ist nicht ganz sicher, nicht ganz. Aber so viel kann man sagen: Wenn er nicht erschossen worden ist, dann ist er mitten in der Feuersbrunst Deutschland.*

Und noch bevor sie ihren Mann wiedersieht, stellt die Duras Überlegungen an, was die Lehre sein könnte aus diesem Gemetzel, aus diesem Morden, aus der Shoa.

Wir gehören zur Rasse derer, die in den Krematorien verbrannt werden, und zu den Vergasten von Maidanek, wir gehören auch zur Rasse der Nazis. Die gleichmachende Funktion der Krematorien von Buchenwald, des Hungers, der Massengräber von Bergen-Belsen, an diesen Gräbern haben wir unseren Teil, diese unglaublich identischen Skelette sind die einer europäischen Familie ... Wenn man aus den Nazigräueln ein deutsches Schicksal macht und nicht ein Kollektivschicksal, schränkt man den Menschen von Bergen-Belsen auf die Dimension einer Regionalfigur ein. Die einzige Antwort, die sich auf dieses Verbrechen geben lässt, ist die, daraus ein Verbrechen aller zu machen. Es zu teilen. Ebenso wie die Idee der Gleichheit, der Brüderlichkeit. Um es zu ertragen, um die Vorstellung davon auszuhalten, das Verbrechen teilen.

In anderen Büchern sieht sich die Duras überhaupt nicht mehr als Täterin, will sich allein zählen zu dem Kollektiv der Verfolgten, der Ausgegrenzten, der Juden. Sie instrumentalisiert die Juden für ihren eigenen Mythos, für ihre Außenseiter-Position als Schriftstellerin, als linke Intellektuelle und als emanzipierte Frau. Kolesch und Lehnert kommentieren, kritisieren zu Recht: «In der Judaisierung des eigenen Denkens sahen Duras und Mascolo nach dem Zweiten Weltkrieg die einzige Möglichkeit, mit der erlittenen und in ihrem Ausmaß begriffenen Verfolgung, Vernichtung und Ausrottung der Juden durch die Nazis weiterzuleben. Duras und Mascolo trieben die Anverwandlung so weit, dass ihr gemeinsamer Sohn, Jean Mascolo, noch als Jugendlicher glaubte, seine Eltern seien Juden. Hier scheint die Grenze, ja auch die Anmaßung von Duras' ‹Judaisierung› zu liegen.»

1945 also kehrt Robert Antelme nach Paris zurück. Im selben Jahr gründet die Duras zusammen mit Mascolo die Éditions de la Cité; und sie trennt sich von Antelme nach dessen Genesung und lebt fortan allein mit Mascolo. Zwei Jahre später wird der gemeinsame Sohn Jean geboren.

1957 trennt sich Marguerite Duras von Mascolo und ein Jahr später beginnt ihre Beziehung mit Gérard Jarlot, einem besonders schönen Mann, einem Womanizer und Literaten, der – im Gegensatz zu Mascolo – die Frau und die Literatin Duras liebte. Nun entstehen die berühmten Romane, die sehr schwachen Theaterstücke, sie schreibt Drehbücher, «Hiroshima mon amour» entsteht, aus dem Alain Resnais einen wunderbaren Film macht, einen Welterfolg. Die Duras selbst dreht eigene Filme, meist Kurzfilme, für die ihr nur extrem kleine Etats zur Verfügung standen. 1964 trennt sie sich von Jarlot.

1980 tritt Yann Andréa in ihr Leben. *Schon als ich die Stimme hörte, wusste ich, dass es der Wahnsinn war. Ich sagte ihm, er solle kommen. Er gab seine Arbeit auf, er verließ sein Haus. Er blieb.* Die Schauspielerin Bulle Ogier, die am 27. September 1983 neben der wunderbaren Madeleine Renaud in der von Marguerite Duras inszenierten Uraufführung von Duras' «Savannah Bay» die Rolle der jungen Frau spielte – es ist eigentlich ein Schauspielerinnen-Monolog – erinnerte sich viel später an einen Anruf der Schriftstellerin. Sie habe geschwärmt und gejubelt: «Mir ist gerade ein Engel begegnet!»

Yann Andréa wird nun alles für die Duras: ihr Begleiter, Filmschauspieler, Chauffeur, Vertrauter – und wohl auch ihr Geliebter.

Er bewundert sie, nennt sie genial, aber er hat einen entscheidenden, die Beziehung stark belastenden Fehler. Er ist homosexuell. Sie liebt ihn, und zugleich leidet sie unter und an dieser Liebe. Andererseits weckt dieses seltsame Verhältnis in ihr die Lust, über ihre Liebe und die Unmöglichkeit ihrer Liebe Bücher zu schreiben und Filme zu drehen. Der «Atlantikmann» entsteht; und 1982 veröffentlicht sie den Text «Die Krankheit zum Tod».

Sie regt sich, die Augen öffnen sich einen Spalt. Sie fragt: Wie viele bezahlte Nächte noch? Sie sagen: Drei.

Sie fragt: Sie haben niemals eine Frau geliebt? Sie sagen, nein, niemals.

Sie fragt: Sie haben niemals eine Frau begehrt? Sie sagen, nein, niemals.

Sie fragt: Kein einziges Mal, keinen Augenblick? Sie sagen, nein, niemals.

Sie sagt: Niemals? Niemals? Sie wiederholen: Niemals.

Sie lächelt, sie sagt: Seltsam ein Toter.

Sie spricht weiter: Und angeschaut? Haben Sie je eine Frau angeschaut? Sie sagen, nein, niemals.

Sie fragt: Was schauen Sie an? Sie sagen: Alles Übrige.

Sie räkelt sich, sie verstummt. Sie lächelt, sie schläft wieder ein.

Sie leidet sehr, auch weil Yann sich nächtelang herumtreibt. Sie ist eifersüchtig auf ihn, auf seine Liebhaber, auf seine Homosexualität, die er leidenschaftlich auslebt. Er ödet sie an, sie wird aggressiv, aber er verlässt sie nicht.

Wenn ich Sie morgens die Treppe herunterkommen höre, immer spät, aber beschwingt und charmant, gehen mir all die Kotzwörter durch den Kopf: «Schwuchtel», «Homo», «Tunte». Das ist Er. Und Sie erscheinen wie ein charmanter junger Mann, von dem ich mich allerdings frage, was er bei mir sucht. Bleibt nur, dass ich nur Sie und niemand anderen auf der Welt in dieser tiefsten Erniedrigung ertrage, die Sie für mich bedeuten. Die dauernde Lust zu weinen ist noch größer als früher, bevor wir uns kannten ... Ich glaube, dass unsere Hölle vorbildlich ist. Sie begreifen gar nichts von dem, was ich Ihnen sage. Nichts. Nicht ein einziges Mal haben Sie etwas begriffen. Kein Schwuler ist je in der Lage, eine Frau zu verstehen, die einen homosexuellen Liebhaber hat. Ich selbst bin verwirrt. Es muss sich um eine geheime, religiöse Zugehörigkeit handeln...

Was die Duras mit diesem jungen Mann lebt, muss sie beleidigen, denn sie kann sich Begehren nur als heterosexuelles vorstellen. Deshalb leidet sie. Und es ist erstaunlich, ja vielleicht immer noch irritierend, wenn man liest, wie eine Frau, die Protagonistin in dem Text «Blaue Augen schwarzes Haar», einem Homosexuellen, der sich gegen ihre Annäherungsversuche wehrt, die weiblichen Geschlechtsorgane beschreibt – und zwar pejorativ, worin sich der in allen weiblichen Figuren sich manifestierende Durassche Masochismus entlarvt: *Sie sagt, dass es ein Samt ist, ein Taumel, aber auch, man sollte es nicht glauben, eine Wüste, eine schädliche Sache, die zum Verbrechen und zum Wahnsinn führt. Sie fordert ihn auf, sich das anzusehen, zu sehen, dass es eine ekelhafte, verbrecherische Sache ist, ein trübes Wasser, schmutzig, Blutschleim, dass er es eines Tages ohnehin wird tun müssen, sogar einmal in diesem Gemeinplatz stöbern müssen wird.*

Je unglücklicher sie in dieser Beziehung wird, umso stärker rückt die inzestuöse Lebens- und Liebesform als die einzig ideale in ihre Gedankenwelt, weshalb sie Musils Werke schätzt. Sie bleibt trotz aller Gefahren und Gefährlichkeiten mit Yann zusammen, sie benutzt ihn, macht diesen jungen Mann zu einem Statisten in ihrem Privattheater. Sie wird ihn nicht gehen lassen; er wird nie gehen wollen: *Die Leidenschaft, die uns aneinander bindet, dauert für die mir verbleibende Lebenszeit, und diese Zeit wird Ihnen lang vorkommen. Da ist nichts zu machen. Wir haben nichts voneinander zu erwarten, weder Kinder noch Zukunft ... Sie sind schwul, und wir lieben uns ... Nichts zu machen. Mögen Sie auch weiterhin Ihre Runden in den Tuilerien drehen, Ihre Hinterzimmer, Ihre Toreinfahrten aufsuchen, die Place Saint-Martin umrunden. Nichts zu machen. Sie werden mich Ihr ganzes Leben lang lieben. Denn ich werde sehr viel früher sterben als Sie, in wenigen Jahren, und der große Altersunterschied zwischen uns beruhigt Sie und nimmt Ihnen die panische Angst, mit einer Frau konfrontiert zu sein.*

Später verlangt sie von ihm eine Ungeheuerlichkeit und verletzt sich selbst mit diesem Ansinnen. Sie will, dass er einen Abschiedsbrief, einen Abschiedspakt unterschreibt. *Ich möchte, dass Du mir schreibst, dass Du mich nicht liebst; dass Du den Brief, diese Erklärung unterzeichnest. Sie werden schreiben: Ich liebe Sie nicht. Sie geben das Datum an und unterschreiben. Am Ende des Blatts fügen Sie hinzu: Ich kann keine Frau lieben.*

Yann wird nicht unterschreiben. Aber er wird anfangen, mit ihr zu trinken. Gemeinsam sechs bis acht Liter Wein täglich, dazu Whisky. Sie wird krank, kommt ins Krankenhaus, erholt sich wieder. Sie will leben. Ihr letztes Buch heißt «C'est tout» – «Das ist alles». Es ist ein intimes Tagebuch. Es beginnt am 20. November 1994 und endet am 29. Februar 1995 um 13 Uhr, verfasst als ein Dialog. Die Duras spricht darin von nichts anderem als dem Tod. Das Buch ist schamlos, die Inszenierung einer Sterbenden. Darin steht auch: *Yann, ich bin immer noch da. Ich muss gehen. Ich weiß nicht mehr, wohin mit mir.*

Auch der letzte Satz gilt diesem Mann, der im Gegensatz zu ihr gläubig war – sie war ihr Leben lang Atheistin. *Ich liebe Sie. Auf Wiedersehen.*

Marguerite Duras wird auf dem Friedhof von Montparnasse beerdigt, in der Nähe der Gräber von Jean-Paul Sartre und Simone de Beauvoir. Noch im Todeskampf ist allein die Liebe ihr Thema.

Und sie bleibt bei sich. Ihr Leben ist ihr Werk. Was ist Dichtung? Was ist Wahrheit? – Diese beiden Fragen stellen sich bei wenigen Autoren des 20. Jahrhunderts so zwingend wie bei Marguerite Duras. 63 Prosawerke hat sie hinterlassen, zwanzig Filme, 25 Theaterstücke, die alle kreisen um ihr Leben. Monomanisches Schreiben. Sie hat mit den Deutschen kollaboriert und sich dann dem Widerstand angeschlossen. Sie lebte die Widersprüche, sie ist ein Widerspruch. Diese Frau ist immer anwesend in ihrem Werk, gleichwohl ist sie nicht zu fassen. Nirgendwo.

Sie ist faszinierend, just deshalb. Sie ist ein Geheimnis, weil sie sich zum Geheimnis stilisierte. Sie ist eine lebenslang Gefährdete. Sie dürstet nach Tragik, nach Schmerz, nach Verletzung. Sie richtete sich zugrunde – bewusst und lustvoll. Den letzten Schritt der Destruktion wagte sie indes nicht: den Selbstmord. Sie wollte sein, was ein Schriftsteller, so schreibt sie in dem programmatischen Text «Ecrire», sein müsse: wild und anders. Das war sie. Sie war narzisstisch, sie war egomanisch, sie überschätzte sich maßlos. So sagt sie zu Yann: *Für mich bedeutet es nichts zu sterben. Aber Sie, Sie werden sehen, wie schwierig es sein wird ohne mich. Es ist fast unmöglich.*

Nicht mit der größenwahnsinnigen, geradezu monströsen Marguerite Duras, die eine Diva war und ein Pop-Star geworden wäre, hätte sie später gelebt, möchten ich dieses Porträt beenden, sondern mit der verletzlichen, in manchen Momenten – wenigen, sehr ehrlichen Momenten – verletzlichen Frau. Mit der Frau, für die gilt, was Oscar Wilde in seiner «Salome» uns zu lesen gegeben hat: «Das Geheimnis der Liebe ist größer als das Geheimnis des Todes.»

Einmal bekannte sie ihrem Yann – und dieser Satz ist nicht der kleinste Grund, weshalb ich die Duras mag, trotz allem – sie bekannte schutzlos: *Man darf keine Angst vor der eigenen Verrücktheit haben.*

JEAN-PAUL SARTRE

Spricht man über Sartre, so kann man nicht umhin, zugleich über Simone de Beauvoir zu sprechen und umgekehrt. Verabschiedet letztere sich von ihm in ihren Briefen stets als «Ihr reizender Casor», so beginnt Sartre seine Briefe an sie stets mit «Mein reizender Castor».

Am 31. Dezember 1939, sie macht gerade Skiferien, und er freut sich, dass er sie glücklich weiß im Schnee, schreibt er ihr, berichtet von seiner Arbeit, den Treffen mit Freunden und schließt: «Ich liebe Sie, mein süßer Kleiner, meine Gedanken verlassen Sie nicht, Sie sind meine Kraft und mein Glück. Bis morgen, mein reizender Castor, ich bin müde, und Sie müssten nach Ihrem Skitag schon schlafen.»

Der Briefwechsel aus den Jahren 1926 bis 1963, herausgegeben von Simone de Beauvoir selbst, ist ein lebendiges Zeugnis ihres Verhältnisses, das ein durchaus unbürgerliches war. In den beiden Bänden sind nicht nur die Briefe an Simone veröffentlicht, sondern auch an andere Personen, die in beider Leben eine Rolle gespielt haben. Die Korrespondenz beginnt mit einem Brief an Simone Jolivet, die Simone de Beauvoir in ihrem autobiografischen Werk «In den besten Jahren» unter dem Namen Camille führt, worin sie die Beziehung der beiden erzählt. In diesem Brief beschreibt der junge Sartre, er ist gerade 21 Jahre alt, was er seine «Grundtendenzen» nennt:

Ich stelle mich Ihnen vor – Sie werden ahnen, warum. Sie haben mir vorgeworfen, dass ich weder einfach bin noch aufrichtig, und Sie werden sehen, ob das bequem für mich ist [...] Einerseits bin ich äußerst ehrgeizig. Aber in welcher Hinsicht? Ich stelle mir den Ruhm wie einen Ballsaal voller befrackter Herren und dekolletierter Damen vor, die mir zu Ehren ihre Gläser erheben. Das ist sicherlich eine Bilderbuchvorstellung, aber ich habe dieses Bild seit meiner Kindheit in mir. Es lockt mich nicht, doch lockt mich der Ruhm, denn ich möchte weit über den anderen stehen, die ich verachte. Aber vor allem habe ich den Ehrgeiz, schöpferisch zu sein: ich muss gestalten, egal was, nur gestalten; ich habe alles probiert, von philosophischen Systemen (blödsinnigen natürlich, ich war sechzehn) bis zu Symphonien. Mit acht Jahren habe ich meinen ersten Roman geschrieben. Ich kann kein leeres Blatt sehen, ohne dass ich Lust bekomme, etwas drauf zu schreiben. Dieses übrigens lächerliche Gefühl der Begeisterung empfinde ich nur bei bestimmten Werken, weil ich mir vorstelle, ich könnte sie nachschaffen, sie selbst schreiben, und so schreibe ich Ihnen heute, weil ich gerade eins gelesen habe und sofort das Bedürfnis hatte, etwas zu gestalten: diesen Brief. Doch mir gefällt nicht, was ich schreibe, ich schreibe nicht in meiner Art, wenn Sie so wollen, ich ändere ständig den Stil und finde mich trotzdem nicht gut. Übrigens mögen mich auch andere deshalb nicht besonders. All das ist sehr banal. Leider kommt hinzu, dass ich im Grunde von Natur aus den Charakter einer kleinen alten Jungfer habe: ich bin – wovon Sie vielleicht keine Ahnung hatten – mit dem Charakter geboren, der zu meinem Aussehen passt: schrecklich sentimental, blödsinnig sentimental, feige und zimperlich. Meine Sentimentalität ging so weit, dass ich über alles Mögliche flennte. Bei Theaterstücken, Filmen, Romanen habe ich geheult wie ein Schlosshund. Ich habe ungerechtfertigte und unglaubliche Anwandlungen von Mitleid gehabt, auch Anfälle von Feigheit, von Charakterschwäche, so dass meine Eltern und Freunde mich eine Zeit lang für den letzten Versager hielten.

Das also sind meine beiden Grundtendenzen. Die wesentliche ist der Ehrgeiz. Ich habe mir sehr bald nicht gefallen, und das erste, was ich wirklich gestaltet habe, war mein Charakter. Ich habe an zwei Dingen gearbeitet: an meinem Willen und an der Unterdrückung der zweiten Tendenz, derer ich mich zutiefst schämte. Was den Willen angeht, habe ich mich der Methode der Willkürakte bedient – […] Um meinen Charakter zu bezwingen, habe ich mich bemüht, ihn zu verstecken. Früher war ich sehr mitteilsam, aber das Leben, das man mir in La Rochelle bereitet hat, von dem ich Ihnen erzählt habe, und andererseits mein fester Wille, mich zu ändern, haben mich ver-

schlossen gemacht. Ich sage Ihnen ehrlich: dies ist das erste Mal seit sieben Jahren, dass ich so viel darüber sage, und das kommt daher, dass ich mir meiner selbst jetzt sicher bin. Aber glauben Sie nicht, ich hätte alle diese grotesken Tendenzen in mir erstickt: sie existieren immer noch. Ich bin noch ebenso feige und zimperlich, wie ich war: wenn ein Hund neben mir bellt, zucke ich vor Angst zusammen. Und doch glaube ich, wenn ich den festen Entschluss habe, etwas zu tun, könnte mich keine Angst davon abhalten. Aber daraus folgt:

1. Diese Tendenzen können jeden Augenblick wieder auftauchen, und bei dem Versuch, sie zurückzudrängen, nehme ich die gekünstelte Haltung an, die Sie mir vorwerfen. Ich bin nie ich selbst, weil ich immer versuche, zu modifizieren, neu zu schaffen: ich werde nie das Glück (?) haben, spontan handeln zu können.

2. Wenn ich eine echte Empfindung habe, ein Gefühl, das ich für artikulierbar halte, bin ich absolut unfähig, es auszudrücken: entweder ich stammle, oder ich sage genau das Gegenteil von dem, was ich sagen wollte – oder ich drücke dieses Gefühl mit geschwollenen Sätzen aus, die nichts besagen –, oder aber, und das ist das häufigste, ich äußere gar nichts, ich fliehe vor jeder Äußerung: das ist das klügste. Im Übrigen bin ich jetzt natürlich viel sturer, und ich bin nicht mehr so leicht zu erschüttern.

Ich habe Ihnen fast alles gesagt; ich füge hinzu, dass ich ein gewisses Charakterideal erreichen muss: moralische Gesundheit, das heißt vollkommenes Gleichgewicht. Ich bin noch sehr weit davon entfernt. Es gelingt mir allerdings, nur noch das, was ich will, nach außen durchscheinen zu lassen. Ich übertreibe. Um absolut ehrlich zu sein: meistens. Beim Schreiben dieser kurzen Analyse fand ich, dass die Bilanz nicht besonders gut ausfällt, und ich hätte hier und da gern ein bisschen beschönigt. Doch ich habe es mir nicht zugestanden, denn wenn ich schon einmal angefangen habe, von mir zu sprechen, ist es besser, es in aller Aufrichtigkeit zu tun. Aber ich weiß, dass ich mich damit exponiere: Sie werden finden, dass ich Erich von Stroheim zurzeit recht wenig ähnlich bin oder dem, was für Sie ein «Willensmensch» ist. Es ist schon wahr, ich bin nicht mit einem glücklichen Charakter geboren, abgesehen von der Intelligenz. Das übrige ist noch recht dürftig, aber immerhin verdanke ich es mir selbst, das ist schon was. Noch einmal, ich weiß, dass ich der «Eliminierung» anheim fallen werde: Sie sind zu romantisch, als dass Ihnen das alles gefiele, aber ohne dieses Risiko hätte ich, glaube ich, ein Phantasieporträt von mir gezeichnet. Das ist im Grunde wieder ein Willkürakt. Sie dagegen sind natürlicher als ich, weil Sie von Geburt an einen Charakter haben, der meinem weit überlegen ist. Es ist also natürlich, dass Sie ihn zeigen. Aber es ist vielleicht ungerecht, mir vorzuwerfen, was – zumindest in meinen Augen – mein Verdienst ist.

Ich zitiere diesen ersten Brief so ausführlich, weil schon alles darin steckt, was Sartre attraktiv macht: das Selbstbewusstsein, intelligenter zu sein als die meisten anderen Menschen, die er kennt; und zugleich ein Minderwertigkeitsgefühl, nicht eben attraktiv zu sein. Und letztlich reizt an Sartre, dessen Dramen kaum für die Gegenwart, wie ich denke, zu retten sind, dass er ganz bewusst und äußerst willenstark an seinem Ruhm arbeitete und aus seinem Ehrgeiz keinen Hehl machte. Die Ehrlichkeit, die er von den Menschen, denen er zugetan war, forderte, forderte er auch sich selbst gegenüber ein.

Sartre sprach seine anderen Geliebten nicht mit einem männlichen Namen an – bei Simone de Beauvoir tat er es ausschließlich. Simone Jolivet nennt er schon vom zweiten Brief an «Mein liebes kleines Mädchen», später «Meine liebe Myette», 1927 schon «Mon cher amour» – und er geht vom Sie zum Du über: «Du liebst mich, und ich liebe Dich» – und doch schränkt er am Ende ein wenig ein: «Ich weiß nicht, ob ich Dich liebe, aber ich weiß, dass ich eine wahnsinnige Lust hab, Dich in meine Arme zu schließen, mein liebes kleines Mädchen, und dass Du das Wesen auf der Welt bist, dem ich am meisten verbunden bin.»

1929 beginnt der Briefwechsel mit Simone de Beauvoir; sie ist ihm von Anfang an der kleine reizende Castor. Ein Jahr später spricht er sie einmal als «Meine kleine morganatische Ehefrau» an, also als seine ungesetzliche Ehefrau; zuweilen nennt er sie, wie viele andere Frauen auch, «mon cher amour». Seine Geliebte Louise Védrine, die er in den ersten Briefen «Meine liebe kleine Polack, mon amour» anschreibt und später «meine liebe kleine Flamme» nennt, während er ihr detailgenau schildert, wie sein Verhältnis zu Simone de Beauvoir aussieht, wird er in den späten Briefen ebenfalls als «mon cher amour» anreden.

Auch die Beauvoir-Schülerin Nathalie Sorokine wird in Sartres Briefen zum Thema erhoben, das, wie alle anderen Frauen, die Sartre und Beauvoir gemeinsam begehren, von den beiden buchstäblich durchdekliniert wird.

Am 3. Dezember 1939 macht er Simone Mut, die Beziehung zu dem jungen Mädchen keinesfalls abzubrechen. Nathalie Sorokine ist zu dieser Zeit Schülerin der Gymnasiallehrerin Beauvoir, und sie hat, so beschreibt zumindest die Lehrerin diese Affäre, die ältere Frau verführt. Sartre kommentiert: «Ich bin glücklich, dass Sie Sorokine lieb gewinnen, da haben Sie eine kleine Gefährtin, und sie scheint ganz reizend nach Ihren Briefen.» Kaum drei Wochen später, am 23. Dezember, enthebt er die Beauvoir dann der Sorge, was mit dem Mädchen passieren mag, sobald der Krieg beendet wäre und er wieder bei ihr sein würde: *Heute gab es zwei große, ganz volle Briefe von Ihnen, mein kleiner Castor, das war eine große Freude. Und sie sind so zärtlich. Sie erklären mir so gut, wie Sie mich lieben. Ich erwidere es. Sie machen mir Spaß mit Ihrem Frauenharem. Ich ermuntere Sie sehr, Ihre kleine Sorokine zu mögen, die ganz reizend ist. Aber, werden Sie sagen, am Ende des Krieges wird man sie opfern müssen. Sie sind naiv, mon amour, denn: entweder Sie hängen nicht allzu sehr an ihr, und dann – so wie Sie sind – lassen Sie sie fallen wie ein Stück Dreck, ob der Krieg zu Ende ist oder nicht, Sie schlimme Kleine. Oder aber Sie hängen an ihr, wie es so geht, und dann weiß ich, dass Sie gierig genug sind, sie vor allen und gegen alle behalten zu wollen. Es wäre ganz und gar schade, dieses reine und bezaubernde kleine Herz zu opfern.*

Hier ist der Ton der «Liaisons Dangereuse» von Choderlos de Laclos, der «Gefährlichen Liebschaften», offensichtlich. Am 15. Februar 1940 aber schreibt Sartre einen Brief, der, anders als der oben zitierte, nicht zynisch ist, und in dem der rührselige Sartre, der so gern und so schnell und so heftig weint, zu Wort kommt.

Er schrieb diese Zeilen, nach einigen gemeinsam mit Simone verbrachten Tagen seines Urlaubs: *Mein lieber kleiner Castor, mon amour – Ich kann Ihnen immer noch nicht recht sagen, was für ein Gefühl ich in meinem Kopf habe, aber ich kann Ihnen sagen, dass Ihr kleines Gesicht mit den Augen voller Tränen, das ich über den Rücken der Soldaten meines Abteils hinweg sah, mich vor Liebe ganz erschüttert hat. Wie schön es war, dieses Gesicht, mein reizender Castor, ich kenne nichts Schöneres auf der Welt, und es ging mir nahe und hat mich ganz demütig gemacht, zu denken, dass es für mich so schön war. Mon amour, ich bin überhaupt nicht traurig, aber in einem komischen zärtlichen Zustand, und noch jetzt kann ich nicht an Ihr Gesicht denken, ohne dass mir die Tränen kommen. Ich möchte nicht, dass Sie traurig waren, mon amour. Ich stelle mir vor, dass die Schule Sie zwangsläufig wieder ein bisschen abgestumpft hat. Aber es muss eine Zeit dazwischen gegeben haben (ich habe Sie langsam kehrtmachen und weggehen sehen), die schmerzlich war, und es machte mir das Herz schwer, zu denken, dass Sie traurig sind und ich Sie nicht in den Arm nehmen und küssen kann. Jetzt ist es vorbei und es ist nicht wiedergutzumachen. Doch wir sind eins, meine kleine Blume, wir sind eins. Ich liebe Sie nach diesem Urlaub noch mehr als vorher, wenn das möglich ist. Ich werde Ihnen nicht sagen dass Sie vollkommen sind, weil Sie das ärgert […] Aber Sie sind, was ich als Bestes von allen Arten kenne, alles, was ich liebe, haben Sie, und Sie haben es aufs Beste. Ich liebe Sie mit aller Kraft.*

Der Sartre-Biograf Bernard-Henry Lévy analysiert die Beziehung zwischen Castor und Sartre. Er spricht von «Liebe und Freiheit. Offenheit ohne den Willen zur Reinheit.» Simone de Beauvoir war in Sartres Leben die notwendige Liebe. Sartres anhaltende Sucht nach stets neuen Nebenfrauen, die sicher auch ein Verlangen nach Selbstbestätigung war, kontrastiert mit seinem Desinteresse an Männern. Er langweile sich in ihrer Gegenwart «unsäglich», bekundete er mehr als nur einmal. Diese Hälfte der Menschheit existiere für ihn kaum, meinte er in seinen Tagebüchern, er ziehe es bei weitem vor, «mit einer Frau über die kleinsten Dinge zu sprechen, statt mit Aron über Philosophie».

Sicher brauchte er immer einen Schwarm von Frauen um sich

– wobei er das Zentrum bilden musste. Er küsst und begehrt viele von ihnen; und er berichtet seinem Castor davon. Manchmal scheint es, als sei das Schreiben über diese sexuellen Begegnungen wichtiger als die Begegnungen selbst. Lévy vertritt dazu die These: «Lust nicht im Vollzug, sondern durch die Vermittlung der Worte: bewundernswert, sagt man, wenn es sich um die portugiesische Nonne handelt» – ich erinnere an den anonymen Briefroman «Lettres d'amour d'une religieuse portugaise», den Rilke ins Deutsche übertragen hat – «aber ist es nicht ebenso schön, wenn die Helden Sartre und Simone de Beauvoir heißen? Castorisierung der Liebe und absolute Liebe des Castor. Sartre schläft mit Bianca, aber mit Castor genießt er.»

Über Sartres Sexualität und seine sexuelle Orientierung machten sich viele Schriftstellerkollegen Gedanken, auch Cocteau und Camus. Was Wunder, dass Lévy diese Urteile nutzt, um seine Hypothese, dass die Triebkraft von Sartres Lust das Mitteilungsbedürfnis an Castor war, zu stützen: «In Wahrheit», schreibt er, «in Wahrheit weiß man nicht recht, ob er, um seine eigenen Worte zu gebrauchen, nicht ‹eher ein Frauenmasturbierer als ein Beischläfer› ist. Oder ob er – einer Hypothese Camus' zufolge – nicht vor allem als ‹Spanner› oder ‹Voyeur› von Ohnmacht, Homosexualität und perversen Spielen fasziniert ist, wie er sie 1937 in der in einem Bordell spielenden Novelle mit dem Titel ‹Depaysement› beschreibt. Man weiß, offen gesagt, nicht, ob das Fleisch überhaupt seine Sache ist oder ob er nicht zu jenen gehört, die – wie abermals Cocteau sagte – ‹sich besser für Freundschaften als zum Liebemachen eignen›. Zwischen so manchen Zeugenaussagen sticht Bianca Lamblins – die ‹Louise Védrine› der Briefe – hervor, welche lange Zeit nach ihrer Liaison mit Sartre sich mit Castor darin einig weiß, dass er ein ‹miserabler Liebhaber› und ‹auf diesem Gebiet nicht sehr begabt› gewesen sei.»

Eine letzte Bemerkung zum Lebens- und Liebesstil der beiden, deren gemeinsame und alleinige Frauen ebenso wie die Männer der Beauvoir zu Opfern dieser beiden Menschen wurden. Sie benutzten die Geliebten, enttäuschten sie und warfen sie dann fort.

Dass das seltsame Paar wusste, was es anstellte, zeigt die Bilanz, die sie am Ende ziehen: «Daran ist nichts, worauf man stolz sein könnte.»

Dennoch taten sie, was sie taten: Sie, die Beauvoir, auf der Suche nach Glück, so darf man vermuten; er, Sartre, auf der Suche nach Befriedigung, die ihm nur zuteil wurde, indem er über Begierden, Hingabe und Sexuelles schrieb.

Ein großer Schritt in der Zeit zurück ist notwendig, um denjenigen Sartre ins Augenmerk zu nehmen, wie er sich uns vor den Ereignissen mit Simone Jolivet präsentiert. *Mangels genauer Auskünfte wusste niemand, angefangen bei mir selbst, wozu ich mich eigentlich auf der Erde herumtrieb.* – resümiert Jean-Paul Sartre als beinahe Sechzigjähriger in «Die Wörter», 1968 in deutscher Sprache erschienen. *Einem Eigentümer spiegeln die Güter dieser Welt das eigene Dasein wider; mich lehrten sie erkennen, was ich nicht war: ICH WAR NICHT substantiell und dauerhaft; ICH WAR NICHT die künftige Fortsetzung des väterlichen Werks [...] Mit einem Wort: ich hatte keine Seele.*

Sartre kam am 21. Juni 1905 in Paris zur Welt. Sein Vater war der Marineoffizier Jean-Baptiste Sartre. Die Mutter Anne-Marie war eine geborene Schweitzer. Das heißt, Sartres Großvater war Charles Schweitzer, ein gebildeter, offensichtlich fortschrittlich denkender Mann, Deutschlehrer von Beruf, und ein Onkel Albert Schweitzers. Und dieser Großvater nimmt nach dem Tod des Vaters – zwei Jahre nach Jean-Pauls Geburt – dessen Rolle ein. Er unterrichtete Sartre bis zu dessen 10. Lebensjahr und machte ihn mit der deutschen Kultur bekannt. Sartre besuchte also zunächst keine öffentliche Schule. Er lebte wohlbehütet, fühlte sich beim Großvater aber wie ein Gast und vermisste die Geborgenheit eines Vaterhauses. In «Die Wörter» thematisiert er die Vaterlosigkeit, die auch ein Gutes hatte, wie er glaubt: *Hätte mein Vater weitergelebt, er hätte mich mit seiner ganzen Länge überragt und dabei erdrückt. Glücklicherweise starb er sehr früh; [...] ich ließ hinter mir einen jungen Toten, der nicht die Zeit hatte, mein Vater zu sein, und heute mein Sohn sein könnte. War es ein Glück oder ein Unglück? Ich weiß es nicht; aber ich stimme gern der Deutung eines bedeutenden Psychoanalytikers zu: Ich habe kein Über-Ich.*

Das Kind fühlt sich außerhalb der Gesellschaft und schafft sich seine Welt – so beschreibt Sartre diesen Zustand selbst – durch Wörter, die nicht benennen, was ist, sondern schaffen, was sein soll. Sein Zimmer wird ihm zu einem «Sitz für sich allein», zu einem «Hochsitz», wie er formuliert. Und nicht frei von Ironie schildert der alte Sartre das größenwahnsinnige Kind, das sich besser dünkt und klüger als die anderen, weil es sicher ist, mehr Einbildungskraft als sie zu besitzen. *Wenn meine Mutter mit mir in den Jardin du Luxembourg ging – also täglich –, gewährte ich den Niederungen meine Hüllen, aber mein verklärter Leib verließ nicht seinen Hochsitz, ich glaube, er ist immer noch dort oben [...] Mein Standort ist ein sechster Stock in Paris mit Aussicht auf die Dächer.*

Der Knabe, von der Mutter und den Großeltern geliebt, fühlt sich dem Draußen nicht zugehörig, er weiß nicht, wer er ist. Das Motiv des Hochsitzes, eines Ortes oberhalb der Welt der Menschen, von dem aus man sie anteilslos betrachten kann, taucht in seiner 1939 erschienenen Erzählung «Herostrat» auf, deren «Held» bekennt, ein Amokläufer zu sein, der es ablehnt, als Anarchist zu gelten, weil, so die Begründung, Anarchisten die Menschen auf ihre eigene Art liebten: *Auf dem Balkon einer sechsten Etage – dort hätte ich mein ganzes Leben zubringen sollen. Man muss die moralische Überlegenheit durch ein gegenständliches Symbol stützen, sonst bricht sie in sich selber zusammen. Was ist nun, genau genommen, meine Überlegenheit über die Menschen? Meine erhöhte Position, das ist alles: ich habe mich über das Menschliche in mir selbst erhoben und betrachte es.*

Dieser Amokläufer ist fest davon überzeugt, dass man die Menschen von oben sehen müsse: *Ich löschte das Licht und stellte mich ans Fenster; sie ahnten nicht einmal, dass man sie von oben beobachten konnte. Sie sehen von vorn und bisweilen auch von hinten gepflegt aus, aber ihre ganze Wirkung ist auf Betrachter von einem Meter siebzig abgestellt. Wer hat sich schon einmal den Anblick einer «Melone» von der sechsten Etage aus gesehen, vorgestellt? Sie sollten ihre Schultern und Schädel unter lebhaften Farben und hellen Stoffen verhüllen; sie verstehen es nicht, gegen den großen Feind des Menschlichen zu Felde zu ziehen: die Perspektive von oben. Ich beugte mich zum Fenster hinaus und musste lachen; wo blieb denn ihr berühmter «aufrechter Gang», auf den sie so stolz waren? Sie waren auf den Fußsteig gequetscht, und zwei lange, halb kriechende Beine kamen unter ihren Schultern hervor.*

Sartre untersucht also die Perspektive dieses Ichs. Dessen Suche nach einer Identität seiner eigenen Existenz mündet in einer Differenz zu anderen. Er setzt also ein stets einsames Ich, das über die Wirklichkeit der Welt und zugleich über die Wirklichkeit der anderen entscheidet. Es misst sich und anderen dabei Bedeutung zu. «Ohne diese Grundillusion hätte ich niemals geschrieben», beteuert er in «Die Wörter». Ich schreibe, also bin ich – heißt: das Ich existiert, um zu schreiben.

Ich war ein Waisenkind ohne Vater. Da ich niemandes Sohn war, wurde ich meine eigene Ursache, ein äußerster Fall von Stolz und von Elend [...] Um der Verlassenheit des Geschöpfes zu entgehen, erschuf ich mir die unwiderruflichste bürgerliche Einsamkeit: die Einsamkeit eines Schöpfers. – Was Sartre da als gereifter, alter Mensch bekennt, lesen wir schon in dem Brief des Einundzwanzigjährigen an Simone Jolivet. Das Kind – und natürlich ist das vermessen hochmütig – nimmt sich vor, ein Werk zu schaffen.

Mit zehn Jahren kommt der Junge endlich auf eine allgemeine Schule, als Gymnasiast in das Pariser Lycée Henri IV. Zuvor hatte der Großvater ihm die Locken abschneiden lassen und Schluss gemacht mit Madame Sartres Spleen, den Knaben eher mädchenhaft erscheinen zu lassen. Er sollte, so der Großvater, endlich als Mann auftreten. Er sei als eine Kröte vom Friseur nach Hause zurückgekommen – und habe bewusst erlebt, wie hässlich er gewesen sei, wird Sartre später dieses Ereignis kommentieren.

Die Gymnasialzeit wurde für den jungen Sartre zu einer wichtigen Erfahrung von Glück. Er, der auf den Spielplätzen gemieden worden war, erlebt zum ersten Mal Kameradschaft: *Ich jubelte — innerlich!* Die Mutter heiratete jedoch erneut und infolgedessen muss Jean-Paul als 12-jähriger nach La Rochelle umziehen. Er ist eifersüchtig auf den neuen Mann seiner Mutter und charakterisiert ihn als *stahlharten Unternehmer*. Im Pariser Gymnasium hatte er zuvor seinen einzigen wirklichen lebenslangen Freund kennengelernt: Paul Nizan. Als Sartre 1920 an das Pariser Lycée zurückkehrte, traf er Nizan wieder; beide werden Studenten an der École normale supérieure. Sie waren ein Paar, auch weil sie einander ähnlich sahen. Nach dem Tod des Freundes, der 1940 fiel, von der Kugel eines Deutschen getroffen, schrieb Sartre einen Essay über Nizan; in diesem Text findet sich eine ironisch selbstkritische Beschreibung des Paares: *Er schielte, wie ich, aber in der entgegengesetzten Richtung, das heißt auf eine angenehme Art. Mein Schielen nach außen machte aus meinem Gesicht ein Brachfeld; er schielte nach innen, und das gab ihm den Anschein von spöttischer Geistesabwesenheit, selbst wenn er uns zuhörte.*

Nicht nur das Schielen hatten sie gemeinsam, auch die Lust, als intellektuelle Bohemiens gelten zu wollen, verband sie; sie pflegten einen Gestus des Genialischen.

Sartre wollte schreiben, wollte publizieren, doch zunächst fand sich kein Verleger, der Sartres Texte hätte drucken wollen. So arbeitete er notgedrungen – von 1931 bis 1936 – als Gymnasiallehrer in Le Havre. 1933 gönnt er sich einen Studienaufenthalt in Berlin. Dass die Eindrücke nach Hitlers Machtergreifung ihn durchaus beeinflusst haben, wurde sich Sartre erst später bewusst, und er gab zu, dass er die Veränderung zunächst nicht wahrgenommen hatte: *Es hatte doch schon Wirkungen auf mein Denken und mein Leben gehabt – nur begriff ich es noch nicht. Nazideutschland brachte mich lediglich in Wut.*

1938 erscheint sein erster Roman, «Der Ekel» – und es wird sein bedeutendster. Dieser fiktionale Text kreist um ein einziges Thema: die Unausweichlichkeit der Kontingenz. Das heißt in Sartres Philosophie: Es gibt keine außerhalb der menschlichen Existenz liegende Instanz, die diese rechtfertigt, weshalb sie selbst die volle Verantwortung für sich zu übernehmen hat. Sartre stellt diesem Castor gewidmeten Roman einen Satz von Céline voran, aus «L'église»: «Dieser Kerl hat keinen Wert für die Gesellschaft, er ist einfach nur ein Individuum.»

Der Roman ist als fiktives Tagebuch eines gewissen Antoine Roquentin abgefasst. Dieser will sein ereignisarmes Leben aufzeichnen, um dem Ekel auf den Grund zu gehen, der ihn bei seinen Begegnungen mit Menschen und seinen Betrachtungen von Dingen und Zusammenhängen erfasst. Allmählich entdeckt er für sich die Überflüssigkeit alles Existierenden; er wird sich der uneingeschränkten Freiheit des Individuums bewusst und erkennt zugleich: «Aber diese Freiheit ähnelt ein wenig dem Tod.» – Was Heidegger in der «Angst» thematisierte, wird auch Sartre zum Kern des Romans, der fünf Jahre vor seinem philosophischen Hauptwerk «L'Être et le Néant» entstand. In «Der Ekel» stellt sich für Roquentin eine unmittelbare und radikale Existenzerfahrung ein. Sartre schildert das Leben dieses Mannes in der schmutzigen Provinzstadt Bouville, also Drecksstadt (gemeint ist Le Havre) mit surrealistischen Mitteln, die sehr an Kafka, den Sartre und Beauvoir schätzten, erinnern. Zuweilen steigert sich der Sartresche Surrealismus bis ins Obszöne; und es spiegelt sich in dem äußerst misanthropisch gezeichneten Antihelden des Romans die resignative und von Pessimismus zeugende Haltung des Autors vor dem Zweiten Weltkrieg wider. Roquentin sucht in seinem erkenntnishungrigen Streben nach etwas Absolutem, nach etwas, «was über der Existenz», also hinter allem Bewusstsein und aller Psychologie liegen könnte. Und er findet eine Lösung, oder zumindest doch eine denkbare Lösungsstrategie: Die Kunst, so Roquentin, reinige «von der Sünde zu existieren. Nicht völlig, wohlverstanden – aber doch soweit ein Mensch dazu imstande ist.» Es geht also um die Zufälligkeit von Existenz und um jenes Zuviel, das Ekel provoziert. Roquentin notiert: *Die Vielfalt der Dinge, ihre Individualität waren nur Schein, Firnis. Dieser Firnis war geschmolzen, zurück blieben mons-*

tröse und wabbelige Massen, ungeordnet nackt, von einer erschreckenden und obszönen Nacktheit [...] Zu viel: Das war der einzige Bezug, den ich zwischen diesen Bäumen, diesen Gittern, diesen Kieseln herstellen konnte [...] Und ich – auch ich war zu viel [...] Die Welt der Erklärungen und Gründe ist nicht die der Existenz. Ein Kreis ist nicht absurd, er erklärt sich sehr gut aus der Umdrehung einer Geraden um einen ihrer Endpunkte. Aber ein Kreis existiert auch nicht.

Und dann formuliert Roquentin sehr genau die Sartresche Philosophie selbst: *Das Wesentliche ist die Kontingenz. Ich will sagen, dass die Existenz ihrer Definition nach nicht die Notwendigkeit ist. Existieren, das ist da sein, ganz einfach; die Existierenden erscheinen, lassen sich antreffen, aber man kann sie nicht ableiten. Es gibt Leute, glaube ich, die das begriffen haben. Nur haben sie versucht, diese Kontingenz zu überwinden, indem sie ein notwendiges und sich selbst begründendes Sein erfanden. Doch kein notwendiges Sein kann die Existenz erklären: die Kontingenz ist kein Trug, kein Schein, den man vertreiben kann; sie ist das Absolute, folglich die vollkommene Grundlosigkeit.*

Dass es keine bloße Vermutung ist, hinter Roquentin Sartre zu entdecken, macht der Autor selbst unmissverständlich deutlich, wenn er später in seinem Text «Die Wörter» klarstellen wird: *Ich war Roquentin, ich zeigte an ihm ohne Gefälligkeit das Muster meines Lebens; zu gleicher Zeit war ich aber auch der Erwählte, der Chronist der Hölle, war ich das Fotomikroskop aus Glas und Stahl, das auf mein eigenes zähflüssiges Protoplasma gerichtet war [...] Ich war ein Gefangener der Evidenzen, aber ich sah sie nicht; ich sah die Welt mit ihrer Hilfe: [...] so schrieb ich heiter über das Unglück unseres Daseins.*

Ist «Der Ekel» ein philosophischer Roman? Die Antwort muss ‹Ja› lauten. Sartres Kritiker bemängelten, dass die Philosophie bleiern auf seinen Romanen laste. Für «Der Ekel» gilt das nicht. Sartres dramatisches Werk aber leidet tatsächlich unter dem philosophischen Überbau, die Gedanken verdrängen Handlung und Dialog. Auf den Vorwurf der Kritiker geht auch Lévy ein und antwortet, Sartre sei «ein guter, schändlich unterschätzter Romancier, einer der besten seiner und unserer Zeit; das Geheimnis seiner Bücher liegt jedoch darin, dass jeder sie kennt, aber keiner sie gelesen hat.»

Und Lévy liefert ein weiteres Argument zur Verteidigung Sartres: Er sei ein origineller, neue Stile und Formen schaffender Romanautor «gerade weil er Philosoph ist und weil sich der Schliff seiner literarischen Kunst seiner Philosophie verdankt – anders gesagt: nicht trotz, sondern wegen seiner Philosophie.»

Indem ich den Schluss dieses Buches zitiere, möchte ich zeigen, von welcher literarischen Qualität es ist. Roquentin befragt sich nach seiner verlorenen und letztlich wiedergefundenen Identität:

Wenn ich jetzt «ich» sage, so erscheint mir das inhaltslos. Es gelingt mir nicht mehr völlig, mich zu empfinden, so vergessen bin ich. Alles, was an Wirklichem in mir verbleibt, ist Existenz, die fühlt, dass sie existiert. Ich gähne träge, lange. Niemand. Für niemanden existiert Antoine Roquentin. Ich finde das ulkig. Und was ist das – Antoine Roquentin? Etwas Abstraktes. Ein blasses, kleines Erinnern an mich selbst geistert durch ein Bewusstsein. Antoine Roquentin … Und plötzlich wird dieses «Ich» bleich, immer bleicher, und nun ist es vorbei – es erlischt.

Klar, bewegungslos, verlassen ruht das Bewusstsein zwischen den Mauern; es setzt sich in die Ewigkeit fort. Niemand wohnt mehr in ihm. Eben noch sagte jemand «ich», sprach von «meinem» Bewusstsein. Wer? Draußen gab es Straßen mit Geräuschen, mit Farben und Gerüchen, die man kannte. Was bleibt, sind namenlose Mauern, ein namenloses Bewusstsein. Da sind Mauern und zwischen den Mauern, klein, lebendig und unpersönlich, etwas Durchsichtiges. Das Bewusstsein existiert wie ein Raum, wie ein Grashalm. Es dämmert dahin, langweilt sich. Kleine, flüchtige Existenzen bevölkern es wie Vögel die Zweige eines Baumes. Bevölkern es und verschwinden wieder. Vergessenes Bewusstsein, vergessen zwischen diesen Mauern, unter dem grauen Himmel. Und dies ist der Sinn seiner Existenz: das Bewusstsein zu haben, dass es überflüssig ist. Es löst sich auf, zerfällt, läuft auf der braunen Mauer auseinander, den Kandelaber hinunter, verliert sich im Abendnebel. Aber es vergisst sich nie: es ist sich bewusst, ein Bewusstsein zu sein, das sich vergisst. Das ist sein Schicksal.

Nachdem die Jazzmusik, die sich in diesem Roman zur inneren Stimme Roquentins verwandelt, noch einmal erklungen ist, findet das erloschene Ich das Ich wieder: *Und die Stimme sagt: «Hier ist das Eisenbahnstübchen», und das Ich springt in das Bewusstsein – das bin ICH, Antoine Roquentin, ich fahre gleich nach Paris, ich will mich von der Wirtin verabschieden.* – Am Schluss dieses Romans findet sich der Erlösungsgedanke formuliert: Schreiben als Antwort auf Kontingenz.

Ich gehe, in mir ist ein unbestimmtes Gefühl. Ich wage keinen Entschluss zu fassen. Wenn ich wüsste, dass ich Talent hätte … nie aber habe ich etwas in dieser Art geschrieben – historische Aufsätze, gewiss, und dergleichen. Ein Buch. Einen Roman. Und Leute würden diesen Roman lesen und sagen: «Den hat Antoine Roquentin geschrieben, ein Rothaariger, der sich in den Cafés herumtrieb.» Und sie würden an mein Leben denken, wie ich an das der Negerin denke: wie an etwas Kostbares, halb Legendäres. Ein Buch. Anfangs würde es eine öde ermüdende Arbeit sein, sie würde nicht hindern können, dass ich existiere und fühle, dass ich existiere. Dann aber käme der Augenblick, wo das Buch fertig wäre, hinter mir läge – und ich glaube, ein wenig von seiner Klarheit fiele auf meine Vergangenheit. Vielleicht könnte ich dann, durch dieses Buch hindurch, mich ohne Widerwillen meines Lebens erinnern, Vielleicht würde ich eines Tages – wenn ich an diese Stunde denke, diese trübe Stunde, in der ich mit gewölbtem Rücken dastehe und darauf warte, in den Zug zu steigen – vielleicht würde ich dann mein Herz schneller schlagen fühlen und mir sagen: «An diesem Tag, zu dieser Stunde hat alles begonnen.» Und vielleicht gelänge es mir – in der Vergangenheit, nur in der Vergangenheit – mich gelten zu lassen.

Sartres Variationen über die Suche nach dem verlorenen Ich sind intensive Gedankengänge, die Klarheit des Stils, die surrealistischen Verfremdungen der Bilder, die genaue realistische Beschreibungstechnik, machen für mich den Wert dieses Werkes aus. Sartre einen Vorläufer des nouveau roman, der zehn Jahre später in Frankreich Fuß fassen wird, zu nennen, ist gewiss nicht falsch. Sartre verweigert sich nicht nur der klassischen Erzählkonzeption, er kehrt sie geradezu um. Ging das traditionelle Romanschema noch von einem schlüssigen Charakter aus, der Anlagen besitzt und Eigenschaften, aus denen sich dann Gesten, Verhaltensweisen und Äußerungen ergeben, so stehen bei Sartre zunächst einmal nur die Gesten, die Einstellungen, die Weltanschauungen und die Verhaltensweisen zur Verfügung; und diese konstituieren fortlaufend den sich erst abzeichnenden Charakter eines Subjekts, das eben noch nicht zu Beginn im Bewusstsein verankert ist. Er erfindet eine filmische Technik und wiederbelebt, wie Lévy zu Recht konstatiert, nach Proust und Céline, den polyphonen französischen Roman.

Die Funktion eines Schriftstellers besteht darin, die Dinge beim Namen zu nennen. Wenn die Wörter krank sind, dann ist es an uns, sie zu heilen. Stattdessen leben viele von dieser Krankheit. Die moderne Literatur ist in vielen Fällen ein Krebsgeschwür der Wörter […] Ich weiß: mancher Autor hat die Wörter zerstören wollen, so wie die Surrealisten Subjekt und Objekt gemeinsam zerstören wollten: das war der äußerste Punkt der Konsumtionsliteratur. Aber heute muss man konstruktiv sein. Wenn man nicht anfängt, wie Brice Parain die Unangemessenheit der Sprache gegenüber der Realität zu beklagen, macht man sich zum Komplizen des Feindes, das heißt der Propaganda. Unsere erste Aufgabe als Schriftsteller besteht also darin, die Sprache in ihrer Würde wiederherzustellen. Schließlich denken wir mit Wörtern. Wir müssten sehr dünkelhaft sein, um zu glauben, dass wir unaussprechliche Schönheiten bergen, die die Sprache auszudrücken nicht würdig ist. Und dann misstraue ich dem Unkommunizierbaren, das ist die Quelle jeder Gewalt. Wenn die Gewissheiten, deren wir uns erfreuen, uns unmöglich mitteilbar erscheinen, dann bleibt nur noch zu schlagen, zu verbrennen oder aufzuhängen. Nein: wir taugen nicht mehr als unser Leben, und nach unserem Leben muss man uns beurteilen, unser Denken taugt nicht mehr als unsere Sprache, und man muss es danach beurteilen, wie es sie benutzt. Wenn wir den Wörtern ihre Fähigkeiten wiedergeben wollen, müssen wir eine doppelte Operation durchführen: einerseits eine analytische Reinigung, die sie von ihrem hinzugetretenen Sinn befreit, andrerseits eine synthetische Erweiterung, die sie der historischen Situation anpasst. Wenn ein Autor sich völlig dieser Aufgabe widmen wollte, würde sein ganzes Leben dazu nicht ausreichen. Wenn wir uns alle zusammentun, werden wir sie ohne so große Mühe zu Ende führen. – Sartres noch heute verstörende Antwort auf die Frage «Was ist Literatur?», sein unter dem gleichen Titel erschienener und wohl bedeutendster Essay.

1936, Sartre ist inzwischen Gymnasiallehrer für Philosophie in Laon, veröffentlichte er einen weiteren Essay, «L'imagination», in dem er die These aufstellt, dass es keine Wirklichkeit dieser Welt diesseits der Bedeutungen gibt, die endliche Menschen ihr verleihen. Ein Jahr später, also 1937, unterrichtet er Philosophie am Pariser Lycée Pasteur; und es erscheint «Die Transzendenz des Ego». Dieser Publikation folgt zwei Jahre später die lesenswerte Sammlung von Erzählungen, «Le mur», «Die Mauer». Im September 1939 wird Sartre zum Kriegsdienst einberufen – und der umfangreiche Briefwechsel mit Simone de Beauvoir beginnt. Ein Jahr später gerät er in Kriegsgefangenschaft und wird nach Trier transportiert. Dank gefälschter Entlassungspapiere entkommt er dem Lager, kehrt nach Paris zurück und versucht dort vergeblich, eine Widerstandsgruppe aufzubauen. Er nimmt seine Arbeit als Philosophielehrer wieder auf, und er schreibt weiter. Sein erstes Drama wird 1943 im Théâtre Sarah Bernhardt uraufgeführt: «Les mouches», «Die Fliegen». Die deutsche Erstaufführung findet zwei Jahre nach Kriegsende 1947 in Düsseldorf mit Marianne Hoppe und Gustaf Gründgens statt. Im gleichen Jahr noch erscheint sein opus magnum: «L'Être et le Néant», «Das Sein und das Nichts».

In «Die Fliegen» hat Sartre den bekannten antiken Atriden-Stoff neu bearbeitet und ein Résistance-Drama gestaltet, was die deutsche Zensur offensichtlich nicht begriff. Unterdrückung kann durch Freiheitswillen überwunden werden – so lautet die Sartresche These.

Orest kommt, wie in der antiken Vorlage auch, heim nach Argos und findet unter der Herrschaft des Usurpators Ägisth ein in Unfreiheit gehaltenes, geknechtetes Volk vor. Die ekelhaften Fliegen, von der die Stadt übervoll ist, stilisiert Sartre zum Zeichen dieser ebenso ekelhaften Unterdrückung. Angestachelt von den Hasstiraden seiner Schwester Elektra entschließt sich Orest, der Schreckensherrschaft, die Ägisth nur dank der Unterstützung des Gottes Jupiter aufrechterhalten kann, ein Ende zu bereiten. Er tötet – wie in der griechischen Vorlage – Ägisth sowie seine Mutter Klytämnestra. Elektra, von Schuldgefühlen gepeinigt, gelobt Reue und vertraut sich Jupiter an. Orest hingegen weist jedes Schuldgefühl von sich. Im vollen Bewusstsein seiner Freiheit, steht er zu der Tat, die er als richtig und notwendig erachtet.

Sartre deckt in den Dialogen zwischen Jupiter und Ägisth auf, dass beide miteinander einen Pakt geschlossen haben, der ihnen Macht zusichert. Jupiter spricht dies unverhohlen aus: «Wir beide lassen die Ordnung herrschen, du in Argos, ich in der Welt.» Beider Macht, das ist der Kern des Dramas, beruht darauf, dass Menschen nicht wissen, dass sie frei sind. Nur Orest ist sich dessen bewusst – und deshalb haben weder Gott noch König Gewalt über ihn: «Ich bin frei, Elektra! Die Freiheit hat mich getroffen wie der Blitz.»

Die Zerschlagung des Terrorregimes von Gott und König bedeutet das Ende beider Gewalten, bedeutet Götterdämmerung und politische Revolution. Dieses Stück konnten Franzosen 1943 nicht missverstehen – es war Aufruf zum Widerstand.

Die für mich aufregendste Szene – in welcher der Freiheitsbegriff von Sartres Existenzphilosophie dramatisiert wird und die nicht recht verstanden werden kann ohne Kenntnis von «L'Être et le Néant» zu haben– ist die zweite im dritten Akt, der Diskurs zwischen Jupiter und Orest:

JUPITER: Soll ich das Schaf bewundern, das die Räude von seiner Herde trennt, oder den Aussätzigen, der in sein Lazarett eingesperrt ist? Erinnere dich, Orest, du hast zu meiner Herde gehört, du weidetest das Gras auf meinen Feldern inmitten meiner Schafe. Deine Freiheit ist nichts als die Räude, die dich juckt, sie ist nichts als eine Verbannung.

OREST: Du sprichst wahr: eine Verbannung.

JUPITER: Das Übel sitzt nicht so tief: es ist erst von gestern. Kehre zurück: schau doch, wie allein du bist, selbst deine Schwester verlässt dich. Du bist bleich, und die Angst weitet deine Augen. Hoffst du zu leben? Siehe, ein unmenschliches Übel nagt an dir, das meiner Natur fremd ist, dir selber fremd. Kehre zurück! Ich bin das Vergessen, ich bin die Ruhe.

OREST: Mir selber fremd, ich weiß. Außerhalb der Natur, gegen die Natur, ohne Entschuldigung, ohne andere Entschuldigung, ohne andere Zuflucht als zu mir selbst. Aber ich werde nicht unter dein Gesetz zurückkehren: ich bin dazu verurteilt, kein anderes Gesetz zu haben als mein eigenes. Ich werde nicht zu deiner Natur zurückkehren: tausend Wege sind darin gezogen, die zu dir führen, aber ich kann nur meinem Weg folgen. Denn ich bin ein Mensch, Jupiter, und jeder Mensch muss seinen Weg erfinden. Der Natur graut vor den Menschen und dir, dir, Herr der Götter, dir graut auch vor den Menschen.

JUPITER: Du lügst nicht: wenn sie dir gleichen, hasse ich sie.

OREST: Hüte dich: eben hast du deine Schwäche eingestanden. Ich hasse dich nicht. Was gibt es von dir zu mir? Wir werden aneinander vorübergleiten wie zwei Schiffe. Du bist ein Gott, und ich bin frei: wir sind gleichermaßen allein, und unsere Angst ist die gleiche. Wer sagt dir, dass ich im Laufe dieser langen Nacht die Reue nicht gesucht habe? Die Reue. Den Schlaf. Aber ich kann keine Reue mehr empfinden. Und auch nicht mehr schlafen.

Schweigen.

JUPITER: Was willst du tun?

OREST: Die Leute von Argos sind meine Leute. Ich muss ihnen die Augen öffnen.

JUPITER: Arme Leute! Du wirst ihnen Einsamkeit und Schande schenken. Du wirst die Tücher wegreißen, mit denen ich sie bedeckte, und du wirst ihnen plötzlich ihr Dasein zeigen, ihr obszönes und fades Dasein, das ihnen umsonst gegeben wurde.

OREST: Warum soll ich ihnen die Verzweiflung ersparen, die mich erfüllt, da sie doch auch ihr Los ist?

JUPITER: Was werden sie damit anfangen?

OREST: Was sie wollen, sie sind frei, und das menschliche Leben beginnt jenseits der Verzweiflung.

JUPITER: Nun, Orest, all dies war vorgesehen. Ein Mensch musste kom-

men, meinen Untergang anzuzeigen. Das bist also du? Wer hätte das gedacht, gestern, beim Anblick deines Mädchenangesichtes?

OREST: Hätte ich selbst es gedacht? Die Worte, die ich sage, sind zu groß für meinen Mund, sie zerreißen ihn; das Schicksal, das ich trage, ist zu schwer für meine Jugend, es hat sie zerbrochen.

JUPITER: Ich liebe dich nicht sehr und dennoch bedaure ich dich.

OREST: Ich bedaure dich auch.

JUPITER: Leb wohl, Orest. – Was dich betrifft, Elektra, bedenke folgendes: meine Herrschaft ist noch nicht zu Ende, weit entfernt – und ich will den Kampf nicht aufgeben. Sieh zu, ob du mit mir bist oder gegen mich. Leb wohl.

OREST: Leb wohl.

Der Mensch hat also seine grundlose Freiheit zu existieren in einer Welt, deren möglicher absoluter Sinn ihm entgeht. Das ist die Quintessenz dieser Szene. Und Sartre erklärt Simone de Beauvoir mit anderen Worten, dass der Einzelne in der Welt zu existieren hat, frei, in seinem Urteil, welche Bedeutung diese Welt für ihn haben möge, frei auch darin, sich zu entscheiden, wie er denkt und wie er handeln soll: *Ich spüre wie Sie die Versuchung, mein Schicksal in einem unermesslichen kollektiven Schicksal zu verlieren und aufzulösen, aber ich glaube, das ist eine Versuchung, der man widerstehen muss. Man spürt ungeheuer, und es ist wertvoll zu spüren, wie sehr das Schicksal eines Landes etwas Individuelles und Einzigartiges ist – wie für einen Menschen – und vom Tod Begrenztes – wie für die Menschen [...] und wie sehr unsere Schicksale in diesem vergänglichen Schicksal des Landes situiert sind. Aber das macht nichts, das Land ist eine Situation, und es gibt Millionen freier Menschen, und für jeden ist der Sieg oder die Niederlage eine individuelle Geschichte.*

In «Die Wörter» sagt Sartre explizit Gott seinen Kampf an. Der Atheismus sei *ein grausames und langwieriges Unterfangen*, schreibt er, *ich glaube, ihn bis zum Ende betrieben zu haben*; und er bemerkt in diesem Zusammenhang hinsichtlich André Gide, in dessen Fußstapfen er trat: *Das Kostbarste, was Gide uns schenkt, ist sein Entschluss, das*

Leiden und Sterben Gottes bis zum Ende zu durchleben. Was Gide seinen Zeitgenossen und Erben vermacht habe, sei als jener Atheismus zu verstehen, der als *etwas langsam Erworbenes, als Krönung eines Suchens, das sich über ein halbes Jahrhundert erstreckt* hatte, gelten müsse. Gides Atheismus ist für Sartre, wie Lévy formuliert, «zu einer konkreten Wahrheit» geworden.

Diese Philosophie, da sie einen Gott ausschließt, ist meine Sache nicht, aber einen ihrer Aspekte möchte ich dennoch herausgreifen. Es geht um die Liebe, das heißt darum, wie ich mich selber sehe und wie mich die anderen wahrnehmen. Sartre kommt zu dem Schluss, dass diese Zwiespältigkeit von Sein und Schein so lange dauert wie das Leben selbst. Denn: *Wie es jeder empfindet, besteht zwischen diesen beiden Aspekten meines Seins kein Unterschied von Schein und Sein, als ob ich mir selbst die Wahrheit meiner selbst wäre und als ob ein anderer nur ein entstelltes Bild von mir besäße […] Die gleiche Seinswürde meines Seins für Andere und meines Seins für mich selbst zwingen mich in eine Zwiespältigkeit […] Das Problem meines Für-Andere-Seins bleibt also ungelöst, die Liebenden bleiben jeder für sich in einer totalen Subjektivität; nichts entbindet sie von ihrer Pflicht, sich jeder für sich existieren zu machen; nichts beseitigt ihre Kontingenz oder rettet sie vor ihrer Faktizität.*

Mit anderen Worten muss die der Liebe stets innewohnende Sehnsucht, *uns gerechtfertigt fühlen, dass wir existieren,* notwendig unerfüllt bleiben. Nichts vermag die Zwiespältigkeit meines Daseins zu versöhnen, nichts, seiner Grundlosigkeit einen Grund zu geben.

Sartre, der homme à femmes, postuliert also, schreibt er über die Liebe, deren Unmöglichkeit. Er, der vielleicht auch aus Minderwertigkeitsgefühlen ständig bei Frauen nach Erfolg lechzte, sieht ein, dass Liebe als Existenzgrund eine haltlose Illusion ist. Andererseits weiß er, der Hässliche, dass er als solcher, also als hässlicher Mann, wahrgenommen wird und will just deshalb umso heftiger und stets neu begehrt werden. Er träumt inmitten «bezaubernder Mädchen» einen Allmachtstraum: *Und dort saß ich und herrschte durch die Macht des Geistes, durch den Charme.*

Die Macht des Geistes ist das einzige Mittel, das Sartre besitzt, um sich einen Platz in der Welt der Frauen, so wie er sie imaginiert, zu erobern und zu sichern. Dieser Mann, der auf der Straße misstrauisch beäugt wird – wie er im Alter einräumte – dieser Mann, der abstoßend hässlich war, wusste seine Intelligenz und seinen Charme einzusetzen und wurde ein Womanizer. Wenn das nicht ein Triumph des Geistes ist!

Jetzt wäre es zwingend, über das verquere Verhältnis zwischen Camus und Sartre zu berichten. Ich tue es nicht – ein solcher Bericht brächte uns auf Abwege. Es muss aber erwähnt werden, dass Sartre bis 1956 – also bis zur Niederschlagung des Aufstandes in Ungarn durch die Sowjetunion – ein überzeugter Kommunist war.

1948 – und das spricht für Sartre und gegen die katholische Kirche – setzt der Vatikan Sartres Werke auf den «Index der verbotenen Bücher». Im selben Jahr wird sein Theaterstück «Les mains sales», «Die schmutzigen Hände» uraufgeführt. 1951 folgt die Uraufführung von «Le diable et le bon dieu», «Der Teufel und der liebe Gott». Beides Stücke, die in den fünfziger Jahren auf allen deutschen Theaterspielplänen standen und heute von ihnen verschwunden sind. Sie hatten ein sehr rasch dem Entstehungsjahr folgendes Verfallsdatum, was Sartre, lebte er noch, nicht bedauern würde, denn Literatur war ihm eine lebenswichtige, essenzielle, glühende Angelegenheit, die zu Asche würde, wenn sie beim ersten Lesen oder bei der Aufführung aufloderte. Deshalb nannte er engagierte Schriftsteller nur diejenigen, die *lebendig sind bevor sie tot sind.*

Sartres dramatisches Werk ist nicht mehr lebendig; auch nicht die 1959 uraufgeführten «Eingeschlossenen von Altona» – und schon gar nicht das Stück «Les Troyennes», «Die Troerinnen», uraufgeführt 1965.

Auf die vielen Essays einzugehen, die Sartre in den fünfziger, sechziger und siebziger Jahren geschrieben hat – auf einen ganz wichtigen werde ich am Ende noch hinweisen – möchte ich hier nicht, vielmehr will ich auf den Journalisten Sartre verweisen, der sich immer wieder engagiert zu Wort meldete, der für den Warschauer Frühling 1968 stritt und 1973 die inzwischen wichtigste französische Zeitung neben «Le Monde», nämlich «Libération», gründete und eine Zeit lang als deren Herausgeber fungierte.

Sartres Baudelaire-Essay, 1946 erschienen und Jean Genet gewidmet, ist die früheste einer drei große Studien umfassenden Untersuchung über maßgebende Vertreter der literarischen Moderne: Baudelaire, Genet und Mallarmé. Sartre begann mit Baudelaire, der bislang als Opfer der Gesellschaft galt, er, der als das Urbild des «poète maudit» gepriesen und ein wenig verachtet wurde. Sartre will in diesem Aufsatz den Nachweis erbringen, dass der Mensch – eben auch Baudelaire – seinen Lebenslauf selbst bestimmen kann. Er beschreibt am Beispiel Baudelaires das Scheitern des bürgerlichen Intellektuellen, der nie erwachsen werden wollte und sich fürchtete, seine Freiheit anzunehmen. Es ist ein hellsichtiger, kluger, analytischer Text, den jeder Baudelaire-Liebhaber gelesen haben sollte; und er endet so: *Baudelaire hat gewählt, für sich selbst so zu existieren, wie er für die anderen war; er wollte, dass seine Freiheit ihm wie eine «Natur» erscheine und dass die «Natur», welche die anderen in ihm entdeckten, ihnen wie eine Emanation seiner Freiheit vorkäme. Von da aus klärt sich alles auf: jenes elende Leben, das uns als ein einziges Scheitern erschien, hat er – wir verstehen das nun – sich selbst mit Bedacht gewirkt. Er hat es so angelegt, dass es nur noch ein Überleben war, er hat es von Beginn an mit diesem schweren Ballast bepackt: Negerin, Schulden, Syphilis und Familienrat, der ihn bis zum Ende seines Lebens behindert und bis zum Ende dazu zwingt, im Krebsgang die Zukunft anzugehen. Er hat diese schönen, gleichmütigen Frauen erfunden – Marie Daubrun, die Präsidentin –, die durch seine gelangweilten Jahre hindurchschreiten. Er hat sorgfältig die Geographie seiner Existenz abgegrenzt, indem er sich dafür entschied, sein Elend in einer großen Stadt herumzuschleppen, indem er jeden wirklichen Ortswechsel ablehnte, um in seinem Zimmer besser imaginäre Fluchtwege aufspüren zu können. Er hat Reisen durch Umzüge ersetzt, und dieser dauernde Wohnungswechsel ist ein Abbild seiner Flucht vor sich selbst. Und als er, vom Tode gezeichnet, Paris verließ, so nur, um sich in eine andere Stadt zu begeben, die eine Karikatur von Paris war. Auch seinen halben Misserfolg in der Literatur und diese elende splendid isolation in der literarischen Welt hat er gewollt […] Vergebens suchen wir nach einem einzigen Umstand, für den er nicht voll und klar verantwortlich wäre. Jedes Ereignis spiegelt jene unauflösbare Totalität wider, die er vom ersten bis zum letzten Tage war. Er hat sich geweigert, sich der Erfahrung auszusetzen, nichts hat ihn von außen geändert, und er hat nichts gelernt […] Im Übrigen ist seine Geschichte die Geschichte einer sehr langsamen, sehr schmerzvollen Auflösung. So, wie er mit zwanzig Jahren war, finden wir ihn am Vorabend seines Todes: er ist nur noch düsterer, noch nervöser, weniger lebhaft. Von seiner Begabung, von seiner bewunderungswürdigen Intelligenz bleiben nur noch Erinnerungen. Und zweifellos ist dies seine Einzigartigkeit, jene «Verschiedenheit», nach der er bis zu seinem Tode gesucht hat und die nur den Augen der anderen offenbar werden konnte: er war ein Experiment in der Retorte, ähnlich dem Homunkulus des Faust II., und die quasi abstrakten Begleitumstände dieses Experimentes ließen ihn mit unvergleichlicher Deutlichkeit jene Wahrheit bezeugen: die freie Wahl seiner selbst, die der Mensch trifft, ist absolut identisch mit dem, was man sein Schicksal nennt.*

Gern würde ich auch aus dem Flaubert-Aufsatz zitieren, aber wichtiger noch ist mir sein Buch über Jean Genet, die Biografie «Heiliger Genet – Komödiant und Märtyrer». Sie erschien 1952 als erster Band der Werkausgabe des Genet-Œuvres. Sartres Ziel – und an dies gelangt er meisterhaft –, ist es, *in jeder Einzelheit die Geschichte einer Befreiung nachzuzeichnen*. Dazu muss man wissen, dass Sartre nach dem Zweiten Weltkrieg den auf das autonome Individuum bezogenen Freiheitsbegriff, wie er ihn in «L'Être et le Néant» formuliert hatte – und so verwendet er ihn auch noch bei seinem Baudelaire-Aufsatz – um eine entscheidende Dimension erweitert hatte. Er hatte sich inzwischen mit dem Marxismus beschäftigt und mit dem dialektischen Materialismus. Und er gewann daraus die Einsicht, dass der Mensch durch seine gesellschaftliche Situation mitbestimmt werde, dass es so etwas gibt wie *den Zwang der äußeren Umstände*. Es gibt also durchaus einen eingeschränkten Freiheitsraum, und es liegt am Individuum, sich in diesem Raum zu akzeptieren oder ihn zu sprengen, also sich an dessen Grenzen nicht zu halten. Genet wird nun für Sartre zum Exempel, zum bewunderten Beispiel für ein Individuum, das sich entscheidet, in dieser Existenzform sich in Freiheit zu entwickeln. *Aus einem sozial total bedingten Wesen* macht er sich selbst zu *einer Person*, die sich an die sozialen Bedingtheiten nicht hält. Aus einem Individuum, das *streng genommen zum Dieb bestimmt war*, wird ein Dichter.

Sartre beschreibt anhand und mit Genet *die Geschichte einer Befreiung*, zeichnet also die Stationen dieses Jean Genet nach: Waisenkind, Fürsorgezögling, Dieb. Von der Gesellschaft also ist der Knabe von Geburt an als Schuldiger, als ein außerhalb der Gesellschaft Stehender, gebrandmarkt. Genet: Objekt des Bösen – und deshalb muss er zum Ausgestoßenen, zum Päderasten, zum Homosexuellen, zum Verbrecher werden. Genet – so folgert Sartre – entfremdet sich nun zunächst von sich selbst. Dann, infolge einer Bewusstseinspaltung – so Sartre – gelingt Genet ein dialektischer Umschlag: Durch die Unterwerfung unter sich als einen Fremden akzeptiert er das Böse und stilisiert es zugleich als etwas Göttliches. Er spricht sich selbst heilig so wie er alle Figuren seiner Romane, Theaterstücke und Gedichte zu Märtyrern erhöht, die jeder Anbetung würdig sind. Der Diebstahl also, im Bewusstsein der eigenen Freiheit begangen, wird, folgt man Sartres Argumentation, was ich gern tue, zu einem «poetischen Akt».

Auch wenn Sartre später an seiner Genet-Biografie Kritik üben wird, weil er glaubte, die sozialen Aspekte in Genets Leben zu wenig berücksichtig zu haben: Seine Genet-Analyse ist bis heute der wichtigste Text zu diesem Dichter, der ebenso häufig missverstanden wird, wie man ihn, ähnlich geschehen mit Baudelaire, auf das Label «poète maudit» reduziert.

1974 – drei Jahre nach dem Erscheinen seiner Flaubert-Biografie, die den Titel «Der Idiot der Familie» trägt, besuchte Sartre Andreas Baader in Stammheim. Schon ein Jahr zuvor hatte er in einem «Spiegel»-Interview über Baader und Ulrike Meinhof gesprochen und verkündet, diese Gruppe interessiere ihn als Phänomen.

Er kam aber nicht aus freien Stücken nach Stuttgart-Stammheim. Baaders Anwalt, Klaus Croissant, hatte ihn gebeten, sich im Kampf gegen die Haftbedingungen seines Mandanten und der anderen RAF-Häftlinge zu engagieren. Sartre erhält eine Besuchserlaubnis und trifft Baader am 4. Dezember 1974 in dessen Zelle auf ein halbstündiges Gespräch. Danach gibt er eine Pressekonferenz, beschreibt bei dieser Gelegenheit die Haftbedingungen als unerträglich und unmenschlich und fordert in einem Appell die Schaffung einer «Internationalen Kommission zum Schutz der politisch Gefangenen», – ein Appell, den auch Heinrich Böll unterzeichnete. Zugleich äußert er unmissverständlich, dass es ihm nicht darum ginge, den Terror symbolisch zu unterstützen.

Nichtsdestotrotz wurde Sartre in Deutschland als Terroristenfreund beschimpft und verunglimpft. Gutwillige Kommentatoren entschuldigten diese Geste mit der Naivität eines alten Gerechtigkeitsfanatikers. Sein Besuch hatte außer medialer Aufregung keine Wirkung, er war ein Misserfolg, was Sartre ein Jahr später auch einräumt. Sein Engagement habe keine andere Wirkung gezeitigt *... als eben diesen heiligen Zorn der Presse und der Leute, die mir geschrieben haben. Mit anderen Worten, ich glaube, mein Besuch bei Baader war ein Misserfolg. Durch ihn ist die öffentliche Meinung in Deutschland nicht geändert worden. Er hat sogar der Sache, die ich fördern wollte, eher geschadet. Ich konnte bei meiner Pressekonferenz noch soviel sagen, es ginge mir nicht um die Straftaten, die Baader zur Last gelegt werden, sondern nur um seine Haftbedingungen – die Journalisten glaubten dennoch, dass ich die politischen Handlungen Baaders guthieße. Es war also meiner Meinung nach ein Misserfolg, aber ich würde es trotzdem wieder tun.*

Sartre war im Grunde Anarchist geblieben – bis ins Alter. Worüber sich Hans Mayer in einem Gespräch zwei Tage nach Sartres Tod entrüstete, und Sartre in dieser Angelegenheit Naivität unterstellt: «Ich habe das damals mit Trauer verfolgt und habe mit Trauer am Bildschirm auch Sartre gesehen, wie er, flankiert von sehr gerissenen, geschickten Bürschlein, aufgetreten ist, um in einer Sache Stellung zu nehmen, die er überhaupt nicht kannte und überhaupt nicht durchschaute.» – Mayers Vorwurf, Sartre habe nicht gewusst, worum es sich handelte, also was dieser Verhaftung vorausgegangen war, ist heftig. Sartre, der lebenslang ein begieriger und aufmerksamer Zeitungsleser war, wusste gewiss, worauf er sich einließ – und eben darum ließ er sich darauf ein.

Sein Auftritt, sein Engagement, hat, so denke ich, neben dem Wunsch, immer auf der Seite der um Gerechtigkeit Kämpfenden zu stehen, noch einen anderen Grund. Er wurde zum Freund der anarchistischen 25-jährigen, weil er, der inzwischen 70-jährige, immer noch jung sein wollte. Und er wollte jung bleiben, je deutlicher ihm seine körperliche Gebrechlichkeit zu schaffen machte. Und ihn kränkte. Von 1973 an erblindete Sartre allmählich, er konnte nicht mehr lesen, nicht mehr schreiben. Er arbeitet fortan mit einem Sekretär, dem er diktiert; und doch weiß er, dass es vorbei ist: *Mit meinem Beruf als Schriftsteller ist es vorbei [...] Aber ich kann noch sprechen.*

Statt zu schreiben führt er jetzt Gespräche mit seinem Sekretär Benny Lévy. 1979 beschließen die beiden Männer, diese Konversationen unter dem Titel «Hoffnung jetzt» zu publizieren. Wie schon sein ganzes Leben lang, gibt er Simone de Beauvoir das Manuskript als erste zu lesen. Sie ist entsetzt. Vor allem stört sie, dass der große Sartre mit dem jungen Mann so spricht, als sei dieser ein gleichwertiger Denk- und Gesprächspartner. Die Beobachtung ist nicht falsch; und doch ist es etwas anderes, was mich verstört: Sartre ist die Klarheit seines Denkens abhanden gekommen, er formuliert vage und verschwommen.

Gegen das Veto der Beauvoir erscheint der Text im März 1980 im «Nouvel Observateur» – Sartre liegt zu dieser Zeit im Streben. Er hatte nicht gedacht, dass er so bald aus der Welt scheiden würde. Noch 1975 sagte er in einem Gespräch mit Michel Contat: *Wenn ich noch zehn Jahre zu leben habe, dann ist das sehr gut.*

Er befasste sich in seiner Leidenszeit noch mit neuen Projekten. Er wollte eine Fortführung seines Buches «Die Wörter» verfassen – doch dazu kam es nicht mehr. Im selben Gespräch, in dem er sich noch zehn Jahre Leben wünscht, nimmt er bereits Abschied vom Sein: *Wichtig für mich ist, dass ich getan habe, was zu tun war. Gut oder schlecht, darauf kommt es nicht so sehr an, Hauptsache, ich habe es versucht. – Und dann, es bleiben ja noch zehn Jahre.*

Es blieben ihm fünf. Am 15. April 1980 stirbt Sartre. Vier Tage später wird er auf dem Friedhof Montparnasse beerdigt. Fünfzigtausend Menschen folgen seinem Sarg.

Was aber ist geblieben von Sartre? – Einige Theaterstücke, derer sich wenige Regisseure manchmal noch erinnern, der spannende und ungewöhnliche Briefwechsel mit Simone de Beauvoir, «Die Wörter», die drei großartigen Biografien und für Philosophie-Studenten «L'Être et le Néant». Und Gedanken, in kurzen, prägnanten Sätzen formuliert, die in Zitatensammlungen aufgenommen wurden:

Wir sind allein, ohne Entschuldigungen.

Der Mensch ist verurteilt, frei zu sein.

Der Mensch ist nichts anderes als sein Entwurf, er existiert nur in dem Maße, in welchem er sich verwirklicht, er ist also nichts anderes als die Gesamtheit seiner Handlungen, nichts anderes als sein Leben.

In dieser Welt entscheidet der Mensch, was er ist und was die andern sind.

Ich kann meine Freiheit nicht zum Ziel nehmen, wenn ich nicht zugleich die Freiheit des andern zum Ziel nehme.

Das Leben hat a priori keinen Sinn.

Diese Zitate sind alle dem Essay «Ist der Existentialismus ein Humanismus?» entnommen. Wenn nun aber das Leben a priori keinen Sinn hat, so muss der verantwortungsbewusste, der freie Mensch ihm einen Sinn geben. Sartre fand diesen in der Tätigkeit des Schreibens und im Kampf gegen Unterdrückung, Rassismus und Antisemitismus. Sartres «Betrachtungen zur Judenfrage», die mich schon als junger Mensch tief beeindruckt haben, sind einprägsam, sind wichtig.

Folgende Sätze habe ich als 17-jähriger Schüler bei der ersten Lektüre unterstrichen – ich würde sie auch heute noch mit einem Ausrufungszeichen versehen: *Der Antisemitismus gehört nicht zu jener Art von Gedanken, die vom Recht der Gedankenfreiheit geschützt werden müssen. Überdies ist er ganz etwas anderes als ein Gedanke. Er ist vor allem eine Leidenschaft. Nicht die Erfahrung schafft den Begriff des Juden, sondern das Vorurteil fälscht die Erfahrung. Wenn es keinen Juden gäbe, der Antisemit würde ihn erfinden.*

Ich könnten weiter zitieren, denn ich habe viel angestrichen, damals. Doch hier nur ein Gedanke noch. Er scheint mir zentral und bedeutend, weshalb dieser Sartre-Essay in jedes Schulbuch gehören müsste doch leider in keinem zu finden ist: *Der Antisemit anerkennt freiwillig, dass der Jude klug und arbeitsam ist, er wird sogar zugeben, dass er ihm in dieser Beziehung überlegen ist. Doch dieses Zugeständnis kostet ihn nicht viel. Er stellt diese Eigenschaft unter Anführungszeichen, denn für ihn richtet sich ihr Wert nach dem, der sie besitzt. Je mehr Tugenden der Jude hat umso gefährlicher ist er. Der Antisemit gibt sich über sich selbst keinen falschen Illusionen hin. Er rechnet sich zur Mittelklasse, fast zur unteren Mittelklasse, kurz, zum Durchschnitt. Es kommt nie vor, dass ein Antisemit behauptet, den Juden individuell überlegen zu sein. Aber man darf ja nicht glauben, dass er sich seiner Mittelmäßigkeit schämt; im Gegenteil, sie behagt ihm. Er ist ein Mensch, der jede Art der Einsamkeit fürchtet, die des Genies so gut wie die des Mörders. Er ist das typische Herdentier und so klein er auch sein mag, so duckt er sich noch vorsichtshalber, um nicht aus der Herde hervorzuragen und sich selbst gegenüberzustehen. Er ist Antisemit geworden, weil der Antisemitismus ein Gesellschaftsspiel ist. Die Worte: «Ich hasse die Juden» spricht man am besten im Chor; wenn man sie ausspricht, so klammert man sich an eine Tradition und an eine Gemeinde. An die große Gemeinde der Mittelmäßigen. Man muss keineswegs demütig oder bescheiden sein, um sich zur Mittelmäßigkeit bekannt zu haben. Ganz im Gegenteil, es gibt einen herausfordernden Hochmut der Mittelmäßigkeit, und der Antisemitismus ist ein Versuch, die Mittelmäßigkeit aufzuwerten, um eine Elite der Mittelmäßigen zu schaffen. Für den Antisemiten ist der Verstand eine typisch jüdische Angelegenheit, und er kann ihn daher in aller Ruhe ver-*

achten wie alle anderen Tugenden, die der Jude besitzt. Das alles ist «Ersatz» für jene ausgeglichene Mittelmäßigkeit, die ihm immer fehlen wird [...] Der Antisemit ist grundsätzlich verständnislos gegenüber gewissen modernen Eigentumsformen wie Geld, Aktien und so weiter. Das sind Abstraktionen, Vernunftgebilde, die der abstrakten, semitischen Intelligenz verwandt sind. Die Aktie gehört niemandem, weil sie jedem gehören kann. Sie ist ein Merkmal des Reichtums, kein konkretes Gut. Der Antisemit begreift nur eine Art primitiver, bäuerlicher Aneignung, die sich auf einen wahrhaften, magischen Zusammenhang mit dem Besitz gründet, wo Besitzer und Besitz durch ein mystisches Band gegenseitiger Einwirkung miteinander verbunden sind. Er ist der Dichter der eigenen Scholle.

Leidenschaftlichkeit – diese letzte Bemerkung muss sein – mag den Antisemiten auszeichnen, eine Leidenschaft, die das Hirn verbrennt. Dass es andere gibt, habe ich zu zeigen versucht.

JEAN COCTEAU

Und nun muss ich das Unverzeihliche gestehen, das Ärgernis in einer Zeit, die das Glück verachtet: Ich bin glücklich, beginnt Jean Cocteau das Kapitel «Geständnis» in seinem 1953 erschienenen Erinnerungsessay «Démarche d'un poète», das den deutschen Titel «Der Lebensweg eines Dichters» trägt.

Und er fährt fort: *Ich will auch das Geheimnis meines Glücks verraten. Es ist einfach. Ich liebe meine Mitmenschen. Ich liebe zu lieben. Ich hasse den Haß. Ich bemühe mich, zu verstehen und gelten zu lassen.*

Und noch ein wenig später erklärt er, dass jemand wie er einer absonderlichen Spezies angehöre. Er sei ein Pessimist aus Optimismus, weil er bei allem, was ihm geschieht, zu der Überzeugung komme, *dass alles besser ist, als es sich darstellt, aus einem völlig närrischen Verlangen nach Eintracht.*

Auf Cocteau wurde ich aufmerksam durch ein Blatt, auf dem ein Junge abgebildet ist, der, in der rechten Hand einen Schneeball, auf dem Kopf eine Baskenmütze, stürmisch flieht. Hinter ihm, die Hände zum Himmel gereckt, schreit ein anderer Junge – gewiss um Hilfe. Man erzählte mir, dass der Fliehende der Junge Dargelos sei, ein Held aus Cocteaus Roman «Les enfants terribles». Viel später erst las ich diesen Roman. Denn das Buch, das ich mir als erstes kaufte, war eines mit Cocteau-Gedichten und der Autor war Jean Marais. «Histoires de ma Vie» nannte der Schauspieler seine Lebenserinnerungen, die 1975 in Paris erschienen waren und erst 1988 in deutscher Sprache herauskamen als «Spiegel meiner Erinnerung».

Auf diesen Band – aber auch dies erfuhr ich erst sehr viel später – hatten sich die Franzosen, vor allem die Pariser, gestürzt, das Kaufhaus Galerie Lafayette verkaufte es sogar an einem Stand auf dem Trottoir. Erwartet wurde ein Skandal. Doch Marais erzählte mit der allergrößten Offenheit und zugleich sehr diskret über das Glück, das er mit seinem Freund Jean Cocteau gelebt habe. Der Skandal, auf den manche spekuliert, andere gehofft hatten, blieb aus. Marais berichtet, was ihm diese Freundschaft, die 1937 begann, geschenkt und wie diese Liebe sein Leben verändert hatte.

Er sprach von Liebe, plauderte nicht aus der Gosse. Marais nahm damit Cocteau in Schutz gegen seine Kritiker und gegen die Heuchler, die an dessen Leben – vor allem an seiner gelebten Homosexualität – Anstoß nahmen: «Wenn durch ein Wunder alle, die sich ein abfälliges Urteil über ihn erlaubten, die Möglichkeit gehabt hätten, ihn eine Sekunde lang zu sehen, wie er wirklich war, so wären sie vor Scham gestorben.»

Ich war überrascht und berührt, ja gerührt von dieser lebenslangen Liebesgeschichte, von dieser Beziehung, die Ewigkeit wollte und vielleicht – weiß man's – Ewigkeit erlangte. In einem Brief hat Cocteau diese Ewigkeit beschworen: *Sage Dir unaufhörlich*, schreibt er dem Freund, *dass mein Herz in Deiner Brust schlägt, dass Dein Blut in meinen Adern fließt und dass ich viel weniger allein bin als viele andere, weil wir trotz der Entfernung, die uns trennt, eins sind.*

Cocteau beschwört für seinen *Märchenprinz*, wie er Marais in einem Gedicht nennt, *die wunderbare Gewißheit, dass unsere Herzen dahinziehen und sich wie Wellen ineinander schlingen*. Und er schenkte Marais die schönsten Gedichte, viele davon nachts verfasst, schlaflos im Zimmer neben Marais. Und hatte er sie auf die Papierschnitzel geschrieben, schob er sie unter der Tür hindurch, sodass Marais die Verse am Morgen fand:

Ohne dich ist die Welt Welt
Und das Leid ist Leid.
Ohne dich ist die Erde rund
Und Tier das Tier

Mit dir aber ändert sich alles
Nichts ähnelt irgendetwas anderm.
Ein Soldat ist ein Engel,
Die Nacht leuchtet in der Sonne.

Nobel ist das Hotel von Roye
(Es wird zum Hintergrund für dich)
Ich ziehe als Matrose in den Krieg
Und bin noch jung!

Ein anderes ist ähnlich schön. Darin erzählt er, dass der Freund ein Schatz besonderer Art sei, einer der ihn, den Schwachen, stark mache. Das Gedicht trägt den Titel «Tiens-moi fort»:

La vie est une foire où si ta main me lâche
Je serais un enfant perdu.
Hélas! Hélas! Tu m'as rendu
Le plus courageux, le plus lâche.
Depuis que notre amour est mon unique tâche
Que demandez à nous puisqu' un trésor m'est dû.

Dem Matrosen aus dem ersten zitierten Gedicht sollte ich – als ich mich näher mit dem Werk Cocteaus auseinander setzte – noch öfter begegnen. Wer war dieser Mann, den die einen verspotteten, die anderen vergötterten und der, glaubt man Marais – aber welchem Liebenden kann man schon glauben – so ganz anders gewesen sein muss als die Welt ihn sah?

Er wurde am 5. Juli 1889 geboren, in Maison-Lafitte, Departement Seine-et-Oise, nahe Paris. Als Sohn einer wohlhabenden Familie, sagen die Biografen, *in einer einfachen und reizenden Familie*, schrieb Cocteau in «Der Lebensweg eines Dichters». Der Vater war Amateurmaler, der Großvater – der großen Einfluss auf den Knaben hatte – sammelte Gemälde und Kunstgegenstände und seine Freunde waren Virtuosen, Geigenspieler und Cellisten, mit denen er Quartette zusammenstellte. Zudem waren alle Familienmitglieder leidenschaftliche Opernbesucher. All das zusammen erweckte in dem Jungen eine – wie Cocteau es formuliert – *unbestimmte Liebe zur Malerei, zur Musik und zum Theater.*

Zehn Jahre nach seiner Geburt beging der Vater aus ungeklärten Gründen Selbstmord.

Auf der Schule hat der junge Jean wenig Glück und noch weniger Erfolg. Nachdem er dreimal hintereinander die Reifeprüfung nicht bestanden hat, gibt er 1907 seine Schulausbildung auf. Schon ein Jahr später liest er öffentlich seine Gedichte und fasst Fuß im mondänen und versnobten Pariser Gesellschaftsleben, verkehrt mit Marcel Proust, mit der Lyrikerin Anna de Noailles und dem Komponisten Reynaldo Hahn.

Schon ein Jahr bevor er die Schule aufgeben wird, gibt sich der junge Cocteau siegessicher und entschlossen. Am 13. September 1906 schreibt er der Mutter: *Ma maman chérie – Ich befinde mich in einem Stadium und einem Alter, wo man seine Ideen nicht mehr ändert.* Ein knappes Jahr später, am 16. August 1907, schreibt er der geliebten Mutter einige Zeilen, die er wohl sein ganzes Leben lang nicht bereut haben wird und die so etwas sind wie Cocteaus Lebensphilosophie: Erst einmal macht er der Mutter das größte Kompliment, sie ersetze jeden Freund und sei seine beste Freundin, dann sagt er, dass er immer besser werde, und schließlich liefert er der Mutter die Definition für Glück: Jede Minute müsse man auskosten: *Ma maman chérie. Du bist meine beste Freundin … mein bester Freund, und dem Zufall sei Dank, dass alles so gekommen ist, denn sehr wohl kenne ich Mütter, die für ihre Söhne zu hart sind … und die aus diesem Grund deren Vertrauen nicht mehr haben. Wenn ich nachdenke, werde ich besser. Siehst Du, Maman, das Glück besteht doch darin: ‹Jede Minute bis auf den letzten Tropfen auskosten.› Und jetzt einen Kuss mit ganzem Herzen. Dein alter Jean.*

Zurück zum frühreifen Jean. 1909 erscheint seine erste Buchveröffentlichung, ein Gedichtband mit dem Titel «La lampe d'Aladin». Im selben Jahr wird er Mitbegründer der luxuriösen Literaturzeitschrift «Schéhérazade» . Und er lernt in irgendeinem Pariser Salon den Leiter des Russischen Balletts Serge Diaghilew kennen.

Welch ein Glück diese Bekanntschaft sein würde, ahnte er damals gewiss nicht. Das es eines war, erweist sich bereits 1911 – er zeichnet für das Russische Ballett.

Jean Cocteau – so scheint es, beschäftigt man sich mit seiner Vita genauer – hatte viel Glück. Zum rechten Zeitpunkt trifft er immer auf die richtigen Menschen: 1911 begegnet er dem Komponisten Igor Strawinsky, dessen «Le Sacre du printemps» 1913 uraufgeführt wird. Diese Komposition beeindruckte Cocteau so sehr, dass er sich noch im selben Jahr von allem, was er bisher geschaffen hatte, distanzierte. Seine ganze literarische Produktion betrachtet er jetzt als oberflächlich und gefällig. *‹Le Sacre du printemps› rief eine völlige Umwälzung in mir hervor. Strawinsky, bei dem ich schon 1913 in Leysin gelebt hatte, war der erste, mich jenes Beleidigen der Gewohnheiten zu lehren, ohne welche Kunst stagniert und zu einem bloßen Spiel entartet.*

1913 erscheint sein erstes Prosawerk: «Le Potomak», das von nun an die Liste seiner Arbeiten anführt. Im Ersten Weltkrieg wird er vom Kriegsdienst zurückgestellt und dient – allerdings bloß bis 1916 – als freiwilliger Ambulanzhelfer. Nachdem er sich endgültig hat ausmustern lassen, arbeitete er zusammen mit Erik Satie und Pablo Picasso an dem Ballett «Parade».

Über diese Zeit schreibt Cocteau in dem «Lebensweg eines Dichters», dass ihm *nach einer ziemlich langen Periode, worin der Erfolg mich verblendete (von 1910 bis 1916), mehrere große Begegnungen zuteil* geworden seien, die ihm die Augen geöffnet hätten. *Ich wurde gewissermaßen erst mit zwanzig Jahren geboren, in jenem Alter, in dem Raymond Radiguet sterben sollte, nachdem er seinen Fuß niemals auf einen Abweg gesetzt und uns mit fünfzehn die Pfade gezeigt hatte, denen es zu folgen galt.*

Wer ist Raymond Radiguet? Ein Junge, der 1919, als er dem damals 30-jährigen Cocteau begegnete, gerade 16 Jahre jung war. Radiguet war gewiss nicht Cocteaus erster Freund, aber gewiss, der erste, der ihm sehr nahe war. Auch in der Arbeit. Mit Radiguet gründete er die Zeitschrift «Le Coq». Mit ihm reist er 1922 für Monate nach Le Lavandou und Pramousquier an der Côte d'Azur. 1923 stirbt Radiguet an Typhus.

Das Jahr vor dieser schmerzhaften Trennung war für Cocteau ein besonders produktives: An der Côte d'Azur schrieb er «Le Grand Ecart», «Die große Kluft»; «Thomas L'imposteur», «Thomas der Schwindler»; den Gedichtband «Vocabulaire» und den Essay «Le Secret professionnel», «Das Berufsgeheimnis».

«Thomas der Schwindler» ist wahrscheinlich neben «Les enfants terribles», den «Kindern der Nacht», das in Deutschland bekannteste Cocteau-Werk. Und jener Junge, der Schwindler nämlich, und der Schneeballwerfer Dargelos aus den «Kindern der Nacht» – ähneln einander sehr: in den Zeichnungen Cocteaus und in seinen Beschreibungen. Guillaume Thomas von Fontenoy, der *weder der Neffe des Generals de Fontenoy, noch überhaupt mit ihm verwandt* war, sondern *nur in einem Örtchen namens Fontenoy, unweit von Auxerre geboren* wurde und sich durch diesen Namensschwindel einen Aufstieg ermöglichte, er wird von Cocteau bei seinem ersten Auftritt folgendermaßen beschrieben: *Er sah so jung aus, dass er in seiner Uniform wie ein Kadett wirkte. Was aber seine Jugend unglaubwürdig machte, war eine schmale Unteroffizierslitze auf dem Ärmel seines knappen Militärrocks. Sein hübsches Gesicht, von einer animalischen Frische, war eine bessere Empfehlung als jeder Ausweis.*

Die Lüge, der Selbstbetrug, der Schwindel ist in Cocteaus Werk oft zu finden. Sie ist *eine Art Vorzimmer zu künftigen Abenteuern*. Und es macht dem Dichter die größten Freuden, Lügen zu erfinden und Lügen zu enthüllen. Verkleidungen, die Verwendung von Schmuckstücken zum Beispiel oder teure Kleider und Anzüge, sind, Cocteau weiß es, ebenfalls Möglichkeiten zu schwindeln, sich eine Existenz anzuziehen. Kleider machen Leute. Doch bei manchen fliegt der Schwindel früh auf, bei anderen nie, und wieder andere, ganz arme Wichte, sind die ehrlichsten Naturen der Welt – und doch werden sie für Blender, für billige Trickser gehalten: *Es gibt Leute, die alles besitzen, und niemand glaubt es ihnen: Reiche, die so arm, Adlige, die so gewöhnlich sind, dass der Unglaube, dem sie überall begegnen, sie schließlich einschüchtert und ihr Benehmen etwas Verdächtiges bekommt. An gewissen Frauen werden die schönsten Perlen zu falschen Perlen. Während an anderen die falschen wie echte wirken. Ebenso gibt es Menschen, die ein blindes Vertrauen einflößen und Vorrechte genießen, auf die sie keinen Anspruch besitzen. Guillaume Thomas gehörte zu dieser glücklichen Sorte.*

Cocteaus Thomas ist schön. Und Dargelos, dem der Junge Paul verfallen ist, verführt mit seiner Schönheit und seiner Kraft die Mitschüler und die Lehrer: *Die Vorrechte der Schönheit sind unermesslich: Sie wirkt selbst auf die, welche sie nicht gewahren. Die Lehrer liebten Dargelos.*

Aus «Thomas der Schwindler» hat sich mir ein Satz besonders eingeprägt. Eine Handleserin liest einem Kameraden von Thomas, einem jungen Mann namens Guillaume aus der Hand, um Unterstand während des Ersten Weltkrieges zu erhalten und sie, die Frau, die sich die Linien dieser Hand genau ansieht, bemerkt überrascht: *Sowas! ... Eine solche Hand ist mir noch nicht vorgekommen. Er hat nicht eine Lebenslinie, er hat mehrere.* Guillaume fragt nach seinem Tod oder seinen Toden – und schon kneift die schöne Frau: *Wissen Sie, ich verstehe mich nur so ein bißchen darauf. Ich sehe nur das Ganze. Der Gesamteindruck ihrer Hand ist ausgezeichnet.* Viele Leben – und ein Tod, sofort.

«Les enfants terribles», das Prosawerk, 1929 bei dem berühmten Pariser Verlag Grasset erschienen, gilt mir als das dichteste, das überzeugendste Werk Cocteaus. Hier gelang Cocteau, was er häufiger versuchte, aufs Allerbeste: Avantgarde und Mythologie zu vereinen, um mit diesem seltsamen Zwitter den Zeitgeist zu treffen und zugleich geradezu autobiografisch seine eigene Jugend zu bedenken und seine sexuellen Begierden zu verarbeiten.

Bevor ich genauer auf dieses Werk eingehen werde, noch einmal ein Blick in den autobiografischen Essay «Lebensweg eines Dichters», worin Cocteau eine Verbindung zwischen Kunst und Sexualität herzustellen versucht. Das Kapitel ist «Eine unbekannte Sexualität» überschrieben: *Der Mechanismus, der uns treibt, die Schönheit eines Gemäldes zu empfinden – oder, genauer, die Verbindung von Linien und Formen, die uns zu erschüttern imstande ist –, stellt ein ähnliches Phänomen dar wie jenes, das unsere Vernunft überwältigt, wenn die Sexua-*

lität spricht. Eine Art psychischer Sexualität ruft eine solche Erektion hervor, die der geschlechtlichen Erektion insofern gleicht, als sie unserer Kontrolle entzogen ist und uns unmittelbar beweist, dass gewisse Formen und Farben geeignet sind, eine geheime Stelle in unserem Organismus zu überzeugen. Tritt diese seelische Erektion nicht ein, so entspringt der Genuss, den ein Kunstwerk hervorruft, nur einem intellektuellen Platonismus, dessen Wahl kein Werturteil begründet.

Wenn, wovon Cocteau überzeugt ist, *die Klugheit eine Mumie* ist, dann sind just die Liebesgedichte, das «Weißbuch» und die «Kinder der Nacht» Werke, die, weil sie nicht verschweigen, dass Sexualität sie angestiftet hat, diese geistige Erektion hervorrufen – eine Erregtheit also.

Wer kann sich der erotischen Stimmung entziehen, die von den Zeichnungen und Texten im «Weißbuch» ausgeht, dieser erotischen Autobiografie Cocteaus. Es ist ein Bericht über die Suche und die Entdeckung der männlichen Liebe. Es ist ein kleines skandalöses Buch, das 1928 anonym erschien und zunächst nur unter dem Ladentisch verkauft wurde. 1982 erst – über fünfzig Jahre später – erschien die erste deutschsprachige Ausgabe im Berliner Albino Verlag.

Ich möchte hier auf dieses Buch eingehen, weil das Werk von Cocteau durch diesen frühen Bericht verständlich wird – der Schriftsteller war im Jahr der Erstveröffentlichung immerhin schon 39 Jahre alt.

Zuerst erfahren wir – Cocteau beginnt mit einem Rückblick auf seine Kindheit –, dass er als Knabe erschrocken und ergötzt war beim und vom Anblick nackter Männer. Nachdem er den Knecht nackt auf einem schnaubenden Pferd hat reiten sehen, sei ihm Hören und Sehen vergangen – *mein Gesicht lief tiefrot an. Die Knie wurden mir weich. Das Herz schlug mir, wie einem Mörder, bis in den Hals.* Das zweite Erlebnis: zwei nackte Zigeunerknaben. Das dritte: ein junger Hausangestellter.

Cocteau trat später ins Condorcet-Gymnasium ein, als Tertianer. Und da heißt es dann: *Der Klassenraum roch nach Gas, Kreide und*

Sperma. Dieses Gemisch ekelte mich an. Ich muss zugeben: was in den Augen aller Schüler als Laster galt, stellte für mich keines dar oder genauer gesagt, äffte bloß dürftig eine Ausdrucksform der Liebe nach, die ich aus Instinkt achtete, war ich doch der einzige, dem diese Umstände gegen den Strich gingen […] Aber Condorcet war keine Internatsschule. Diese Praktiken gingen nie in Verliebtheiten über und selten über ein verstohlenes Spiel hinaus.

Einer seiner Mitschüler war Dargelos, der Held aus den «Kindern der Nacht», jener Knabe, der dem Knaben Cocteau wegen seiner *Männerbeine* und seiner *mächtigen Locke* und *den etwas dicken Lippen* auffiel und dem er verfiel. Wohl auch, weil dieser sich bewusst darüber war, mit seiner *weit über sein Alter entwickelten Männlichkeit* auf seine Freunde zu wirken. Cocteau bemerkt aus der Erinnerung: *Er stellte sich schamlos zur Schau und schlug aus dem Theater, das er selbst Schülern außerhalb der Klasse bot, Gewinn, indem er seltene Briefmarken oder Tabak dafür eintauschte.*

Die Nähe von Dargelos machte Jean krank. Aus Jean wird in dem Roman Paul. Beide, der reale wie der fiktive Knabe, versuchen alles, ihrem Idol nahe zu sein. Liebe? Begehren? Sexuelle Gier? *Mein Gefühl blieb im Dunkeln*, heißt es im «Weißbuch». *Es gelang mir nicht, darüber Klarheit zu gewinnen. Mal war ich betrübt, mal hingerissen.*

Wie in den «Kindern der Nacht» gibt es im «Weißbuch» eine Dreierbeziehung. Jean und Alfred – ein Zuhälter mit seinem Mädchen Rose. *Eines Tages trat der Zimmerkellner ein und sah, wie wir uns rechts und links von Rose wälzten. «Das sind sie, Jules», rief sie ihm zu, während sie auf beide wies, «mein Bruder und mein Herzchen! Die sind für mich alles, was ich liebe».*

In dem Roman, in dem ein Junge namens Gérard auf ein Geschwisterpaar trifft, das dem Thomas Mannschen «Wälsungenblut»-Paar Siegmund und Sieglinde ähnelt, heißt es dann: *Gérard konnte nicht ohne Elisabeth sein, die in seinem Herzen unmerklich Pauls Stelle einnahm. Was er an Paul bewunderte, war ja in Wahrheit von jeher vor allem das Haus der Rue Montmartre, waren sie beide, Paul und Elisabeth, gewesen.*

Irgendwann wird Jean erwachsen, treibt es in Bädern und in einem Tanzlokal, wo er auf einen Dargelos-Doppelgänger stößt, dessen *freche und lässige Art* ihn ebenso anzieht wie dessen *Klapp-*

hose, die es den Matrosen früher ermöglichte, sie bis zum Oberschenkel aufzuknöpfen. Was nun folgt, ist 1929 schockierend und gewagt. André Gide verfaßt am 11. Oktober eine Tagebuchnotiz, in der er sich erfreut zeigt, dass einige Obszönitäten charmant erzählt seien. «Das ‹Weißbuch› von Cocteau gelesen, ausgeliehen von Roland Saucier, während ich auf das von Cocteau versprochene Exemplar warte [...] Wie viel vergeblicher Lärm in den Dramen, die er erzählt! In seinem Stil, wieviel Zurichtung. Wie viel gezierte Sorgen in seinen Haltungen! ... wie viel Gekünsteltes! ... Dennoch, gewisse Obszönitäten sind auf charmante Art und Weise erzählt. Was schockiert, und zwar sehr, sind die pseudoreligösen Sophismen.»

Jetzt erzählt Jean Cocteau, wie er, der junge Mann, die ersten sexuellen Erfahrungen macht – schmutzige inbegriffen. Im Matrosenlokal: *Zu einer schmalzigen und schmachtenden Musik tanzten wir Walzer. Die Körper kommen in Schwung, verlöten am Kolben, in schweren Gesichtern senken sich Blicke, geben sich nicht so schnell wie die Füße, die mal tänzeln und mal bleiern wie ein Huf auf der Stelle treten. Die Hände, die frei sind, befinden sich in der hübschen Lage, die es Männern ermöglicht, gleichzeitig das Glas und den Hahn zu halten.*

So klingt das Obszöne im «Weißbuch», aber was ist daran blasphemisch? Jean stößt auf einen jungen Mann, der ohne Badehose ins Meer geht, spricht ihn an und plötzlich war es so weit, *dass wir uns liebten, ohne ein Wort über die Liebe verloren zu haben.* Dieser junge Mann, so lesen wir später, habe an Gott geglaubt: *Die Kirche, so beschied mich dieser liebenswerte Ketzer, verlangt uns eine moralische Metrik ab im Range der Verskunst eines Boileau. Mit einem Bein in der Kirche stehen, die behauptet, unerschütterlich zu sein, und mit dem anderen im modernen Leben, heißt, bewusst ein zerrissenes Leben zu führen. Dem passiven Gehorsam setzte ich den aktiven Gehorsam entgegen. Gott liebt Liebe. Wenn wir uns lieben, beweisen wir Christus, dass wir zwischen den Zeilen lesen können, die der Gesetzgeber mit unerbittlicher Härte vorschreibt. Sich an die Massen zu wenden, verbietet, das Gewöhnliche mit dem Ungewöhnlichen zu vermischen. Er mokierte sich über meine Gewissensbisse und hielt sie für eine Schwäche. Meine Vorbehalte schlug er in den Wind. «Ich liebe Sie», sagte er wiederholt, «und ich beglückwünsche mich – was für ein Glück, Sie zu lieben.»*

Als Jean ganz einsam ist, verlassen, ohne Freund, ohne Geliebten und ernsthaft darüber nachdenkt, ob er nicht in eine Ehe flüchten sollte, die naturgemäß keine Liebesehe wäre, da sieht er selbst im Glauben keine Rettung: *In meiner grässlichen Einsamkeit kam es mir nicht in den Sinn, mich der Kirche wieder anzunähern; es wäre zu billig gewesen, die Hostie als Heilsmittel und das Abendmahl als folgenlose Stärkung einzunehmen. Es geht nicht, sich einfach jedesmal an den Himmel zu wenden, wenn wir, was uns auf der Erde verzauberte, verlieren.*

Das Buch endet mit einem wunderbaren Absatz, der alles, was in Cocteaus Œuvre folgen wird, bereits ankündigt. Danach nämlich findet man in der Deutschen Ausgabe von 1982 zarte, erotische, bei aller Klarheit nie obszönen Illustrationen, die Cocteau im Frühjahr 1930 auf Bitte eines Verlegers zeichnete.

Die letzten Sätze, leidenschaftlich formuliert, können jemanden, der lieben will und frei sein möchte, sich sein Geschick zu wählen, nicht kalt lassen. Bei mir erregte Cocteau damit den Geist und die Phantasie. Es ist ein selbstbewusster Appell und eine Liebeserklärung an die Liebe: *Das Laster liegt bei der Gesellschaft und nicht in meinem aufrechten Gang. Ich ziehe mich zurück. Dank des Strafgesetzbuches, das seit Napoleon und dem Lebenswandel des Chefs seiner Justiz, Cambacérès, noch immer gilt, bringt mich dieses Laster in Frankreich nicht ins Gefängnis. Aber ich dulde nicht, dass man mich toleriert. Dafür bin ich zu verliebt in die Liebe und in die Freiheit.*

Wie verliebt er war in die Liebe – und wie selbstverständlich ihm seine Homosexualität erschien, weshalb er für sie so wenig Toleranz in Anspruch zu nehmen glaubt wie Heterosexuelle für ihr Begehren, beweisen alle Werke. Vor allen aber die Gedichte für Jean Marais, den Geliebten, den Freund, den Lebensgefährten, den Mann. Eines meiner liebsten trägt den Titel «Lass uns mehr noch lieben»:

Lass uns mehr noch lieben,
Die Mühe der Liebe macht schön
Unter deiner Sonne habe ich kein Alter mehr,

Selbst am Rande deines Schattens ist das Grab nicht mehr.
Wir liebten uns ohne Aufruhr,
Unsere Liebe spiegelte sich im Wasser,
Schließen wir uns in diesem Käfig ein,
Wo der Spiegel einen einsamen Vogel leben lässt.

Fliehn wir das Leid, fliehn wir die Stadt,
Verriegeln wir uns zu zweit
Und gedenken der Insel,
Wo der Schweiß des Bluts zusammen uns die lockigen Lilien klebte

Für dich will ich schreiben und leben,
Will meinen Morgen länger machen.
Er soll durch Buch und Bühne
Die Zukunft unserm Kindertraum erfahren.

Was Jean Cocteau sich als Kind erträumte, was er 1929 in dem im selben Jahr wie das «Weißbuch» erschienenen Roman «Kinder der Nacht» als Wunsch anderer versteckte, veröffentlichte er bis ans Ende seines Lebens: den Appell, der Liebe eine Zukunft zu geben.

Der Roman, ein Psychodrama und eine völlig verrückte Geschichte. Die Geschichte eben nicht von Dargelos, sondern von dem Geschwisterpaar Paul und Elisabeth, die sich so ähnlich sehen wie Thomas Manns Geschöpfe: *Man sah sofort die Ähnlichkeit mit Paul; sie hatten die gleichen blauen Augen unter dichten schwarzen Wimpern, die gleichen blassen Wangen*. Und sie bewohnen – wohl seit Ewigkeiten schon – gemeinsam ein Zimmer, das nie aufgeräumt wird. Oder ist es doch ein ganzes Haus, von dem sie nur einen Raum nutzen? Die Unordnung, so erklärt Cocteau, hatten die beiden ebenso wie *die Eleganz* und *die wilden Launen* vom Vater geerbt; die *bleiche Maske* hingegen von der Mutter. Der gemeinsam geteilte Ort ist vor allem das Reich von Elisabeth. Sie, älter als der Bruder, sieht sich selbst als Hüterin dieses Tempels, in den nur eingelassen wird, der an ihr vorbeikommt – eben nur zwei andere Freunde: Gérard und Agathe. Gérard liebt eigentlich Paul, überträgt dieses Begehren nun aber auf Elisabeth. Agathe liebt eigentlich Elisabeth – und wählt dann doch Paul, wissend, dass ihr Elisabeth keine Zuneigung entgegenbringen können wird. *Der Mechanismus, der Gérard von Paul zu Elisabeth geführt hatte, führte Agathe von Elisabeth zu Paul.* Während Paul aber die Zuneigung erwiderte, gar *eine gewisse Erregung* spürte, sobald Agathe anwesend war und unbewusst *die wirre Traumlast, die er über Dargelos angehäuft hatte, auf Agathe übertragen* hatte können, ahnt Gérard schon zu Beginn, was er bald darauf bestätigt findet: Niemand wird Elisabeth, dieses böse geniale Kind, das alle in ihr Reich zwingt und dominiert, je gewinnen. Weshalb, folgerichtig, Elisabeths Verlobter, ein reicher junger Mann, der nie zugelassen und vorgelassen wurde in den Mythenraum der vier, bereits einen Tag nach der Hochzeit stirbt. Die vier ziehen in das luxuriöse Palais des Verstorbenen. Und ihr Leben geht weiter wie zuvor, Elisabeths Reich soll hier – größer zwar – dennoch weiterhin den vieren ein selbst gewähltes Gefängnis sein. Es bleibt wie gewohnt: *Elisabeth und Paul, die für die Kindheit geschaffen waren, fuhren fort zu leben, als lägen sie in einer Zwillingswiege. Gérard liebte Elisabeth. Elisabeth und Paul vergötterten und zerfleischten einander.*

Und was ist aus Dargelos geworden, jenem starken Jungen, Pauls Idol, der ihn einst mit einem Schneeball niedergestreckt hatte? Er verwandelt sich für Paul *in ein schüchternes junges Mädchen.* Zuerst. Doch er kehrt zurück. Nicht zu Paul. Gérard trifft ihn, und Dargelos fragt diesen, ob er noch immer *mit ‹Schneeball› verkehre.* Als Gérard ihm erklärt, dass er Paul häufig sehe, macht Dargelos Paul ein Geschenk, das Gérard diesem mitbringt: *eine etwa faustgroße, dunkelfarbene Kugel, die mit einem jener chinesischen Papiere überzogen war, die sich wie Watte abzupfen lassen.*

Die vier in ihrem Verlies fragen sich nun, ob diese seltsame nach Zwiebel und Geraniumsessenz riechende Kugel wohl Gift sei oder Rauschgift. Die Kugel ist eine tödliche Droge – Paul stirbt. Auf dem Sterbebett gesteht er Agathe seine Liebe, doch durch eine Intrige kettet Elisabeth den Bruder, den sie für sich behalten und keinesfalls verlieren will, ganz an sich: Spielt nochmals mit ihm ihre Spiele, inzestuöse Séancen – und tötet sich selbst durch einen Revolverschuss. Doch nicht schlicht. Sie, die alles inszenierte, sie, die dunkle Zauberin, kündet noch einmal – und mit ihr Cocteau – vom Genie der Kindheit, von der kindlichen Lust am Verstellen und an hemmungsloser Realitätsflucht.

«Kinder der Nacht» – das Leben ein böser Traum, ein Liebestraum, ein Traum vom Siegen und ein Alptraum vom Verlust: *Wie eine Liebende, die ihre Lust hinauszögert, um die des andern zu erwarten, so wartete Elisabeth, den Finger am Abzug, die Todeszuckung ihres Bruders ab, schrie ihm zu, ihr zu folgen, rief ihn bei seinem Namen, lauerte auf den Augenblick der Verzückung, da sie im Tode einander angehören würden.*

Nicht allein für mich ist dieser frühe Roman bereits der Höhepunkt in Cocteaus Prosa- und Dramenwerk. Eines, das realistisch ist in der Erzählhaltung, inhaltlich surrealistisch oder um ein Wort zu benutzen, das nicht als ästhetische Kategorie missverstanden werden kann: irreal. Niemand, der auch nur oberflächlich Cocteaus Leben kennt, kann übersehen, dass in «Kinder der Nacht» die eigene Kindheit erinnert, beschworen und schmerzlich verarbeitet wird. Niemand kann sich täuschen – oder wird gar von dem Autor getäuscht: In diesem Roman wird der Versuch unternommen, einen paradiesischen Zustand wieder herzustellen. Eine Kindheit zu erinnern und zu beschwören, in der das Kinderzimmer ein Tempel war, in welchem es eine Tempeljungfrau gab, eine Tempelzofe und zwei den Jungfrauen ergebene Tempeldiener; eine Kindheit, in der sexuelle Wirrnis und egozentrisches Begehren keine Vergehen darstellen mussten. Die wichtigste Passage in «Kinder der Nacht» ist – genau aus diesen Gründen – eine Bemerkung über das Verhalten des Geschwisterpaares, das ungleich stärker ist als das andere, als Agathe und Gérard: *Sie kümmerten sich nicht darum, welche unmittelbaren oder mittelbaren Folgen ihre Handlungen haben konnten, prüften sich selbst ebenso wenig, wie ein dramatisches Meisterwerk sich über den Verlauf einer Intrige oder die herannahende Auflösung beunruhigt.*

Wer diesen Passus kennt, wundert sich nicht über einen anderen Satz aus dem autobiografischen Prosatext «Die Farben der Erinnerung»: *Ich möchte gerne von Menschen gelesen werden, die, komme, was wolle, stets Kinder bleiben. Ich erkenne sie unter Tausenden. Ein Blick, dem sich die ursprüngliche Zauberwelt auftut, bewahrt besser vor dem Schimpf des Alters als alle Kuren und Schönheitsmittel.*

Ein wunderbarer Rat für jene, die das Alter fürchten: Kind bleiben! Übrigens ist es erstaunlich, dass Cocteau glaubt, die alten Kinder ebenso rasch und unfehlbar in einer Masse von Menschen auszumachen wie die Päderasten. Und doch wiederum nicht: Man erkenne seinesgleichen, schreibt Cocteau. Das Kind erkennt das Kind, der Päderast – und diese Bezeichnung steht hier gewiss für den Homosexuellen – den Päderasten. So heißt es im «Weißbuch»: *Ein Päderast erkennt den Päderasten wie ein Jude den Juden. Er spürt ihn noch unter der Maske und ich traue mir zu, ihn zwischen den Zeilen der unschuldigsten Bücher aufzuspüren. Diese Leidenschaft ist weniger simpel als die Moralisten es vermuten. Denn wie es päderastische Frauen gibt, die dem Anschein nach lesbisch sind, aber auf Männerfang aus sind wie Männer, gibt es Päderasten, die ahnungslos bis an ihr Lebensende sich im Unbehagen einrichten, das sie aus einer angegriffenen Gesundheit oder einem düsteren Charakter ableiten.*

Und nach einem weiterem Absatz fügt Cocteau hinzu – er schreibt anonym, was ihn und auch das Ansehen des Vaters schützt, der sich, ich habe es erwähnt, das Leben nahm, als Jean zehn Jahre jung gewesen war: *Ich war stets der Meinung, dass mein Vater in diesem springenden Punkt mir näher stand, als ihm lieb war.*

Seit Radiguets Tod 1923 erfreute Cocteau das Opium, *das uns verrät, dass Chinas Höflichkeit und Chinas Foltern nicht weit sind.* Cocteau suchte im Rausch Vergessen. Denn er war einsam und die Kirche – der katholische Religionsphilosoph Jacques Maritain versuchte, ihm wieder in der Religion, im Glauben Halt zu geben – die Kirche konnte ihn nicht trösten. Wir wissen es aus dem «Weißbuch». 1925 macht Cocteau die erste Entziehungskur, ein Jahr später sagt er sich in der «Lettre à Jacques Maritain» öffentlich vom Katholizismus los.

1927 befreundet er sich mit dem jungen Schriftsteller Jean Desbordes, von dem er sich bereits 1933 trennt. Seit Mitte der zwanziger Jahre kennt Cocteau auch Klaus Mann, der immer wieder in seinen Tagebüchern den französischen Kollegen erwähnt – auch in Zusammenhang mit Drogen. Die früheste Mannsche Eintragung finden wir am 22.10.1931: «Abends Wolfgang bei mir (Morphium + Jean Cocteau – Klatsch gesprochen.)» Diese Eintragung schrieb Klaus Mann ein Jahr nach der Uraufführung seines Dramas «Geschwister», das auf Cocteaus Buch «Les enfants terribles» beruht.

Nach seiner Emigration traf Mann in Paris diejenigen Dichter, die er bewunderte: André Gide, Julien Green und Jean Cocteau. Während er, Mann, ihnen Aufsätze und Tagebuchnotizen widmet, erwähnen die Franzosen ihn entweder gar nicht, wie Gide, eher beiläufig und kurz wie Green oder gar beleidigend wie Cocteau, der in seinen Aufzeichnungen «Vollendete Vergangenheit» Mann charakterisiert als eine Existenz «ohne Richtung und Ziel».

Die sechs Jahre, die Cocteau mit Jean Debordes gelebt hatte, waren sehr erfolgreiche und sehr schwierige. Es gelang ihm, «Das Weißbuch» zu publizieren und die «Œuvres poétiques», «Das weltliche Geheimnis» sowie «Opium. Tagebuch einer Entziehungskur», «Les enfants terribles» und, neben anderen Texten, auch noch «La Machine infernale», «Die Höllenmaschine» – 1930 wurde zudem der Monolog «La Voix humaine» uraufgeführt. Der deutsche Titel, «Die geliebte Stimme», gefällt mir nicht sonderlich. Und ich weiß nicht, was den Übersetzer Hans Feist bewogen haben mag, das Adjektiv «menschlich» durch «geliebt» zu ersetzen. Das Stück ist ein großes Solo für eine Schauspielerin und Cocteaus meist gespieltes Theaterwerk. In Roberto Rossellinis Verfilmung hat Anna Magnani diese Rolle gespielt; in Deutschland war Hildegard Knef auf der Bühne damit zu sehen.

Das Thema dieses Stücks ist Cocteaus Lebensthema: Die Unmöglichkeit von Liebe, der Verlust. Bei der Generalprobe in der Comédie-Française – wahrscheinlich am 16. Februar 1930, denn die Uraufführung fand am 17. statt – kam es zu einem Eklat. Paul Eluard, Surrealist und berühmter Lyriker, unterbrach die öffentliche Vorführung. Wütend schrie er: «Das ist obszön! Hören Sie auf! Sie telefonieren mit Desbordes!»

Den Surrealisten missfiel Cocteaus offen zur Schau getragene Homosexualität; und das (oft wohl schwierige) Verhältnis von Desbordes und Cocteau war in der Pariser Literaturszene ein offenes Geheimnis.

Dass ausgerechnet Paul Eluard sich benahm wie er sich benahm, verdrießt mich, denn sein Gedicht «Die Liebende» zählt zu meinen Lieblingstexten, weshalb es hier zitiert werden soll:

«Die Liebende

Aufrecht steht sie auf meinen Lidern
Und ihr Haar ist in meinem Haar.
Sie hat die Form meiner Hände,
Sie hat die Farbe meiner Augen,
Sie verzehrt sich in meinem Schatten
Wie ein Stein im Himmel
Immer hat sie die Augen offen
Und läßt mich nicht schlafen.
Ihre Träume im hellen Licht
Lassen die Sonnen verdunsten,
Machen mich lachen, weinen und lachen,
Sprechen, ohne dass ich etwas zu sagen weiß.»

Die Premiere von «La voix humaine» fand statt und wurde ein Erfolg. Dieser Text ist das einzige Stück Cocteaus, das ich leidenschaftlich mag. Und ich schätze das frühe Drama «Die Hochzeit auf dem Eiffelturm», Cocteaus erster Text für das Theater, 1921 uraufgeführt. Aber ich bin kein Freund seiner «Antigone» und seiner Ödipus-Bearbeitung, die den Titel «La Machine infernale» trägt und 1934 uraufgeführt wurde. Selbst seinen Orpheus, den umjubelten «Orphée» von 1926, mag ich nicht sonderlich. Die mythische und mythelnde Selbststilisierung des Dichters, diese Orpheus-Christus-Cocteau-Trinität, diese Mischung aus Scherz, Satire, Ernst und Eitelkeit misshagt mir. Und dass der Dichter darin ein einsamer Priester ist, der aus (Liebes-)Leid Kunst gestaltet, gefällt mir gleichfalls nicht sonderlich. Mich ärgert nicht, dass dieses Stück als frauenfeindlich interpretiert werden kann – Frauen hindern den genialen Dichter an seiner Arbeit. Es ist mir auch egal, ob es gar als ein Homosexuellenstück gedeutet werden kann, wie manche Interpreten glauben, weil Cocteaus schwule Verehrer nach diesem Stück gar nicht mehr von ihm lassen wollten und ihn als «Dichterfürsten der Homosexualität» priesen. Cocteau selber leistete dieser Interpretation übrigens später noch Vorschub mit seinem Essay «Barbette».

Van der Clyde, genannt Barbette, *ist ein junger Amerikaner von 24 Jahren*, beginnt Cocteau seinen Aufsatz *er sieht ein wenig bucklig aus wie die Vögel.* Barbette ist Artist und Transvestit: *Die Garderobiere zieht ihm das Kleid über, kräuselt die Federn, hakt das Oberteil zu (ein Büstenhalter aus Tüll, der nicht einmal das Fehlen der Brüste verbirgt), und das Gefolge von Garderobiere, Besuchern und Showgirls bewegt sich zur Treppe, wo sich Barbette, wieder zu einem verkleideten Jungen geworden, eine Scherz macht und in seine Röcke gehüllt rittlings das Geländer hinabrutschen möchte […] Der Grund für Barbettes Erfolg liegt darin, dass er sich an den Instinkt mehrerer Arten von Publikum zugleich richtet und in dunkler Weise gegensätzliche Stimmen auf sich vereinigt. Denn er gefällt denen, die in ihm die Frau sehen, denen, die in ihm den Mann erraten, als auch jenen, deren Seele sich von dem übernatürlichen Geschlecht der Schönheit ergriffen fühlen.*

Der Barbette-Aufsatz, der Text über den Trapezkünstler in einer Transvestiten-Show, erschienen 1926 in der Juli-Ausgabe der «Nouvelle Revue Française», macht auch deutlich, dass Kunst für Cocteau neben der Zauberei, die er erstrebt, vor allem und fundamental die Inszenierung von Schwindel ist. Der Schwindler weiß dabei sehr genau, was er tut. Es gibt also einen Mechanismus der Verzauberung, ein handwerkliches Schwindeln. Und dieses beherrschte Cocteau. Und ihn faszinierte das Thema und die Erscheinung des Transvestiten wie die Erzählung «Das Phantom von

Marseille» zeigt, in der der Ich-Erzähler dem erotischen Reiz eines Transvestiten erliegt.

So ein Wesen wie Barbette ist Cocteaus Orpheus. Viel besser als das Theaterstück gefällt mir der Film, 1949 gedreht und 1950 in Venedig mit dem internationalen Kritikerpreis ausgezeichnet. Aus dem Pferd, das die Botschaften aus dem Jenseits transportiert, wird im Film ein Autoradio in einem Rolls Royce. Und es gibt eine Liebe zwischen Orpheus und einer schönen Prinzessin. Das Fräulein Tod, La Princesse La Mort, erwidert diese Leidenschaft. Der Film ist das richtige Medium für diesen Zauberstoff, er macht darin das Süßliche erträglich, nimmt dem Schwülstigen das Klebrige und dem Narzisstischen das Übereitle. Wahrscheinlich aber mag ich den Film besonders wegen Jean Marais – den Orpheus – und Maria Casarès, die die Prinzessin spielte, welche – so formulierte Cocteau in der Vorbemerkung des Drehbuches –nicht den Tod symbolisiere: *Sie ist genauso wenig der Tod wie eine Stewardeß ein Engel ist [...] Sie ist einer der zahllosen Funktionäre des Todes. Jeder von uns hat seinen eigenen Tod, der uns von Geburt an überwacht.*

Ich werde Marais nicht vergessen, wie er auf seinem Spiegelbild liegt und man allmählich nicht nur den Kopf in Großaufnahme sieht, mit geschlossenen Augen, sondern die ganze Gestalt. Orphée liegt am Rand einer Pfütze.

Und weil ich gerade dabei bin: Der Film «La Belle et la Bête», für den Cocteau das Drehbuch geschrieben hatte nach einem Märchen von Madame Leprince de Beaumont, gefällt mir ausschließlich wegen Jean Marais: das Tier und der Prinz. Und ich mag ihn, weil Cocteau, damals 57 Jahre alt, – der Film kam 1946 heraus –, immer noch ein Kind ist und sich das Kindliche von den Zuschauern wünscht. Cocteau schrieb den Vorspann zu diesem Film: *Kinder glauben, was man ihnen erzählt, und ziehen es nicht in Zweifel. Sie glauben, dass eine Rose, die man pflückt, Unglück über eine Familie bringen kann. Sie glauben, dass einem Untier, wenn es tötet, die Hände zu rauchen anfangen und dass das Tier sich dessen schämt, wenn ein junges Mädchen in seinem Haus wohnt. Sie glauben noch viele andere einfältige Dinge. Eine Spur dieser Einfalt erbitte ich jetzt auch von Ihnen, und um uns alle zu beglücken, lassen*

Sie mich drei Zauberworte sagen, das wahre ‹Sesam öffne dich› der Kindheit: ES WAR EINMAL …

Viele der Stücke Cocteaus gefallen mir nicht, weil sie geschmäcklerisch sind und / oder eine seltsame Verbindung eingehen, sie sind häufig lustig-vulgär oder aber ernst-seicht. Auch «Die Ritter von der Tafelrunde», 1937 uraufgeführt und von Cocteau als eine Parabel der Entziehungskur erklärt, ist, so denke ich, von den Theatern zu Recht vergessen worden.

«Les Parents terribles» steht indes zuweilen noch auf französischen und als «Die schrecklichen Eltern» auch auf deutschen Spielplänen. Es wurde 1938 uraufgeführt und für kurze Zeit als sittenwidrig von der Bühne verbannt, feierte aber rasch danach Triumphe auf den Bühnen der Boulevardtheater. Es ist ein albernes Stück: Zuerst geht es darum, dass eine Mutter ihren Sohn ein bisschen zu sehr liebt, also mit durchaus erotischer Lust an ihm hängt, dann darum, dass diese Mama es nicht mag, wenn der Sohnematz sich eine andere Frau nimmt – weshalb sie sich umbringt. Und schließlich stellt sich heraus, dass der Vater, inzwischen also Witwer, dieselbe Geliebte hat wie der Sohn – ein Mädchen aus dem Arbeitermilieu, das patent Ordnung bringen will in das Tohuwabohu dieser bürgerlichen Familie. Also: The game the whole family can play. Meine Leidenschaft ist das nicht.

Und nicht «Les monstres sacrés» von 1940, in dem ein Schauspielerehepaar im Leben Theater spielt; nicht «La machine à écrire» von 1941 und schon gar nicht das in Alexandriner gezwängte Versdrama «Renaud et Armide», ein Tristan-und-Isolde-Verschnitt, im selben Jahr entstanden und 1943 uraufgeführt. Auch «Bacchus», 1951 zum ersten Mal gezeigt, kann ich nichts abgewinnen – ein Stück über den Glauben, den katholischen und den protestantischen Glauben, und über die Liebe. Cocteau geht der Frage nach, ob nicht die Religion der Liebe die einzig wahrhaftige sei. Und das Ganze spielt in einer deutschen Kleinstadt des 16. Jahrhunderts.

Das bedeutendste Stück Cocteaus heißt «L'Aigle à deux têtes» – in der deutschen Übersetzung «Der Doppeladler», 1946 uraufgeführt, 1947 vom Autor verfilmt. Es ist ein Melodram. Alles ist drin in dieser Mixtur: eine schöne Königin und ihr Mörder, böse Buben und irgendwie auch Ludwig II. von Bayern, dem Cocteau schon in dem Gedichtzyklus «Allégories» von 1941 ein Gedicht gewidmet hatte. «Bildnis Ludwig II. von Bayern in ganzer Figur».

Auch zu diesem Drama hat Cocteau, der sich gern vorweg erklärte, eine Vorbemerkung geschrieben: *Man kennt den erstaunlichen Tod Ludwigs II. von Bayern, das Rätsel das er aufgibt, und die zahllosen Kommentare, die es zu lösen versuchen. Beim Studium einiger dieser Schriften fiel mir auf, dass es interessant und den Forderungen der hohen Kunst des Theaters zuträglich wäre, einen ähnlichen geschichtlichen Vorfall zu ersinnen und danach ein Stück zu schreiben, in dem dieses Geheimnis enthüllt werden sollte.*

Gewiss interessierte sich Cocteau nicht zuletzt deshalb für den Bayernkönig, weil dieser homosexuell war. Gleichviel. Das Stück ist vergessen, das Gedicht auch. Und verraten werden soll hier nur, dass am Ende zwei Liebende, die Königin und ein junger Mann namens Stanislaw, auf sehr merkwürdige und mindestens so merkwürdig tragische Weise sterben. Er stößt ihr ein Messer *zwischen die Schulter* und wird daraufhin von einem *Gift niedergeschmettert. – Die Königin bricht zusammen, wobei sie einen der Vorhänge mitreißt. Stanislaw fällt rücklings nieder, rollt die Stufen herab und stirbt unten, durch die ganze Höhe der Treppe von der Königin getrennt. Die Königshymne klingt fort. Vorhang.*

Gerade das dramatische Werk schätze ich nicht – mit Ausnahme der «Voix humaine». Es orakelt zwar auch hier wie bei «Orphée» und den meisten anderen Stücken; und auch hier gibt es einen spektakulären Abgang – die Frau erdrosselt sich am Ende mit der Telefonschnur – ; und auch auf einen antikisch hohen Ton möchte Cocteau gleichfalls nicht verzichten: Dennoch, mir gefällt dieser Monolog, weil er nicht schwül, nicht kitschig ist. Nicht einmal am Ende. Das Telefonkabel um den Hals, steht sie auf und geht auf ein Bett zu, immer den Apparat in der Hand: *Also dann … dann … Eben wollte ich schon ganz in Gedanken ‹Auf Wiedersehen› sagen*

... Nein, ich zweifle daran ... Man kann nie wissen ... Ach Gott ... Es ist besser so.... viel besser ... Sie legt sich aufs Bett und drückt den Apparat in ihre Arme ... *Mein Liebling ... mein schöner Liebling ... Ich bin tapfer. Jetzt mach schnell! Jetzt darfst du trennen! Trenne rasch! Trenne! Ich habe dich lieb! Ich habe dich lieb! Ich habe dich lieb! ... habe dich lieb! ... habe dich lieb!* Der Hörer fällt zu Boden. Vorhang.

Cocteau nahm sich nicht das Leben. Am 11. Oktober starb er in seinem Haus in Milly-la-Forêt, das er 1947 zusammen mit Jean Marais erworben hatte.

Marais war, das scheint gewiss, der wichtigste Mensch im Leben von Jean Cocteau. Er lernte ihn 1937 kennen, vier Jahre nach der Trennung von Jean Desbordes und sieben Jahre vor dem Tod dieses Freundes, der, bezichtigt einer Untergrundgruppe anzugehören, 1944 von der Gestapo zu Tode gefoltert wurde.

Der erste Brief, der in der Sammlung der Korrespondenz des Paares erscheint, sind Cocteaus wenige Zeilen im Dezember 1938: *Mon Jeannot. Es ist Weihnachten, das wundervollste Weihnachten meines ganzen Lebens. In meinen Schuhen finde ich dein Herz, deinen Körper, deine Seele, Lebensfreude und die Lust an der gemeinsamen Arbeit [...] Mein Jeannot, niemals werde ich es oft genug gesagt haben: Dank, Dank für dein Schöpfergenie, Dank für unsere Liebe – Ton Jean*

Einer seiner letzten Briefe, datiert auf den 5. März 1963, beginnt mit der Anrede *Mon Jeannot chéri* – und endet, nachdem er berichtet hat, dass am Theater Sarah-Bernhardt seine «Parents terribles» wieder aufgenommen werden sollen, mit den Worten: *Wer kann behaupten, Deinen Sonnenschein imitieren zu können? Ich umarme Dich, Jean.* Die beiden letzten Briefe sind unterzeichnet mit *Ton pauvre Jean* und *Ton Jean.*

Diese Liebe, die keine einfache war, fasziniert mich, weil sie – obwohl vor der Öffentlichkeit nicht geheim gehalten, nicht versteckt, so diskret war. So nobel.

1939: *Mein Jeannot, ich liebe dich, [...] Ich danke dir für all das Glück, das du mir schenkst und von dem du dich trennst. Du bist mein Engel.*

Ohne dich würde ich den Kopf verlieren inmitten dieser vielen Theater- und Filmgeschichten. Ich hätte alles dafür gegeben, damit du dich in mich verliebst. Aber da der Himmel es nicht so wollte, bewahre mir einen verborgenen Platz in deinem Herzen und in den Empfindungen deines Herzens. Aime-moi.

So recht findet man trotz der veröffentlichten Korrespondenz, trotz der publizierten Liebesgedichte, die Cocteau seinem Freund schrieb, nicht heraus, wie diese beiden ihre Liebe, ihre Freundschaft lebten und ob sie wirklich die zwei Leben zu einem einten und das eine gemeinsam lebten. Sicher ist allein, dass Cocteaus Liebe größer war als die von Jean Marais. Und dass Cocteaus Begehren so groß war wie seine Sorge, dass diesem Mann, den er in manchen Briefen *Engel* nennt oder *Sohn*, nichts zustoßen möge.

Am 31. August 1951 notiert Cocteau in sein Tagebuch: *Vermögen. Jeannot, der ein Vermögen verdient, hat keinen Pfennig mehr. Das Finanzamt ist ihm auf den Fersen. Ich überlege, ihm seine Anteile an Milly abzukaufen, damit er seine Steuerschulden bezahlen könnte, und Milly bliebe ihm, denn was mein ist, ist auch sein, mehr noch, als wenn ihm ein Teil davon direkt gehörte.*

Sicher war Cocteau der Intellektuelle in dieser Beziehung; und einer, der seinen Freund genau einzuschätzen vermochte, als Schauspieler – wie Cocteaus Tagebuchaufzeichnungen zeigen – und als Mensch. Erstaunlich scheint mir in diesem Kontext eine Bemerkung vom 7. Oktober 1951: *Eine Glückswelle festzustellen, heißt schon, ihrer verlustig zu gehen. Wenn Jean Marais von seinem Glück spricht, kann er das, weil es dieses Glück nicht gibt. Er macht es sich. Er tauft das Unglück Glück. Hätte es dieses Glück wirklich gegeben, so hätte er es im Keim erstickt.*

Das Unglück Glück zu taufen, dieser heitere Behauptungswille war Jean Cocteau nicht gegeben – trotz seines Optimimus, von dem ich zu Beginn sprach. Er, den der oberflächliche Leser, der flinke Betrachter seiner Bilder abtun könnte als witzig, kokett und affektiert, den er werten könnte als einen Dichter mit einem gefährlichen Hang, literarische Moden aufzunehmen und begabt mit der kunsthandwerklichen Fertigkeit des Erfindens und Formulierens von Zauberhaftem und Phantastischem, er bedachte sich und sein Werk keineswegs unkritisch. Der Narziss – die Tagebücher zeigen es – ging mit sich und den literarischen Moden ins Gericht. *Die Mode ist wichtig für die Kunst. Sie entlarvt sich sofort und zwingt die Kunst, das Gewehr umzuschultern.* An anderer Stelle: *Meine einzige Stärke ist gewesen, dass ich mich keiner Schule angeschlossen habe (was einem zeitweilig teuer zu stehen kommt) und nur aufeinanderfolgenden Bewegungen angehört habe. Denn wenn man erst zu einer Schule gehört, an deren Stelle eine andere tritt, kann man sich nur setzen.*

Und wie verhielt sich Cocteau während der deutschen Besatzungszeit? Als die deutschen Truppen 1940 in Paris einmarschierten, zog er sich nach Perpignan zurück und machte eine weitere Entziehungskur. Im Herbst kehrte er zurück und wurde 1941 von der rechten Presse – nach der Uraufführung von «La machine à écrire» – heftig angegriffen.

Er war kein sehr politischer und kein sehr vorsichtiger Mensch: Er schrieb Arno Breker anlässlich einer Pariser Ausstellung seiner Werke ein freudiges «Salut À Breker», das die Franzosen ihm sehr übelnahmen. Das war 1942. Im selben Jahr setzte er sich andererseits für den angeklagten Jean Genet ein. Die Freundschaft zu Breker (wie die zu Picasso, de Chirico und anderen) beendete er auch nach Kriegsende nicht, sowenig wie er sich von Genet lossagte. In den Tagebüchern und in Jean Marais' Autobiografie finden wir die Fortsetzung der Breker-Geschichte, die 1942 begann: «Jean nahm mich mit in eine Arno-Breker-Ausstellung. Dieser Bildhauer und Intimus Hitlers war in Deutschland wenig beliebt. Man nannte ihn ‹den Franzosen›, weil er Frankreich liebte, wo er von 1927-1933 gelebt hatte. Seit jener Zeit kannte Jean ihn und war ihm freundschaftlich verbunden. Ich glaube sogar, sie haben zusammen gewohnt. Für Jean kannte die Freundschaft keine Staatsgrenzen, sie ging ihm über alles.»

Im Oktober 1952 trifft Cocteau die Brekers wieder: *Die Brekers gesehen, die wie in Quarantäne zu leben scheinen. Arno hat den Platz innegehabt, den alle haben wollten. Das verzeiht man ihm nicht. Wer hätte, wenn er ohne einen Pfennig gewesen wäre, widerstanden, wenn ihm alles angeboten wurde? Keiner von denen, die es ihm vorwerfen. Man müsste Christus sein, um auf dem Berge zu widerstehen. Durch Breker sind Picasso und ich vor dem Schlimmsten bewahrt worden. Das werde ich ihm nie vergessen.*

Cocteaus Verehrung der Brekerschen Werke konnten, glaubt man Marais, in Paris nicht alle verstehen oder gar teilen. Paris habe sich, so beschreibt es uns Marais, gegen Brekers Enormitäten mit einem Witz gewehrt: «Auf der Breker Ausstellung in der Orangerie riesige, sinnliche Menschengestalten, ein Eindruck, der Sacha Guitry zu der Bemerkung veranlasste: ‹Wenn alle diese nackten Männer eine Erektion bekämen, wäre hier kein Durchkommen mehr.›»

1943 starb Cocteaus Mutter, ein Jahr später sein Freund Max Jacob, der von den Nazis deportiert worden war. Die Nachkriegszeit wurde für Cocteau wieder höchst erfolgreich: eigene Filme, Verfilmungen seiner Bücher, Reisen nach Amerika und in den Nahen Osten. Allmählich kommen auch die Auszeichnungen: Er wird zum Ritter der Ehrenlegion ernannt, 1949, er wird 1951 – auch dies eine Auszeichnung – Präsident der französischen Autoren- und Komponistengewerkschaft. 1952 dann wird in München die erste umfassende Ausstellung seines grafischen und malerischen Werks gezeigt. 1953 wird Cocteau Vorsitzender der Jury des Internationalen Filmfestivals in Cannes. Und 1955 – endlich! – die Aufnahme in den Kreis der Unsterblichen. Er wird Mitglied der Académie-Française und der Académie royale de langue et de littérature française de Belgique. 1956 verleiht ihm die Universität Oxford den Titel eines Ehrendoktors. 1961 wird er Kommandant der Ehrenlegion. Zu diesem Zeitpunkt ist Jean Cocteau schon sehr krank. 1954 erlitt er den ersten Herzinfarkt; 1959 einen Blutsturz und im April, ein halbes Jahr vor seinem Tod, einen Herzanfall.

Jean Cocteau gehört zu meinen Leidenschaften – trotz vieler Texte, die ich nicht sonderlich schätze; trotz der wenig entschlossenen Haltung während der deutschen Besatzung – weil er so wunderbare Worte fand für die Liebe; weil er – absonderlich abstrus dies – Hitler und Liebe gar in ein Gedicht zu vereinen vermag – und Hitler geht verloren, die Liebe besteht:

Der Wein

Hitler hat seine Freunde umgebracht
Solche Verbrechen sind nicht erlaubt …
Aber vor dem Himmel und der Kirche
Ist unsere Leidenschaft erlaubt.
Die Pflanzen und die Tiere
Lehren uns unsere Ahnen
Wenn du meine Reben setzt,
Ernte ich den Wein der Worte.

Ich schätze Jean Cocteau, weil er garstige Aperçus zu sagen und zu schreiben verstand. An das Bonmot von Raymond Radiguet, der schon als 15-jähriger Knabe auf die Frage, ob er ein Laster habe, geantwortet haben soll: «Ja, jeden Morgen schlüpfe ich in meine Hose», fügt Cocteau Prinzipielles zum Thema Laster: *Die Befriedigung dessen, was man ein Laster nennt, ist immer ‹frisch›, insofern sie abweicht vom Gewohnten, dem entspricht, was anderen das sonntägliche Frühstück im Grünen, am Straßenrand bedeutet.*

Auch was er über die Schlager-Berieselung bemerkt, finde ich schick: *Die Sängerinnen und Sänger im Radio. Ohne alle Erfindung in der Melodie. Nur ein Gejammer. Pariser Spatz – Pariser Bengel und andere Schwachsinns-Texte, im Genre Klagelied. Und in allen Häusern rinnt dieses lauwarme Wasser aus dem Hahn. Das ‹Pariser› Chanson kann einem Paris für alle Zeiten verleiden.* – Eine Bemerkung aus dem Jahre 1952.

Auch Aphorismen sind eine Cocteau-Stärke, diese Klarheit im Denken und Formulieren wünschte ich mir öfter in seinem dramatischen Werk: *Die Jugend muss ihr Genie unvermittelt entzünden – Jugendlichkeit allein ist deprimierend.* Und wenn er nicht schwindelt, sondern genau und verärgert beobachtet, dann ist mir Cocteau besonders lieb: *Flugzeug Air France (Nizza-Paris). Diese Manie der Reisen-*

den, unentwegt an den Frischluftdüsen herumzufummeln – sie auf sich zu richten oder aber den Mitreisenden einen eiskalten Strahl zu verpassen. Es ist nicht warm im Flugzeug. Und dennoch ersticken die Damen, fächeln sich Luft zu, fingern an der Luftzufuhr herum.

Der schönste Aufsatz, den ich von Cocteau kenne, ist der «Von der Freundschaft», in der Essaysammlung «Die Schwierigkeit, zu sein» erschienen. Cocteau begann die Arbeit daran im Februar 1946, als er sich in Morzine in den französischen Alpen aufhielt, als Rekonvaleszent und beinahe sechzig Jahre alt. Diese Aufsätze mit Montaignes Essais zu vergleichen, ist nicht vermessen. Jean Cocteau geht es um Ethik und Moral; und es geht ihm darum, dass die Kunst eine Haltung zu vertreten habe. Es sind kluge Betrachtungen und zugleich kleine aufrichtige Lehren: *Irgendwann einmal habe ich gesagt, ich verstünde mich besser auf Freundschaft als auf Liebe. Liebe beruht auf kurzfristigen Spasmen. Enttäuschen uns die Spasmen, schwindet die Liebe dahin. Es geschieht nur selten, dass sie die Probe überdauert und zur Freundschaft wird. Freundschaft zwischen Mann und Frau ist schwierig und genaugenommen, eine Abart der Liebe. Eine Verkleidung der Eifersucht. Freundschaft ist ein friedlicher Spasmus. Ohne Besitzgier. Das Glück eines Freundes beglückt uns. Es entzieht uns nichts. Was daran Anstoß nimmt, ist nicht Freundschaft. Es ist Liebe, die sich verheimlicht […] Max Jacob sagte mir einmal: ‹Du hast keinen Sinn für Kameradschaft.› Er hatte Recht. Das Wort, das Wilde zu Pierre Louys sprach, passt besser auf mich. Da man es nicht verstand, verursachte es einen Skandal: ‹Ich habe keine Freunde. Ich habe nur Liebhaber.› Gefährliche Ellipse, wenn sie einem Polizisten oder einem Literaten zu Ohren kommt. Was ihn selber betrifft, so meine ich, dass er sich damit nur brüstete. Er hätte sagen sollen: ‹Ich habe nur Kameraden.› Und wäre ich Pierre Louys gewesen, hätte ich daraufhin noch mehr Argwohn geschöpft […] Sie, die Freundschaft, bewahrt mich vor der Angst, die der Mensch verspürt, wenn er altert […] Ach, wie viele Schicksalsschläge habe ich hinnehmen müsse! Genug, um auf und davon zu laufen. Aber die Seele ist zäh. Sooft man auch ihr Nest zerstört, sie baut es immer wieder auf […] Ja, ich weiß, ich warb um die Freundschaft von Menschen, deren Triebwerk zu schnell absurrte, sich auf dramatische Weise abnutzte. Von ihnen entfernt mich heute ein gewisser Vaterinstinkt. Ich wende mich jenen zu, die nicht unter dem schwarzen Stern stehen. Er sei verflucht! Ich verwünsche ihn. Und wärme in der Sonne mein altes Gebein.*

Das ist Cocteaus Wort zur Freundschaft. Dies ist seines zur Liebe. Und vielleicht ein Schlüssel, die Liebes- und Lebensgeschichte der beiden Jeans zu verstehen:

Warum ich so sehr liebe
Einer liebt mehr – trotz allem – immer,
Das ist das harte Gesetz.
Nun denk doch, ob ich nicht lieben muss,
Um mehr noch zu lieben als du!

Und noch einmal im Original, das eine andere Melodie besitzt und einen größeren Charme und durch das frei, zwischen Gedankenstriche gesetzte «toujours» einen anderen, tieferen, endgültigen Wert:

Pourquoi j'aime tant
L'un aime plus – toujours – quand même
C'est la dure, la sombre loi
Alors songe s'il faut que j'aime
Pour aimer encore plus que toi!

Klaus Mann schrieb keine Gedichte, obwohl er die Lyrik schätzte wie keine andere literarische Form. Er war auch – im Gegensatz zu Cocteau – nur selten und dann nur für kurze Zeit glücklich, aber erlebte er Glück, kurze Erfüllung, dann notierte er das Erlebte, nicht selten in französischer Sprache, in sein Tagebuch, wo wir am 12. 11. 1938 eine Eintragung finden. Mann, hin und her gerissen zwischen drei Männern, fragt besorgt: «Comment la fin de tout ça sera-t-elle?» Wie wird das alles enden? – Diese Frage stellte sich Cocteau in seiner Beziehung zu Marais nie. Er wusste, dass ihre Liebe bestehen würde, weil er sie als göttlich empfand: «Jeannot – Deviner l'avenir est vain, mais notre amour est divin.»: Jeannot – Die Zukunft erraten zu wollen ist eitel, unsere Liebe aber ist göttlich.

JEAN GENET

Jean Genet begleitet mich seit meinem siebzehnten Lebensjahr, also geraume Zeit. Ein Zitat aus dem 1946 am Pariser Théâtre de l'Athénée uraufgeführten Drei-Personen-Stück «Les bonnes» hatte ich in meinen Abituraufsatz aufgenommen. Was verblüfftes Misstrauen auslöste. Das Thema des Abituraufsatzes bestand in der Analyse von Friedrich Schillers «Don Carlos». Darin geht es hauptsächlich um Politik und wenig um Liebe. Mich interessierte das Staatsmännische gar nicht, die Liebe hingegen ganz besonders. Also ließ ich mich nur darauf ein. Und befand pubertär oder postpubertär, dass es kein schöneres Liebesgeständnis gebe als das der Solange. Diese Zofe bespuckt im Spiel ihre Schwester Claire, weil diese just darum gebeten hatte: *Spucken Sie mir ins Gesicht! Überschütten Sie mich mit Schmutz und Abfall.*

Doch der Speichel ist für die beiden kein Schmutz, sondern etwas Kostbares. Etwas, das den, der bespuckt wird, schmückt: *Mein Speichel ist mein Diamantenstrauß ...*, sagt Solange; und Claire triumphiert, weil das Geständnis der Schwester wahr ist.

Ich wusste, dass meine Genet-Lektüre ein Vergehen war. Viel später las ich, dass Genet selber sehr wohl ahnte, dass seine Werke es Buchkäufern schwer machte: *Meine Bücher haben immer etwas Widerrechtliches und Pornografisches an sich. Die Leute wagen es nicht, in einer Buchhandlung nach meinen Büchern zu fragen, sie verstecken sich ein bisschen, um sie zu kaufen und zu lesen.*

«Die Zofen» also waren das erste Werk, das ich von Jean Genet las. Es folgten alle anderen. Und dass es mir – ich sage dies nicht zu meiner Entschuldigung – dass es mir nicht besonders um Genets Lobpreisungen auf die Jungs und Männer oder die starken Frauen, die die Männer sich untertan machen, ging und geht, möchte ich gleich zu Beginn klarstellen. Mit einem Gedicht. Es trägt den Titel «Marche funèbre», also «Trauermarsch», und es erschien erstmals 1969, also mehr als zwanzig Jahre nach den «Zofen».

Leider hat der Übersetzer Gerhard Edler das Genetsche «ma littérature» übersetzt mit «meine Schriftstellerei», was pejorativ daherkommt, wie viel besser, denke ich, wäre das Wort «mein Schreiben» gewesen:

Ich liebe dich, oh mein Gefängnis, wo ich ohne zu altern sterbe.
Mein Leben verrinnt und ist dem Tod verflochten.
Ihr langsamer und schwerer Walzer wird verkehrt getanzt,
beide entwickeln ihre prächtige Vernunft,
einander entgegengesetzt.

Ich habe noch zu viel Platz, das ist nicht mein Grab.
Zu groß ist meine Zelle und rein mein Fenster.
In der Nacht vor der Geburt warte ich auf die Wiedergeburt.
Ich lasse mich lebend durch ein höheres Zeichen
Vom Tod erkennen.

Allem anderen außer dem Himmel verschließe ich für immer
Meine Türe, und ich gewähre eine Freundesminute
Nur den sehr jungen Dieben, deren Hilferuf
von so grausamer Hoffnung mein Ohr belauert
in ihrem beendeten Liede.

Mein Gesang ist nicht geschwindelt, wenn ich oft zögere,
so weil ich weit unter meinem tiefen Land suche,
und ich bringe immer mit denselben Sonden
die Stücke eines begrabenen Schatzes mit,
der seit den Anfängen der Welt existiert.

Wenn ihr mich über meinen Tisch gebeugt sehen könntet,
das Antlitz abgezehrt von meiner Schriftstellerei,

wüsstet ihr, dass dieses Abenteuer mich auch anekelt,
erschreckend in seinem Mut, das Gold zu entdecken,
das unter so viel Fäulnis verborgen.

Eine fröhliche Morgenröte erglänzt in meinem Auge,
dem hellen Morgen gleich, an dem man einen Teppich
auf die Fliesen legte, um deinen Schritt
durch die Irrgärten der erstickten Gänge zu unterdrücken,
von deiner Schwelle bis zu den Morgentoren.

Allem anderen außer dem Himmel verschließe ich für immer meine Türe. – Da haben wir Brechts Baal-Formulierung «nichts als Himmel»; und wir haben bei einem Dichter, von dem diejenigen, die kaum etwas von ihm gelesen haben, behaupten, er verherrliche das Verbrechen und die Homosexualität, ein Bekenntnis zum Himmel – und zwar im Hinblick auf den Tod, dem zentralen Thema in Genets Œuvre. Mich überraschte dieser Fund zunächst sehr. Und ich machte mich auf die Suche, ob sich Ähnliches nicht auch anderswo bei Genet finden ließe.

In dem Stück «Unter Aufsicht», 1949 uraufgeführt, spricht Genet weit deutlicher. Der junge Gefangene Grünauge, der sich zuvor Gedanken über die Gefängnishierarchie machte, fragt sich laut – und damit auch die Mitgefangenen und die Zuschauer, die Genet in seinen Texten für das Theater als Voyeure stets mitdachte: *Vielleicht gibt es noch einen anderen, einen Boss, der über allem steht, der die Last für die ganze Welt trägt.* Wer kann an der christlichen Konnotation dieses Bildes zweifeln? Wenig später rügt Grünauge den Kumpel Lefranc, der zuvor Maurice ermordet hatte: Niemand könne sich allein durch eigene Kraft zum Mörder stilisieren: *Und du hast geglaubt, du bist fähig, ganz allein, ohne die Hilfe des Himmels ebenso groß zu werden wie ich? Du dachtest vielleicht sogar, du könntest mich übertreffen? Ich wollte ja überhaupt nichts, verstehst du mich, ich wollte nichts von dem, was mir zugestoßen ist. Alles ist mir geschenkt worden, vom lieben Gott oder vom Teufel. Ich habe es nicht gewollt.*

Es gibt also den Mord, der kalt vollstreckt, aus einem Mann einen Helden macht, wie es Querelle in dem gleichnamigen Roman einer ist. Und daneben gibt es den an einen Affekt gebundenen Mord – aus Hass begangen zum Beispiel, wie Lefrancs Tat und die des jungen Gil im Roman «Querelle». Gil misst seine emotionalen Verbrechen noch an den Werten der Gesellschaft, die Querelle, Genets Held, längst über Bord geworfen hat und deshalb ist Gils Mord *so leer wie ein Eimer ohne Boden*, kein Schmuck, keine Auszeichnung, sondern bloß für den Täter *eine lästige und unnütze Bürde*, die er nun ein Leben lang *mit sich herumschleppen muss*.

Zugegeben, es ist nicht eben einfach, Genets Gedankengängen zu folgen und die Gleichsetzung *lieber Gott* und *Teufel* hinzunehmen – oder gar anzunehmen; zu verstehen, dass Genet die gleichgeschlechtliche Liebe gleichsetzt mit der göttlichen. Allein, das Spannende, das Verstörende an diesem Autor, ist, dass er von der Religion in ihrer Begrifflichkeit nicht lässt und zugleich eine neue begründet. Eine, in der die größte Gnade, die einem Menschen widerfahren kann, die Berufung zum Mörder und zum Homosexuellen ist. Grünauge ist, wie alle anderen Verbrecher, die *einen wunderbaren Glanz* aussendeten, wider eigenen Willen Mörder geworden.

In dem Roman «Wunder der Rose» wird dieser Gedanke ebenfalls formuliert: *Nichts ist abstoßender als ein Unschuldiger im Gefängnis. Er hat nichts getan, um den Knast zu verdienen. Das Schicksal hat sich geirrt.*

Grünauges Glanz ist Genets Glanz. Ein Findelkind, berufen zum Dichter. Zum Dichter, der sich ganz besonders interessiert für drei Themen: Verrat, Illusion und Misserfolg.

Es ist verrückt, dass Genet es immer wieder gelingt, den Zuschauer oder Leser, kaum glaubt er sich den Figuren nahe, seiner Illusion, es handle sich um wirkliche Menschen, sofort wieder zu berauben. *Aufgepasst!*, schreibt Genet in seinem Subtext: *Es sind keine Menschen, es sind von mir erfundene Kreaturen*. Spiegelwesen wie Solange und Claire: Nicht zwei Seelen in einer Brust, sondern zwei Figuren mit zwei Seelen, die dennoch nur als Einheit gedacht werden können. Eine Verdopplung, ein Rätselwesen – wie Jean Genet auch. Auch ihn kann man nicht fangen, nicht fixieren. Ein Chamäleon. Ein Dramatiker, der das Theater wiederentdecken und -entwickeln wollte aus der sakralen Feier, dem katholischen Ritual: *Was das Theater betrifft, kenne ich nichts wirklich Faszinierenderes, Großartigeres als das Abendmahl, das Erheben der Hostie: Alle Köpfe der Gläubigen sind gesenkt. Vielleicht ist es wirklich Gott, den der Pater zwischen seinen vier Fingern hält, vielleicht bloß ein schlichtes weißes Plätzchen.*

Was fasziniert Genet an dem sakralen Ritual? Das Theater ist ihm – als Muster der Welt – nichts als Erscheinung und falscher Schein. Es soll sich für Genet im Theater Ähnliches ereignen wie im Gotteshaus. Wer ist dieser Mann, der – von vielen verkannt – allen bekannt zu sein scheint und doch eher vom Hörensagen nach der Lektüre seiner Werke gewertet als bewertet wird?

Jean Genet wurde am 19. Dezember 1910 in Paris geboren, seine Mutter Camille Gabrielle ist 22 Jahre jung und gibt als ihren Beruf «Hauslehrerin» an; der Vater ist unbekannt. *Ich weiß nichts von ihr, die mich, als ich in der Wiege lag, verließ,* schrieb Genet in seinem «Tagebuch eines Diebes». In diesem Buch finden wir die kurze und berühmte Passage, in der Genet von seiner Geburt berichtet und davon, wie er versucht, seine Identität zu klären: *Ich wurde am 19. Dezember 1910 in Paris geboren. Als Zögling der öffentlichen Fürsorge war es mir unmöglich, mehr über meine Herkunft zu erfahren. Mit einundzwanzig Jahren erhielt ich eine Geburtsurkunde. Meine Mutter hieß Gabrielle Genet. Mein Vater war unbekannt. Ich bin zur Welt gekommen im Hause Nummer 22 der rue d'Assas. ‹Ich werde also einige Auskünfte über meine Abstammung erhalten›, sagte ich mir und begab mich in die rue d'Assas. In der Nummer 22 befand sich die Entbindungsanstalt. Man verweigerte mir jede Auskunft.*

Seine Mutter verließ ihn sozusagen legal: Genau 30 Wochen nach der Geburt wird Genet von ihr im Hospiz für Fürsorgezöglinge, gelegen in der Rue Denfert-Rocherau 74, abgegeben. Genet bekommt eine Nummer, wie sie auch Häftlinge erhalten. Seine Matrikelnummer lautet 192102.

Mutterlos ist das Kind nun der Vormundschaft der staatlichen Verwaltung unterstellt. Eine Agentur, das war damals in Frankreich durchaus üblich, bringt Jean Genet bei Pflegeeltern unter, in dem Dorf Albigny-en-Morvan, einer kleinen Gemeinde, etwa zehn Kilometer von Saulieu entfernt. Diese Region – «Morvan» heißt in keltischer Sprache das «schwarze Land» – ist noch heute ein eher ärmlicher Landstrich. Genets Pflegeeltern sind Paul Roclore Charles und Eugénie Regnier. Am 10. September 1911 wird Genet getauft – und das Leben im großen Granithaus der Regniers, einem mit Schiefer gedeckten Gebäude, beginnt.

Dieses Haus, wir finden es wieder als *das Schieferhaus*, in dem Divine, der Held in Genets Roman «Notre-Dame-des-Fleurs», seine Kindheit verbringt. Es gibt darin die Mahagonimöbel der Regniers; und es gibt Toiletten, an die sich Genet erinnert und sie in seinem Roman beschreibt: *Die Erinnerung, die mich am stärksten peinigt, ist die der Toiletten im Schieferhaus. Sie waren meine Zuflucht. Das Leben, das ich fern und verworren durch ihren Schatten und ihren Geruch wahrnahm – ein anheimelnder Geruch, in dem der Duft von Holunder und fetter Erde vorherrschte, denn die Aborte waren ganz am Ende des Gartens, in der Nähe der Hecke – das Leben gelangte seltsam sanft zu mir, schmeichlerisch, leicht, oder vielmehr erleichtert, der Schwerkraft enthoben.*

1916 wird er eingeschult – in der Gemeindeschule von Alligny; am 4. Juni 1922 feiert er die Kommunion. 1923 besteht er die Prüfungen für das «Certificat d'études Primaires», erlangt also so etwas wie den Hauptschulabschluss und zwar als bester Schüler des Ortes, mit der Note gut. Am 17. Oktober 1924 tritt er in ein Ausbildungszentrum der Öffentlichen Fürsorge ein, die École d'Alembert im Departement Seine-et-Marne. Alles könnte gut gehen von nun an – bürgerlich. Wird es aber nicht.

Genet flieht bereits siebzehn Tage später, am 3. November 1924, aus der Schule. Er wird in der Nähe von Nizza aufgegriffen und von der öffentlichen Fürsorge bei dem blinden Pianisten René de Buxeuil untergebracht, kommt später in psychiatrische Behandlung, flieht wieder aus einem Heim, wird wieder gefunden und wieder untergebracht, flieht erneut und wird endlich, im September 1926, nach einer Gerichtsverhandlung in die Kolonie von Mettray eingewiesen. Hier wird er zwei Jahre und sechs Monate seines Lebens verbringen. Mettray wird zu einem der wichtigsten Orte seines Lebens und seines Werkes, wenn nicht zum zentralen Ort überhaupt. Mettray scheint den Genet-Biografen Albert Dichy und Pascal Fouché «heute auf dem besten Wege, ein quasi mythischer Ort zu werden und in einer semi-imaginären Geographie Frankreichs seinen Platz neben Combourg und Balbec einzunehmen». Genet also in der Nähe von Chateaubriand und Proust.

Am 2. September 1926 erfolgte die Überstellung Jean Genets von der Strafanstalt Meaux in die landwirtschaftliche Strafkolonie von Mettray, aus der er wiederum flüchtete, aber, erneut gefangen, wieder in sie zurückgeführt wurde. Der Erzähler des Romans, der sich «Jean Genet» nennt, gibt zwar genau sein Alter an bei der ersten Einlieferung nach Mettray, doch er lügt, wie er später noch mehrfach lügen wird: *Als ich in die Strafabteilung von Mettray geführt wurde, war ich eben fünfzehn Jahre und siebzehn Tage alt und kam gerade aus Petite Roquette.* Genet war acht Monate älter; und er kam nicht aus Petite Roquette sondern aus Meaux. Auch das Verbrechen, dessentwegen er hier untergebracht wurde, ist ein erfundenes: er habe, so schreibt der Dichter, *das linke Auge eines Kindes ausgestochen.* In Wahrheit – und mit der rückt Genet in seinem «Tagebuch eines Diebes» heraus – wurde er wegen *Faulheit und Verträumtheit*, wie er es nennt, nach Mettray als erzieherische Maßnahme geschickt. Auch die Namen der Hauptfiguren sind erfunden – es gibt keine Belege dafür, dass es zu der Zeit von Genets Unterbringung in Mettray einen Divers, einen Bulkaen oder einen Harcamone gegeben hat. Aber Mettray, der Ort, ist beschrieben, wie er war, die Umgebung ist authentisch; und selbst die Namen der Aufseher sind nicht erfunden. Es gab den *Vater Guépin* und es gab *Dudule*, der eigentlich Monsieur Delducé hieß.

Genets Schilderung des Ortes ist ein Dokument von Mettray. Die Erzählungen von den Liebes- und Hassverhältnissen der Knaben mögen zutreffend sein oder falsch – dies kümmert wenig. Gewiss ist allein, dass alles, was Genet über das Zentralgefängnis Fontevrault schreibt, Erfindungen sind, Fantasien. Fontevrault wird zum Heiligtum des Erzählers, auf das die Träume seiner Kindheit sich richteten: *Ich fühlte, dass seine Mauern – wie die Spitzendecke des Hostienschreins das Brot – die Gestalt der Zukunft selbst umschlossen.*

«Miracle de la Rose», viel später im Gefängnis geschrieben, ist Jugenderinnerung. Ist Beschwörung eines finsteren Raumes, der dem Erzähler der hellste, der heiligste ist. Und eine Liebesgeschichte von vielen Liebenden. Und darin ist kein Platz für Frauen. Genet beschreibt, gleich auf den ersten Seiten, das Mettray wie Fontevrault durch «eine lange Liste» von Paaren beschrieben werden könnte. Die Liste bestehe aus folgenden Namen: *Botschako und Bulkaen. Sillar und Venture. Rocky und Bulkaen. Deloffre und Toscano. Mouline und Monot. Lou du Point-du-Jour und Jo. Divers und ich. Bulkaen und ich. Rocky und ich.* Genet hat also die begehrtesten der Männer für sich. *Ich werde aufzuschreiben versuchen, was Harcamone mir bedeutete»*, beginnt Genet, *und, durch ihn, was mir Divers und vor allen Bulkaen bedeuteten, den ich immer noch liebe und der mir schließlich zur Offenbarung meines Schicksals geworden ist. Bulkaen ist der Finger Gottes, und Harcamone ist Gott, denn er ist im Himmel.*

Genet, der mit Assoziationen zu kultischen Ritualen, zum Gottesdienst nicht spart, diese aber nutzt, die in der bürgerlichen Welt Verachteten zu feiern wie Heilige, er nimmt sich vor, *von diesen schönen Jungen* zu erzählen mit Worten, die *wie ein Gesang sind.* Er sei, während er erzähle von den Männern, die er beschreibe, um sie mit seinen Worten zu liebkosen, *auf der Suche nach einem Gott, welcher der meine ist.* Und er suche Heiligkeit: *Wenn ich von der Verbannung spreche und die Heiligkeit damit in Verbindung bringe, so werden Eure Zähne, die an keine bittere Kost gewöhnt sind, unwillig knirschen. Dennoch erfordert das Leben, das ich führe, als Bedingung die völlige Abkehr von den irdischen Dingen, die auch die Heilige Kirche und überhaupt alle Religionen von ihren Heiligen verlangen. Dann öffnet sie, ja, sie erbricht sogar gewaltsam eine Tür, die sich zum Wunderbaren auftut. Und außerdem hat die Heiligkeit auch ein weiteres Merkmal: sie geleitet zum Himmel über den Weg der Sünde.*

Das ist die Genetsche Umdeutung des Heils und Heilsweges, die sein ganzes Werk auszeichnet. Heiligkeit zu erlangen ist sein Ziel. Und das Wort selbst, wird ihm, wie es im «Tagebuch eines Diebes» heißt, *das schönste der menschlichen Sprache.*

Jean-Paul Sartre, dem Genet das «Tagebuch» widmete, wies in seinem großen Werk «Saint Genet, Komödiant und Märtyrer», 1952 erschienen, darauf hin, wie sehr Exaltiertheit und Exhibitionismus diesem Werk eigen sind, dem Werk eines Dichters, der Klasse erlangen will, weil er weiß, dass er zu den Deklassierten zählt. Sartre erklärte, dass Genet zwar nirgends in seinem Werk deutlich davon träume, ein Heiliger zu werden, dennoch, so Sartre, meine Genet aber, man sei wenig, wenn man sich nicht von Heuschrecken nähre, wenn man nicht lachend auf dem Rost sterbe.

Anders als andere begabte, hochbegabte Jungen strebt dieser ausgesetzte, von der Mutter fortgegebene Junge – und just deshalb kommen Frauen in seinem Œuvre nur als Mütter vor oder als ausgegrenzte Wesen wie er selbst eines ist –, anders als andere Begabte also erstrebt Genet nicht die Karriere innerhalb der Gesellschaft, sondern lehnt diese ab: «Als verlassenes Kind», so schreibt Sartre, «rächt er sich, indem er die Kinder, die Vater und Mutter verlassen, um Christus zu folgen, bewundert. Es gefällt ihm, dass die Heiligen nur von Gott abhängig sind, dass sie sich von der Spezies losreißen wollen und sich bemühen, in sich eine Antinatur zu verwirklichen.»

Und genau diese Abkehr des Einzelgängers von der Gesellschaft führt bei Genet dann bis zur Wertschätzung Hitlers, in dem Roman «Wunder der Rose» und zur Verehrung aller Revolutionäre des späten zwanzigsten Jahrhunderts: der RAF, der Black Panther, der Palästinenser, der PLO. Dieser Genet, der die Geschichte betrachtet als sei sie ein Roman, entworfen für ihn, ihn zu schreiben oder zu Ende zu schreiben, ist mir, und darauf komme ich später zurück, weniger lieb als der Träumer.

Wenn Genet gesellschaftliche Zustände mit ästhetischen Ellen misst, dann geht vieles verdammt schief. Genet als politischer Kommentator ist immer vermessen. In seinen Romanen ist diese

Blindheit Fantasie, in seinen Reisebeschreibungen, seinen Reportagen und Interviews Störrigkeit oder Lüge, was besser wäre.

Zu Hitler, dies sei hier angemerkt, gibt es mehrere Stellungnahmen, vor allem in dem Buch «Wunder der Rose». Genet vergleicht Hitler mit seinem Geliebten Divers: So wie Hitler sei ihm auch Divers erschienen, *genauso groß, genauso augenfällig und genauso rein, wie die göttliche Ungerechtigkeit*. Und er fügt an anderer Stelle hinzu: *Dieses Jahrhundert wird ganz entschieden von Gift beherrscht, und Hitler ist für uns eine Prinzessin der Renaissance, eine stumme und abgrundtiefe Katharina von Medici.*

Genets Liebesbeschreibungen, die unspektakulär und unsexistisch daher kommen wie Kindermärchen, beschreibt Max Bense gut, wenn er sagt, selbst dort, wo der Augenschein und die Beschreibung anderes vermuten lassen und womöglich auch meinen, «ist die Kraft seiner Sprache schön durch eine unerwartete Assoziation von Bildern und Urteilen, wichtiger als die Bestätigung seines Geschlechts.»

Daneben gibt es brutale Beschreibungen, die Genet den Ruf einbrachten, ein Skandalautor zu sein, und ihn dem Vorwurf aussetzen, Pornografie zu schreiben. Im «Wunder der Rose» findet sich beides, das Zarte wie das Brutale: *Von welch erhabenem Geschlecht war Divers? Ich war ihm vom ersten Tag verfallen, aber ich musste noch warten, bis Villeroy, der damals mein Macker war, nach Toulon zur Flotte ging, um dann erst mit Divers meine Hochzeit feiern zu können. Es war in einer funkelnden, klaren und frostigen Nacht. Von innen wurde vorsichtig die Tür der Kapelle geöffnet, ein Junge steckte seinen glatt rasierten Schädel durch die Tür und schaute auf den Hof hinaus, schätzte das Mondlicht ab, und kaum eine Minute später kam der Hochzeitszug hervor. Der Zug sah folgendermaßen aus: zwölf Paare von Zöglingen, wie Taubenpärchen, fünfzehn bis achtzehn Jahre alt. Alle Zöglinge waren schön, selbst der Hässlichste unter ihnen. Ihre Köpfe waren glatt geschoren. Sie glichen vierundzwanzig bartlosen Cäsaren. An der Spitze des Zuges schritten die Jungvermählten: der Bräutigam – Divers – und ich, die Braut. Ich trug weder Schleier, Blumen noch Kranz auf dem Kopf, aber in der kalten Luft wehten alle erhabenen Hochzeitsgedan-*

ken um mich herum. Man hatte uns soeben [...] getraut. Der Bursche, der gewöhnlich als Priester fungierte, hatte den Schlüssel zur Kapelle gestohlen, und gegen Mitternacht waren wir hingeschlichen, um die Scheinhochzeit zu vollziehen, deren Riten zwar parodiert waren, unter denen aber doch echte Gebete aus der Tiefe des Herzens aufstiegen. Und diese Nacht wurde zum schönsten Tag meines Lebens.

Für solch einen Satz: *Und diese Nacht wurde zum schönsten Tag meines Lebens* verehre ich Genet. Die Nacht, die Hochzeit und Glück verborgen hält, imaginiert er sich als einen Tag, einen Glückstag, an dem das Verheimlichte glänzen darf. Wo das Wunder vor aller Augen geschieht: Die Hochzeit von Divers und Jeannot. Doch das Fest ist ein nächtliches und ein beinahe lautloses: *Der Zug schritt völlig lautlos dahin, denn die nackten Füße steckten in braunen Stoffschuhen, und es war kalt, und alle hatten viel zu viel Angst, um zu sprechen; so erreichten wir die Treppen, die äußerer Holztreppe, die zum Schlafraum führte. Je schneller und beschwingter wir gingen, desto heftiger schlugen unsere Herzen, und unsere Adern schwollen an. Eine große Erregung erweckt immer märchenhafte Vorstellungen. In dieser Nacht fühlten wir uns leicht [...] Im Schlafraum rollte sich jedes Paar auf einer Pritsche ein, erwärmte sich wieder und gab sich der Liebe hin. Ich genoss also das große Glück feierlich – aber heimlich – bis zum Tode oder bis zu dem, was wir Tod nannten, mit dem schönsten Insassen der Strafkolonie von Mettray verbunden zu sein. Dieses Glück war eine Art zarter Hauch, der mich ein wenig über den Fußboden erhob und alles weicher und erträglicher machte, was hart war: die scharfen Ecken und Kanten, die Nägel, die Steine und die Blicke und die Fäuste der Zöglinge.*

Die direkte Art, den Liebesakt zu beschreiben, das, was anderenorts von Genet *das Pfählen* genannt wird, gibt es in dem Roman «Wunder der Rose» auch. Aber der «Sprengkörper Genet», wie Jean Cocteau den Schriftstellerkollegen nannte, er exhibitioniert sich vor allem in dem Roman «Notre-Dame-des-Fleurs» – wie Genets Elegie «Le condamné à mort» seinem 1939 hingerichteten Freund Maurice Pilorge gewidmet –, Genets erstem Roman.

Pilorge ist das Modell für die Titelfigur. Zentrum ist aber nicht er, sondern Divine, ein Stricherjunge, eine Tunte, die Geliebte des Zuhälters und Diebes Mignon, des Mörders Notre-Dame, und von Gorgui ebenfalls benutzt. Divine ist eine von Genets Heiligen, ein Wesen, das ausrufen darf: *Herr, ich bin einer Deiner Auserwählten*. Wieder Sakrales in der Form des Sakrilegs. Divine also hat Gorgui zu Gast: *Mit Gorgui gerät Divine rasch in Ekstase. Er spielte mit ihr wie die Katze mit der Maus. Er war erbarmungslos. Er zwang sie, reglos auf dem Divan liegenzubleiben, die Arme am Körper, beugte sich über sie und sein Glied schlug kräftig gegen seinen schwarzen harten Bauch: ein Schild. Er brachte Divine zum Weinen. Wollte nicht, dass sie ihn berührt. Divines Glied bog sich. Gorgui küßte ihren Mund, seine Zunge war hart, streng. Sie sprengte die Lippen, die Zähne auf, fuhr im Innersten herum wie ein Bohrer, eine Krake, ein Blutegel, ein Glied. Sie trieften alle beide [...] Ihre Wange gegen die schwarze Brust gelehnt [...] dachte Divine wieder an jene kräftige Zunge [...] Also: ihr Charakter ist weich, ihre Wangen, ihre Zunge sind weich und ihr Schwanz ist geschmeidig. Das alles ist bei Gorgui hart.*

Nach der Lektüre dieser Zeilen schrieb Jean Cocteau, der später seinen Freund Marais gleichfalls Jeannot heißen wird, wie die Freunde Genet nannten, Cocteau also schrieb am 22. Februar 1943 in sein Tagebuch: «fürchterlich, obszön, unpublizierbar, unvermeidbar. Man weiß nicht, wie es nehmen. Es ist. Es wird sein. Wird es die Welt zwingen, so zu werden, dass es in ihr erscheinen kann? Für mich bedeutet es das große Ereignis der Epoche. Es bringt mich in Aufruhr, es widert mich an und verzaubert mich [...] Hier haben wir die Einsamkeit und das Funkeln eines dunklen Sterns vor uns.»

1960 wurde der Merlin-Verlag nach der Veröffentlichung von «Notre-Dame» in deutscher Sprache wegen Verbreitung unsittlicher Schriften angezeigt. Der Prozess endete mit Freispruch und in der Urteilsverkündung der großen Strafkammer 8 a des Landgerichtes Hamburg hieß es: «Es mag widersinnig erscheinen, aber die besondere Intensivierung des Schreckens, des Entsetzens und des Exzesses geben dem vorliegenden Werk einen kaum übertreffbaren Grad künstlerischer Größe und Reife.»

In dem Roman «Das Wunder der Rose» nimmt sich Genet nicht zurück, verkleinert er weder Exzess noch Entsetzen, aber findet, selbst wenn er die nächtlichen Orgien in Mettray beschreibt, zu einer sprachlichen Intensität, die sehr selten ist. Er schreibt eine existenzielle Prosa – nach Dostojewski, Tolstoi und Strindberg. Die Mettray-Geschichten besitzen neben ihrer äußersten Brutalität eine besondere Zartheit oder besser, sie sind von brutaler Zärtlichkeit geprägt: *Unsere Leidenschaften in Mettray! [...] Ich liebte Villeroy, der auch mich liebte. Weil er selbst noch ein Kind war – er war damals achtzehn Jahre alt –, stand er mir viel näher als irgendjemand sonst, außer Pilorge. Als er zum ersten Mal mit mir schlief, fühlte ich mich vorwiegend belustigt und glaubte an ein Spiel, trotz seines schmalen und brutalen Gesichts, das von der Leidenschaft verzerrt war. Er begnügte sich mit dieser Spielerei, aber als ich in einer finsteren Nacht seinen Schwanz tief in mich eindringen ließ, wäre er, und ich auch, beinahe vor Dankbarkeit und Liebe gestorben. In einem Bild von uns, das in den Himmel projiziert war, mischte sich eine blonde, schweißdurchtränkte Locke unter meine Haare. Sein Gesicht war verwirrt von der aktiven Suche nach dem Glück. Er lächelte nicht mehr. Und ich betrachtete in meinen Armen dieses leuchtende Gesicht, das sich über mich gebeugt hatte. Wir waren Kinder, die ihre Wollust suchten, wobei er sehr ungeschickt und ich allzu bewusst vorging. Ich weihte ihn in die Dinge der Liebe ein. Ich entjungferte meinen Louis. Und ganz natürlich und selbstverständlich fand er die zärtlichsten Liebkosungen. Dieser Rohling stellte sich ängstlich, um mich zu lieben. Er rief mich ‹Bratapfel›: eines abends nannte er seinen Schwanz gar: ‹Mein Brot› und meinen ‹Dein Körbchen›. Bei diesen Namen blieben wir. Heute weiß ich, dass wir – ohne sie auszusprechen – in dem bezaubernden Stil Romeo und Julias die schönsten, die neckischsten Reden hielten.*

Hier wird ein Konflikt sichtbar, der Genet zu schaffen machte: der der geschlechtlichen Identität. Der Liebende verwandelt sich in eine Frau. Weil er durch das Rollenspiel Liebe gewinnt: Er weiß, dass er auf diese Weise von seinem Liebhaber verherrlicht wird. Für diesen Gewinn nimmt er alle Schmach hin: der/die Unterlegene zu sein, gequält zu werden von Eifersucht, vielleicht sogar verstoßen zu werden. Aber was ist der Gewinn? Sartre erklärt hierzu: «Für Genet ist die Antwort klar: die Liebe ist ein magisches Zeremoniell, durch das der Liebende dem Geliebten sein Sein stiehlt, um es sich einzuverleiben.»

Der Liebende will zu demjenigen werden, den er liebt, also eine, die andere Existenz annehmen. Genets Erinnerung lässt genau diese Form zu begehren aufscheinen: *Die am weitesten zurückliegende Liebesform, an die ich mich erinnere, ist mein Wunsch, ein hübscher Junge zu sein …, den ich vorübergehen sah.* Ein kleiner Verweis auf einen anderen Roman Genets, auf «Querelle» soll als weiterer Beweis dieser These genannt werden: Der Leutnant, der wild und gierig Querelle begehrt, der Liebende will seinem Geliebten Penis und Hoden ausreißen und sie sich selber aufpfropfen. Will der andere werden, die Identität des anderen annehmen.

Am 1. März 1929 verlässt Genet Mettray und wird freiwilliger Soldat. Er verpflichtet sich in Tours für eine militärische Dienstzeit von zwei Jahren und wird dem 2. Pionierregiment in Montpellier zugeteilt, später dem 7. Panzerregiment in Avignon – und er macht soldatische Karriere, wird bereits am 18. Oktober 1929 zum Gefreiten befördert. Warum er es tat und wie er es tat, steht im «Tagebuch eines Diebes»: *Die Würde, die die Uniform verleiht, die Trennung von der übrigen Welt, die sie ihrem Träger auferlegt, ja das Soldatenhandwerk selbst hatten mir ein wenig Frieden – obgleich die Armee neben der Gesellschaft steht – und Selbstvertrauen gegeben. Mein Leben als ein von der Natur gedemütigtes Kind hatte sich für Monate aufgehellt. Endlich kannte ich das süße Gefühl, unter Männern als ihresgleichen aufgenommen zu werden.*

Im Juni 1933 enden seine militärischen Verpflichtungen. Schon zuvor gab es monatelange Urlaube, während derer sich Genet in Spanien aufhielt. Über diese Zeit und sein Leben danach hat Genet im «Tagebuch eine Diebes» Rechenschaft gegeben, ein Werk, das, wie Max Bense schrieb, erweise, dass dieser Autor, der den Leser durch seinen Assoziationsreichtum und seine Poesie fessele, «durchaus kein pornografischer, sondern ein metaphysischer ist».

Mit dem «Journal du voleur» stilisiert Genet sein Leben und seine Person zur Legende. Und sich selbst zu einem Ausgegrenzten, der bewusst die Ausgrenzung suchte, um durch sie heilig zu werden: *Wenn der Schuldige Mut hat, entschließt er sich, der zu sein, den das Verbrechen aus ihm gemacht hat.*

Mord, Diebstahl, Homosexualität: Keine Emotion verführte ihn blind – er traf bewusst Entscheidungen. Er kreierte seine Existenz und seine Romanwerke, die diese Existenz reflektieren. Sie sind existenziell, wenngleich auch monströs, wie Bataille behauptete, der Genets Bücher als «des livres monstrueux» bezeichnete. Der Dichter erschuf sich selbst, willentlich, nicht sinnlich-zufällig. Deshalb konnte Genet behaupten: *Ich bin vielleicht ein Schwarzer, der weiß oder rosa ist, aber ich bin ein Schwarzer.*

Genet, der Hohepriester des Untergangs, der Hitler beneidet um einen einzigen Augenblick, um jenen Moment, da der Diktator, der Mörder und Verbrecher, *mit Gewissheit in den Kellern seines Palastes* erfuhr *von Deutschlands Niederlage* und *in reinster Erleuchtung eines schwankenden und zugleich beständigen Lichtes das Bewusstsein seines Unterganges* habe feiern können, dieser Genet bestimmt im «Journal» zögerlich zwar, aber endlich doch seine Definition für Heiligkeit: *Die Heiligkeit ist mein Ziel, doch was sie ist, weiß ich nicht zu sagen. Mein Ausgangspunkt ist das Wort selbst. Es zeigt den Zustand an, der der moralischen Vollkommenheit am nächsten ist. Von ihr weiß ich nichts, außer, dass sie ohne mein Leben eitel wäre. Da es mir nicht gelingt, den Begriff der Heiligkeit – ebenso wenig wie den der Schönheit – zu bestimmen, so drängt es mich in jedem Augenblick, sie zu erschaffen, das heißt, dafür zu sorgen, dass all meine Handlungen mich ihr, von der ich nichts weiß, näherbringen. Ein Wille zur Heiligkeit möge mich in jedem Augenblick leiten, bis zu jenem Tage, an dem mein Glanz so hell erstrahlt, dass die Leute sagen werden: ‹Er ist ein Heiliger›, oder, was wahrscheinlicher ist: ‹Er war ein Heiliger.› Tastende Versuche führen mich langsam dorthin. Eine Methode gibt es nicht. Für die Taten, die ich unbemerkt im Dunkeln vollbringe, um zu diesem Ziel zu gelangen, gibt es keine andere Rechtfertigung, als meine Gewissheit, Heiligkeit zu schaffen. Es ist schon möglich, dass man sie durch eine mathematische Disziplin gewinnen kann, doch fürchte ich, dass man auf diese Weise zu einer Heiligkeit kommt, die gefällig, glatt, von erprobter Art, kurz und gut: akademisch ist. So erhielt man nur ein Trugbild. Der Heilige, der von den elementarsten Grundsätzen der Sittenlehren und Religionen ausging, erreichte sein Ziel, wenn er sich von ihnen freimacht: Einzigartig ist die Heiligkeit wie die Schönheit (und die Poesie), mit der ich sie gleichsetze. Sie besitzt eine ursprüngliche Aussagekraft. Dennoch, so meine ich, hat sie keine andere Grundlage als die Selbstverleugnung. Woraus sich ergibt, dass ich sie mit der Freiheit gleichsetze. Vor allem aber möchte ich deshalb ein Heiliger sein, weil das Wort die erhabenste menschliche Ausdrucksform anzeigt, und ich werde alles tun, um sie zu erlangen. Ich werde meinen Stolz dareinsetzen und ihn dafür opfern.*

Wie also erlangt Genet Heiligkeit? Indem er sich die Freiheit nimmt, sich der Gesellschaft zu widersetzen: ihrer Moral, ihrer Religion, ihren Werten – und dazu zählt durchaus auch die Verehrung der französischen Nation. Indem er seinen Stolz opfert, Opfer wird, Vaterlandsverräter, sich bewusst inszeniert als Verweigerer, erhöht er sich. Also muss er handeln, um Opfer zu werden. Abgesondert will er werden, ausgeschnitten aus dem System. Und da dieser Prozess ein schmerzhafter ist, muss Genet ihn wiederum stilisieren. Je spitzer die Schnittkanten, die ihn verwundeten und ihn gestalteten, je schonungsloser die Einschnitte, *desto schöner, sprühender* werde er sein, so jubiliert er: *Man muss die Taten bis zur ihrer Vollendung verfolgen. Ihr Ende ist – was auch ihr Ausgangspunkt sein möge – schön. Wenn eine Handlung gemein ist, so nur, weil sie unvollendet bleibt.*

Das vollendete Verbrechen dient Genet, den Zustand der Heiligkeit zu erlangen. Dass Einsamkeit der Preis ist, versteht sich. Und dass er – zumindest in der Liebe – Opfer wird, überrascht gleichfalls nicht.

In einem Aufsatz für die Zeitung «Le Monde» schrieb der Schriftsteller Tahar Ben Jelloun am 21. September 1977 – also noch zur Lebzeit von Genet – dieser Autor sei ein skandalöser Mensch. «Wie kann die Gesellschaft, die ihn sehr früh schon ausgeschlossen hat, ihm heute seine Scharfsichtigkeit verzeihen? Eine subversive Scharfsichtigkeit ist es, weil sie das Produkt ist eines freien Denkens, eines unabhängigen Denkens, das sich keinen Staatsapparat oder die Gesellschaft zu Komplizen sucht noch sich zum Komplizen macht. Ein freies Denken, das von keiner Institution beschützt wird. Jean Genet ist ein einsamer Mann.»

Und er sei, so Jelloun, ein verrückter und ein freier Mensch. Einer, der nur wenige Freunde habe. Es seien immer diejenigen, die der Tod bedroht – in den Ghettos von Amerika oder in Palästina.

Zurück ins Jahr 1933. Genet hat bislang nur einige sehr konventionelle Briefe geschrieben. Nach seiner Abmusterung verlässt Genet umgehend Toule und kehrt nach Paris zurück, wo er Ende Juni oder Anfang Juli 1933 André Gide besucht, dessen Bücher er gelesen hat, vor allen «L'Immoraliste» und «Les Nourritures Terrestres», also «Der Immoralist» und, so der deutsche Titel, «Uns nährt die Erde». Gide erzählt er, dass er eine größere Reise plane. Genet reist nach Spanien, von wo aus er Gide um Geld anbettelt, auf sehr umständliche, überaus höfliche und korrekte Weise. Das heißt: Er beginnt mit Komplimenten für Gide, den er mit *Maître* anspricht. Was mir gefällt ist das Postskriptum: *Mein Brief ist unaufrichtig, Maître. Er klingt gespreizt und spricht nicht von der Verzweiflung, in der ich mich befinde. Eine Verzweiflung, die viel mehr moralischer denn finanzieller Natur ist. Ach! Sie werden mir gestatten, Ihnen eines Tages sehr viel freier zu schreiben, um Ihnen mein Unglück zu erzählen.*

Weiter berichtet er, dass in Spanien viel über Gide und den Gidismus gesprochen und geschrieben würde und er sich gern an die halbe Stunde seiner Gegenwart erinnere, *an die Güte, die ich in Ihren Augen wahrnahm, ja an Ihre Rührung (die ich damals simuliert glaubte). Sie fragten mich, ob ich Freunde habe, einen Freund. Ich habe keinen Freund.*

Er meldet sich noch einmal als Soldat, desertiert aber am 18. Juni 1936 – und damit endet der militärische Lebensabschnitt des Jean Genet. Und seine Reisen beginnen, *diese nie endenden Wanderungen quer durch Europa*, wie es im «Tagebuch eines Diebes» heißt, *im Rei-*

sekleid meiner Lumpen, begleitet vom Hunger, von der Verachtung, von der Entkräftung und von meinen lasterhaften Leidenschaften.

1937 – er hatte Italien, Albanien, Jugoslawien, Österreich, die Tschechoslowakei, Polen, Belgien und Deutschland bereist – kehrt er nach Paris zurück. Eine Erinnerung an Berlin formuliert er 1983, als er wegen der Dreharbeiten zu dem Film «Querelle» hier den Schauspieler und Produzenten Dieter Schidor traf: Berlin, so sagte er, sei 1935 – in Wahrheit war er 1937 da – *wie eine Stadt der Dritten Welt gewesen. Die Menschen waren alle ausgemergelt, nur Göring nicht.*

1937 ist das Jahr der ersten gerichtlichen Verurteilung Genets. Davor gab es allein vier Festnahmen und ein Jugendgerichtsurteil, das auf Freispruch lautete und ihn erst nach La Petite Roquette, dann nach Mettray brachte. Die drei Einweisungen wurden 1926/27 ausgesprochen. Die kriminelle Laufbahn begann recht eigentlich 1937, am 16. September, die Urteilsverkündung war zwei Tage später: ein Monat Gefängnis, ausgesetzt auf Bewährung. Schon am 21. September wurde er rückfällig; und bis 1943 folgen noch 12 weitere Festnahmen, Haftbefehle und Verurteilungen.

Am 16. September 1937 wird Genet erwischt, als er mit einem Kumpan versucht, aus dem Pariser Kaufhaus La Samaritaine «auf betrügerische Weise ein Dutzend Taschenbücher im Wert von 35 Francs» zu stehlen, wie es in der Urteilsschrift heißt. Drei Tage nur war er auf freiem Fuß, als er wieder von der Police judicaire gefangengenommen wurde.

Albert Dichy und Pascal Fouché haben in ihrer ausgezeichneten Biografie den Text einer Meldung abgedruckt, die am 22. 9.1937 in der Tageszeitung «Le Petit Parisien» erschienen war. Dieser Text ist unüblich, weil er von Datenschutz nichts weiß. Die Überschrift lautet: «Unter zwanzig verschiedenen Diebstählen entwendete ein Deserteur auch Handschriften Charles' IX. und Francois' I.»

Wie genau dieser Text von Tätern und Opfern berichtet ist erstaunlich, die Meldung ist sehr, sehr ausführlich, in Auszügen heißt es hier: «Die Inspektoren der Kriminalpolizei verhafteten an der Ecke Rue des Couronnes und Rue Vilin den 27-jährigen Jean-Marcel Genet, geboren in Paris, Vater und Mutter unbekannt, ohne festen Wohnsitz. Er war seit dem 17. Juni 1936 als Deserteur [...] gemeldet und wurde wegen zahlreicher Diebstähle aus geparkten Kraftfahrzeugen gesucht, z.B. Ausweis, Aktentasche und Zigarettenetui, die er dem Arzt Stuhl, wohnhaft in der Rue de Téhéran 15 (VIII. Arr.) entwendete.»

Alle Beutestücke und die Namen der Opfer werden genannt. «Genet, der bereits mehrmals verurteilt wurde, gestand weitere Diebstähle aus abgestellten Fahrzeugen.» Und natürlich auch den Raub der 900 Francs kostbaren Handschriften. Genet kommt ins Pariser Gefängnis Santé. Später nach Fresnes – die Strafe: fünf Monate.

Genets Missetaten, ich wähle dieses Wort, weil das andere mögliche – das Wort Verbrechen – mir zu groß erscheint für seine Taten, hören sich wie folgt an: 1938 stahl er vier Flaschen Apéritif, 1939 fälschte er Bahnfahrkarten für den eigenen Gebrauch und stahl ein Hemd und ein Seidentuch. 1940 klaute er wieder Bücher, 1941 einen Stoffballen, 1942 – Genet ist inzwischen Bouquinist am Seineufer – wieder Bücher, 1943 wird er erwischt, als er ein besonders teures Buch einsteckt. Er wird am 29. Mai 1943 auf der Place de l'Opéra festgenommen – und in seiner Aktentasche findet man eine Luxusausgabe der «Fêtes galantes» von Paul Verlaine. Genet war wählerisch. Im September desselben Jahres – er war gerade entlassen – wird er erneut in der Buchhandlung Caffin auf frischer Tat ertappt, wieder wollte er Bücher stehlen.

Zu diesem Zeitpunkt war im Oktober 1942 das Gedicht «Le condamné à mort» schon gedruckt; hatte Genet am 1. März 1943 bereits einen ersten Vertrag als Schriftsteller mit Paul Morihien abgeschlossen und die Veröffentlichung von «Notre-Dame-des-Fleurs» geplant. Er, der die Bücher anderer klaute, war schon deren Kollege.

Wann aus dem Dieb, der sich später in seinen Werken zum Heiligen stilisieren sollte, der Schriftsteller wurde, weiß nur Genet. Und er glaubt den Zeitpunkt zu erinnern. In einem Gespräch mit Hubert Fichte, dem schwulen deutschen Autor, der Genet Neugier, Verehrung, wohl auch Freundschaft entgegenbrachte, sagte er 1976 – und dieses Interview wurde im Februar jenes Jahres in der «Zeit» publiziert: *Ich glaube, ich war 29 oder 30 Jahre alt. Ich war im Gefängnis, also 1939. Ich war allein in der Zelle. Ich hatte bisher nichts anderes als Briefe an Freunde und Freundinnen geschrieben. Und ich glaube, diese Briefe waren sehr konventionell. Vorgefundene Sätze. Und dann habe ich eine Weihnachtskarte an eine deutsche Freundin geschrieben, die in der Tschechoslowakei lebte. Ich hatte die Karte im Gefängnis gekauft, und die Rückseite, die zum Schreiben bestimmt war, war rauh. Das Rauhe dieser Karte hat mich sehr berührt. Und anstatt von Weihnachten zu sprechen, sprach ich von der Rauheit der Postkarte und vom Schnee und was das evozierte, und von diesem Augenblick an schrieb ich. Das war der auslösende Kick.* Ob diese Geschichte wahr ist oder nicht – sie klingt wahrhaftig möglich.

Damals, also im Jahr 1943, war Jean Genet, der vorbestrafte Dieb, auch schon bekannt mit Cocteau, der ihn durch Roland Laudenbach kennen lernte, den Freund des jungen Dichters Jean Turlais, die beide Genet als Bouquinisten kennengelernt hatten. Sie geben Cocteau den Privatdruck des Gedichts «Der zum Tod Verurteilte» – jenes Werk, das dem Andenken Maurice Pilorges gewidmet ist. Diese Erstausgabe, von der es wohl nur wenige Exemplare gab, weil Genet einen Teil der Auflage vernichtete, gibt keinen Verlag an, sondern nur einen Erscheinungsort und ein Datum: «Fresnes – September 1942». Cocteau erhält dieses Buch von Laudenbach Anfang Februar 1943 und notiert in sein Tagebuch:

«Zuweilen erreichen mich Wunder. Zum Beispiel ‹Le condamné à mort› des Jean Genet [...] Dieses lange Gedicht ist wunderschön. Jean Genet wurde gerade aus Fresnes entlassen [...] Erotisches Gedicht zum Ruhme Maurice Pilorges, eines 20-jährigen Mörders, der am 12. März 1939 in Saint-Brieuc hingerichtet wurde: Die Erotik des Genet ist an keiner Stelle schockierend. Seine Obszönität ist nie obszön. Alles wird dominiert von einer überhöhenden Bewegung. Die Prosa am Ende ist kurz gefasst, unverschämt. Hochmütig! Perfekter Stil.» Am 7. Februar lernt Cocteau den jungen Genet dann kennen. «Das Gesicht eines Paranoikers», befindet Cocteau, «mit einem verknoteten Charme. Eine unglaubliche Schnelligkeit und Malice.»

Am nächsten Tag bringt Genet dem Dichter das Manuskript von «Notre-Dame-des-Fleurs», was die Frage aufwirft, ob «Le condamné» wirklich das erste Genetsche Werk ist oder ob er nicht doch zuvor an dem Roman zu schreiben begann. Gleichviel. Cocteau berauschte dieses Gedicht, das er zunächst weit mehr schätze als den Roman – er mochte, wie er anfangs schrieb, «diese Geschichten von Tunten und Transvestiten» nicht besonders, besann sich aber rasch eines anderen und notierte am 16. Februar bereits: «Dieser Roman ist möglicherweise noch erstaunlicher als seine Gedichte [...] Die kleinste Zeile darin funkelt wie die Kritzeleien Picassos [...] Das Gedicht ‹Le condamné à mort› reihte sich noch zu anderen Gedichten. Hier aber haben wir die Einsamkeit und das Funkeln eines dunklen Sterns vor uns.»

Dieser Einschätzung möchte ich entgegenhalten, ob nicht doch schon das Gedicht diesen ganz neuen, den Genetschen Ton anschlägt. Es besteht aus 51 vierzeiligen Strophen, abgefasst in Alexandrinern mit dem Reimschema abba und einem Schlussteil von vier fünfzeiligen Strophen, wobei der letzte Vers ein Hemistichon ist, also statt der zwölf nur sechs Silben auftauchen. Die Schlussstrophe ist wieder komplett.

In diesem Gedicht sind alle Genetschen Themen bereits ausgebildet. Der Dichter träumt von einer Teufelsinsel, die ein Paradies sein muss für zwei einander liebende Häftlinge. Er wagt den Vergleich zwischen dem Gefangenen und dem Schriftsteller: Der eine masturbiert einsam, der andere schreibt einsam. Er ersehnt sich eine andere Identität. Er singt, dass er gern den Körper des Geliebten hätte, dessen Gesicht und dessen Herz. Er preist die homosexuelle Liebe und die homosexuellen Praktiken, vor allem die Fellatio, die, wie Sartre in seinem Genet-Buch schreibt, auch für Genet die bevorzugte Praktik war, weil er – hin und her gerissen zwischen der Forderungen seiner Männlichkeit und seinen weiblichen Neigungen – in der Fellatio einen Ausweg sah. Auch dieser Zwiespalt zeigt sich in dem Gedicht, wenn er den Knaben mit männlichen und weiblichen Eigenschaften ausstaffiert. Und Genet lästert Gott, wenn er den Jungen lehrt, einen Penis anzubeten und ihn «Madame» zu heißen. Ein bisschen erinnert das Gedicht an Cocteaus Sprache und den Rhythmus seiner Gedichte – deshalb wohl Cocteaus Urteil, aber die Themen sind andere als die Cocteaus.

Der zum Tode Verurteilte

Auf meinen Hals, der nicht geschützt und ohne Hass ist, meinen Hals,
der meine Hand, leichter und schwerer als ein Fallbeil,
unter meinem Kragen streift, ohne dass ein Herz gerührt wird,
lass deine Zähne ihr wölfisches Lächeln setzen.

Oh komm meine schöne Sonne, oh komm meine spanische Nacht,
treffe ein in meine Augen, die morgen tot sein werden.
Treffe ein, öffne meine Tür, reiche mir deine Hand,
führe mich weit von hier, unser Land zu durchstreifen.

Der Himmel kann erwachen, die Sterne können blühen;
Und die Blumen nicht seufzen; und von den Wiesen kann das schwarze Kraut
den Tau empfangen, von dem der Morgen trinken wird;
der Kirchturm kann läuten; nur ich werde sterben.

Oh komm mein Rosenhimmel, oh mein blondes Körbchen!
Besuche in seiner Nacht deinen zum Tode Verurteilten.
Reiße mir das Fleisch aus, töte, brich ein, beiße,
aber komm! Lege deine Wange an meinen runden Kopf.

Wir haben unser Gespräch über die Liebe noch nicht beendet.
Wir haben unsere Gitanes noch nicht zu Ende geraucht.
Man kann sich fragen, warum die Gerichte
einen Mörder verurteilten, dessen Schönheit den Tag erbleichen lässt.

Liebster komm auf meinen Mund! Liebster, öffne deine Türen!
Schreite durch die Gänge, steige herab, gehe leicht,

fliege geschmeidiger über die Treppen als ein Schäfer;
leichter trägt dich die Luft als die dürren Blätter.

Oh schreite durch die Mauern; ist es notwendig, gehe am Rand
der Dächer, der Ozeane; bedecke dich mit Licht,
gebrauche Drohungen, gebrauche Gebete,
aber komm, oh meine Fregatte, eine Stunde vor meinem Tod.

Und aus Ehrfurcht vor der Schönheit des Originals – zitiere ich noch jene Worte, die die Liebe feiern:

Enfant d'honneur si beau couronné de lilas!
Penche-toi sur mon lit, laisse ma queue qui monte
Frapper ta joue dorée. Ècoute, il te raconte
Ton amant l'assasin, sa geste en mille éclats.

Genet sitzt im Santé-Gefängnis ein, als in den letzten Dezembertagen 1943 die illegale Ausgabe von «Notre-Dame-des-Fleurs» erscheint. Es werden nur einige Dutzend Exemplare in Umlauf gebracht – erst nach der Befreiung wird der Roman in großer Stückzahl vertrieben. Zuvor hatte ein Gerichtsmediziner befunden, dass Genet «nicht geisteskrank» sei, sondern – und diese Formulierung kann genauso gut auf die Figuren seines Werkes angewandt werden –, «zurechnungsfähig», er gehöre nur zu jenen Menschen, «deren moralische Verantwortlichkeit leicht vermindert» sei.

Im Gefängnis – er wird zu drei Monaten Haft verurteilt, entgeht also der damals ebenso gut möglichen Verurteilung für ein Leben – schreibt Genet den Roman «Wunder der Rose». Nach der Entlassung lernt er Sartre kennen, er schreibt seinem jungen Freund Jean Decarnin, einem jungen kommunistischen Résistancekämpfer, der auf den Barrikaden von Paris stirbt, «Das Totenfest», schließt «Querelle» ab und überarbeitet «Unter Aufsicht».

Im Juli 1946 trifft er Louis Jouvet, den gefeierten Theater- und Filmschauspieler, der zugleich ein höchst erfolgreicher Regisseur war, vor allem die Stücke von Giraudoux aufgeführt hatte und auch Cocteaus «Höllenmaschine». Jean Cocteau, sein Freund, der Schauspieler Jean Marais, der Bühnenbildner Christian Bérard, dessen Geliebter Boris Kochno, der nach Diaghilews Tod die Ballets Russes leitet, vertrauten Jouvet das Manuskript der «Zofen» an, als handele es sich um einen Schatz. Jouvet ermunterte Genet, den Vier-Akter umzuschreiben. Wobei Cocteau dem Dichter half, die ganze Geschichte auf nur einen Akt zu konzentrieren. Genet erinnerte sich. *Jouvet bat mich, alles ins Schlafzimmer der Herrin zu verlegen, vielleicht weil dies ein konventioneller Ort ist, den das Publikum leicht akzeptierte. Er drängte mich außerdem, den Text zu kürzen und zu straffen.*

Jouvet machte aus den «Zofen» ein Vorspiel zu Giraudoux' eher leichtgewichtigem aber durchaus charmantem Stück «Der Apollo von Bellac», was Genet nicht sonderlich gefiel. «Die Zofen» sind anders als alle Theatertexte, die Genet zuvor geschrieben hatte: «Heliogabal», «Splendid's» und «Unter Aufsicht». Kein Stück über die Homosexualität mit homosexuellen Figuren. Statt der sexuellen Verhältnisse, die in seinen Romanen Thema sind, fand er andere Themen: die Herr-Diener-Beziehung, die Rasse, die Revolution und den Kolonialismus.

Genet hat für dieses Stück Racine und Strindberg als literarische Vorbilder genutzt. Er liebt das Pathos, die erhabene Sprache; und er beachtet die Doctrine classique immerhin noch in einem Punkt, er achtet die Einheit von Ort und Zeit und Handlung. Die Angemessenheit – bienséance – ist Genet indes so unwichtig wie die Schicklichkeit. Bei Genet ist durchaus erlaubt, was sich nicht ziemt. Er behauptete, dass seine beiden nicht künstlerischen Vorbilder für «Die Zofen» die katholische Messe und das Spiel von Kindern gewesen sei. Und es ist wahr: In dem Stück sind das Ritual und das Rollenspiel Thema und Form.

Nach der Uraufführung erkannten zwar einige wenige Kritiker Genets Originalität, aber die meisten reagierten entsetzt oder verstört und gleichwohl heftig: «Wir hören plumpe Ausdrücke, Flüche, unanständige Wörter, die aus irgendeinem unerklärlichen Grund eingeflochten werden […] absolute Unwahrscheinlichkeiten, wirklichkeitsfremde Figuren, der Ton von gotteslästerlicher Predigt und Aufruhr und ein ungesundes Gefühl von Besessenheit.»

Zu Beginn, wenn der Vorhang sich für die «Zofen» hebt, werden wir Zeugen einer Ankleidungsséance. Die schwarzen Kleider von Claire liegen auf einem Stuhl, wie eine Haut – aus der sie geschlüpft ist, um eine andere zu werden. Nervös und ungeduldig drängelt sie die Schwester Solange, ihr so schnell wie möglich die Kleider der Madame herzurichten. Das Rollenspiel beginnt – das Ritual wird vorbereitet:

CLAIRE: Und diese Handschuhe! Ewig diese Handschuhe! Ich habe dir oft genug gesagt, du sollst sie in der Küche lassen. Du hoffst wohl, du könntest den Milchmann mit ihnen verführen. Nein, nein, lüge nicht, das ist unnötig. Hänge sie über den Spülstein. Wann wirst du endlich begreifen, dass dieses Zimmer nicht verunreinigt werden darf? Alles, alles ohne Ausnahme, was aus der Küche kommt, ist Auswurf. Hinaus! Und trage deinen Auswurf zurück! Aber hör' doch auf!

Geniere dich nicht, geh' schon. Und vor allem: beeile dich nicht! Wir haben Zeit. Hinaus!

Richten Sie mein Kleid! Rasch! Es eilt, sind Sie nicht da? Claire! Claire!

SOLANGE: Sie, gnädige Frau, wollen bitte entschuldigen. Ich habe den Lindenblütentee der gnädigen Frau gerichtet.

CLAIRE: Bringen Sie meine Toilette in Ordnung. Das weiße Paillettenkleid. Den Fächer. Die Smaragde.

SOLANGE: Sehr wohl, gnädige Frau. Den ganzen Schmuck der gnädigen Frau?

CLAIRE: Holen Sie ihn heraus. Ich möchte auswählen. Und die Lackschuhe natürlich. Die, die Sie seit Jahren begehren.

Immer wissen die Zofen – wie die Personen in dem Stück «Balkon» –, dass sie gesehen, beobachtet werden. Dass sie sich spiegeln in den Blicken derer, die ihr Tun verfolgen. Sie fühlen sich ertappt, aber sie müssen sich zeigen – auch dem Publikum: *Wolltest du, dass wir es im Dunkeln machen?*, fragt Solange, als Claire bemerkt, dass die Leute im Nachbarhaus sie vielleicht beobachten könnten. Sie wollen beobachtet werden. Sie wollen Bild sein. Wollen sich in einer Zeremonie zeigen. Sie schlüpfen in Rollen, weil sie einander nicht aushalten in ihrer Ähnlichkeit. Solange sagt es deutlich: *Ich kann unsere Ähnlichkeit nicht mehr ertragen. Ich kann meine Hände, meine schwarzen Strümpfe, meine Haare nicht mehr sehen.*

Deshalb wird die eine zur Herrin, zur Madame, deren Schränke sie plündern, um sich zu verkleiden: Claire vollzieht dann mit einem Satz endgültig die Vereinigung von Rollenspiel und Gottesdienst: *Der Kleiderschrank der gnädigen Frau ist für uns wie eine Marienkapelle.* Und in diesem Metaphernraum findet ein kurzer, sehr hellsichtiger Diskurs über die Liebe statt: *Liebe in Knechtschaft ist keine Liebe* – behauptet Solange und erhält zur Antwort: *Man liebt sich zu sehr. Ich habe genug von diesem schrecklichen Spiegel, der mein Ebenbild mit widerlichem Gestank zurückwirft.*

Das Bühnenbild stellt eine Sakristei dar – erstes Bild des Schauspiels «Balkon», 1956 publiziert, am 22. April 1957 in London uraufgeführt, inszeniert von Peter Zadek. Diese Aufführung wurde ein Theaterskandal besonderer Art. Die britische Polizei verweigerte dem Autor am Premierenabend den Zugang zum Theater. Genet hatte zuvor schon die Absetzung der Inszenierung verlangt. Genet reist erzürnt nach Paris zurück, gibt eine Pressekonferenz, dokumentiert in «L'Express» vom 26. April 1957: *Mein Stück ‹Der Balkon› spielt in einem Haus der Prostitution, aber die Personen gehören der Wirklichkeit eines Bordells ebenso wenig an wie die Personen in Hamlet der Welt des Hofes […] Das wahre Thema des Stückes ist die Illusion. Alles ist falsch, der General, der Erzbischof, der Polizeipräsident, und alles muss mit äußerster Zurückhaltung behandelt werden. Doch statt das Stück zu veredeln, ist es vulgarisiert worden. Die Personen sind grotesk geworden, scheußliche Clowns, die ich nicht wiedererkenne. Der Regisseur, Peter Zadek, hat sogar Mädchen in durchsichtigen Dessous hinzugefügt, die sich in widerwärtiger Weise herumfläzen und deren bloße Anwesenheit mir niemals erforderlich erschien. Ich wollte überlebensgroße Gestalten haben. Was man mir geliefert hat, sind Karikaturen.*

Wie die Kunden der Madame Irma, die den Männern, die in ihr Etablissement kommen, ihre Fantasien ermöglicht, so möchte Genet mit dem «Balkon» «ernste Zeremonien» feiern, der «Balkon» ist ihm zugleich Theater und Kirche. *In der ganzen Welt,* erklärt Madame Irma, *kennt man den Großen Balkon als das erfindungsreichste aber ehrbarste Haus der Illusionen. Sie wollen immer alles so echt wie möglich haben … Nur eine unbestimmte Einzelheit soll bleiben, die alles unwahr macht. Carmen, ich selbst habe seinerseits beschlossen, mein Etablissement das Haus der Illusionen zu nennen. Aber ich bin nur die Direktrice; jeder, der läutet und eintritt, bringt seine fertige Inszenierung mit. Ich habe nur das Zimmer zu stellen, die Ausstattung zu besorgen, die Schauspieler und Schauspielerinnen zu engagieren. Liebes Kind, es ist mir gelungen, das Haus von der Erde zu lösen … Und nun fliegt es … Es segelt über den Himmel und trägt mich mit sich fort.*

Mit diesem Schauspiel, einem Meisterwerk der Dramatik des 20. Jahrhunderts, reflektiert Genet das Theater selbst, liefert die Grundlage einer Theatertheorie und denkt dabei über Machtstrukturen nach. *Der Teufel spielt, daran erkennt man ihn. Er ist der große Schauspieler. Und deshalb werden die Komödianten von der Kirche verflucht.*

Viele Rollen sind begehrt in diesem Haus der Illusionen, die des Polizeipräsidenten noch nicht. Und solange niemand danach verlangt, bei Madame Irma diese Rolle spielen zu dürfen, ist der Polizeipräsident in realiter ein machtloser Mann.

Der Mann sehnt sich sehr danach, wartet bei Irma auf jemanden, der diese Rolle mit Komparsen und im Kostüm spielen möchte. Doch die Erscheinung – so wird der Wunschkandidat genannt – lässt auf sich warten. Und deshalb erklärt Irma: *Die Zeit ist noch nicht reif, mein Lieber. Ihre Funktion hat noch nicht den notwendigen Adel, um in den Träumern ein Bild zu wecken, das sie tröstet. Vielleicht fehlt es an berühmten Vorbildern. Wir müssen uns damit abfinden: Ihr Bild ist noch nicht in die Liturgie des Bordells eingegangen.*

Admirale, Generäle, Feuerwehrmänner, Taschendiebe, gar Bauern, der Heilige Sebastian, Bischöfe und «Christus persönlich» sind in die Liturgie aufgenommen, aber kein Polizeipräsident und – kein Kritiker.

Auch der «Balkon» fußt sprachlich und strukturell auf der französischen Klassik, auf Corneille und Racine. Jan Kott schätzte das Stück; und Jacques Lacan sah darin die Wiedergeburt des Aristophanes, also die Wiedergeburt der griechischen Komödie und des Aristophanischen Wolkenkuckucksheims.

Genet war durchgesetzt. Der Präsident Vincent Auriol begnadigt 1949 den Dichter, den ja immer noch eine lebenslange Haftstrafe bedrohte.

1950 drehte Genet seinen Film «Ein Liebesgesang», 1952 gerät der Dichter in eine Krise. Er schreibt nicht mehr, er reist. 1958 erscheint endlich das Stück «Die Neger», ein Jahr später uraufgeführt am Pariser Théâtre de Lutèce.

1965 wird Genet – dies nur als kleine Anmerkungen zur Sittengeschichte – das Einreisevisum in die USA verweigert, wegen «sexueller Abweichung». Sein «Wunder der Rose» und das «Tagebuch eines Diebes» durften allerdings ein Jahr zuvor in Amerika erscheinen. Sein letztes Buch wird 1983 publiziert: «Ein verliebter Gefangener», im Untertitel «Palästinensische Erinnerungen» genannt. Der Kritiker des «Nouvel Observateur» fragt überrascht und ein wenig erbost: «Wen wundert es, dass uns Genet eine Bombe als Testament hinterlässt? Reportage, Tagebuch? Prosagedicht oder epische Erzählung? ‹Ein verliebter Gefangener› zeiht alle Genres an, vermischt sie. Ein letztes Mal schockiert Genet, missfällt, fasziniert.»

Missfällt. Alle politischen Stellungnahmen Genets missfallen mir. Genet hat sich für die RAF stark gemacht, für die Black Panther und für die PLO. Rüdiger Wischenbart fragte ihn im Dezember 1983, als Genet nach Wien gekommen war zu einer Diskussion über die Massaker in Sabra und Chatila, was ihn veranlasse, sich für die Rote Armee Fraktion, die Schwarzen Panther und die Palästinenser einzusetzen. *Was mich dazu geführt hat, hängt zuerst mit meiner persönlichen Geschichte zusammen, die ich Ihnen nicht erzählen möchte. Das ist nicht interessant. Wer mehr darüber erfahren will, muss nur meine Bücher lesen […] Was ich Ihnen sagen will, ist, dass meine vorangegangenen Bücher – ich habe vor rund 30 Jahren aufgehört zu schreiben – zu einem*

Traum gehörten. Nachdem ich diesen Traum, diese Träumereien, überstanden hatte, musste ich in Aktion treten, um eine Art von Erfüllung in meinem Leben zu erlangen.

Dabei, so denke ich, übersah Genet, dass er nicht in einem Traum in Aktion trat, nicht in der fiktiven Wirklichkeit seiner Bücher, sondern in der Realität. Er schönt die Revolutionäre und die Attentäter auf eine mir schwer oder nicht erträgliche Weise, er schwärmt schwülstig, ein bisschen altmänner-geil von der Schönheit der Krieger und Kämpfer, die ihn nur so lange faszinieren, wie sie junge, muskulöse Outcast sind, Verfemte, Verfluchte, Ausgegrenzte. Alle revolutionären Bewegungen und die Menschen, die ihnen angehören, findet er abgeschmackt, wenn sie an die Macht geraten sollten: *An dem Tag, an dem sich die Palästinenser eingerichtet haben, bin ich nicht mehr auf ihrer Seite. An dem Tag, an dem die Palästinenser eine Nation wie irgendeine andere Nation geworden sein werden, bin ich nicht mehr dabei.* Ob der Intellektuelle als Freischärler auftreten müsse, als Franc-Tireur, fragt Wischenbart. Und Genet antwortet bloß: *Genau.*

Nach seinem kurzen Leben als Schriftsteller fand er sich im Leben nicht wirklich zurecht – und wer genau hinhört, hört aus diesem Gespräch heraus, dass Genet, der Lügner, der stolz ist Lügner zu sein, sehr wohl weiß, dass er sich die Realität schönträumt und die Krieger auch: *In den Büchern und als ich im Gefängnis saß, verfügte ich frei über meine Fantasie. Ich war Herr über die Dinge, über die ich arbeitete, denn es handelte sich allein um meine Träumereien. Nun aber stehe ich nicht mehr über den Dingen.* Und dann kommt, an ganz andere Stelle, die traurige Wahrheit des Jean Genet über Jean Genet: *Als ich zu schreiben begann, war ich 30 Jahre alt. Als ich das Schreiben aufgab, war ich 34 oder 35 Jahre. Ich schrieb im Gefängnis. Als ich frei kam, war ich verloren. Wirklich zu mir gefunden, in der realen Welt zurechtgefunden, habe ich mich nur bei diesen revolutionären Bewegungen, bei den «Schwarzen Panthern» und bei den Palästinensern. Da unterwarf ich mich der realen Welt [...] Ich handelte unter den Bedingungen der realen Welt, und nicht der Welt der Grammatik. Jedenfalls soweit man die reale Welt den Träumereien gegen-*

überstellen kann. Natürlich, wenn man weitergeht, erkennt man, dass die Träumerei ebenfalls zur realen Welt gehört. Die Träume sind wirklich.

Sie sind es eben nicht. Ich glaube, was Genet an diesen Kriegern faszinierte, war ihr Unglück und ihre Bereitschaft zu sterben. Bewusst in den Tod zu gehen. Meine Vermutung möchte ich stützen mit zwei Zitaten aus dem Prosagedicht «Der Seiltänzer», in dem Genet einem Seiltänzer Ratschläge erteilt, die für alle Künstler verpflichtend sein sollen. Er erteilt sie nicht irgendeinem Seiltänzer, sondern dem Akrobaten Abdallah Bentaga, einem 1955 18-jährigen Akrobaten. Mit Abdallah lebte Genet eine seiner wichtigsten Liebesbeziehungen. Um diesem Jungen Hochseilunterricht zu ermöglichen, verkaufte Genet die Rechte an dem Drehbuch «Verbotene Träume», das zehn Jahre später, 1966, Tony Richardsons Film «Mademoiselle» zugrunde liegen wird. Abdallah ist der «Seiltänzer» gewidmet. Bis zu Abdallahs Freitod 1964 ist Genet mit ihm zusammen. Diesem Abdallah also schreibt Genet, der Liebhaber, man müsse sich als Künstler das Äußerste abverlangen, um in der Kunst zu verwirklichen, was in der Realität des Lebens nicht zu erreichen sei. Solange die Revolution der Roten Armee Fraktion eine Utopie ist wie der Palästinenserstaat, solange der Traum nicht Realität wird, ist der Kampf ein Kunstwerk. Und dieses entsteht allein aus dem Unglück: *Man ist kein Künstler, wenn nicht ein großes Unglück mit im Spiele ist,* schreibt Genet seinem Seiltänzer und ermahnt ihn *zu arbeiten, um Böses zu tun.* Und schließlich denkt er Zirkus, Dichtung und Krieg zusammen: *Ich füge hinzu, dass du das Wagnis eines physischen endgültigen Todes auf dich nehmen musst. Die Spielregeln des Zirkus verlangen es. Denn er ist außer der Dichtkunst, dem Krieg und dem Stierkampf das einzige grausame Spiel, das es gibt.*

Das Stück «Die Neger», das im Untertitel «Eine Clownerie» heißt, wurde 1959 von Roger Blin in Paris uraufgeführt. Genet erfindet eine mythische Kulthandlung und bedient sich einer magischen, beschwörenden Sprache. Wieder will er Gesellschaft spiegeln und mit seinem Stück ein gebrochenes Bild der Welt zurückwerfen. Wieder geht es um Selbstaufgabe, die nicht zur Befreiung führt. Nicht dazu führen darf, denn mit der Erfüllung ist der Zauber vernichtet – in der Dichtung und in der Realität, die eine Träumerei ist. Die Sprache wird zu einem Ort und zu einem Schutz für jedweden Verräter. Die Welt, aus Sprache geschaffen. Sprache, in die sich Genets Figuren *einhüllen*, wie es in den «Negern» heißt. Sprache, die wie ein Gewand angelegt werden kann, sich darin zu verstecken, zu verbergen.

Jean Genets letzte große Liebe war ein Marokkaner namens Mohammed El Katrani, in dessen Heimatstadt Larache Genet begraben liegt. *J'attends la mort*, hatte er kurz vor seinem Tod gesagt, Augustinus zitierend. Der Tod war neben der Liebe Genets Thema. Eros und Thanatos. Sein erstes veröffentlichtes Werk handelte vom Tod; es war das Gedicht «Der zum Tode Verurteilte». Sein erster Roman «Notre-Dame-des-Fleurs» beginnt und endet mit dem Tod.

Harcamone ist tot und Bulkaen auch. Wenn ich herauskommen sollte, werde ich – wie nach dem Tode von Pilorge – die alten Zeitungen durchblättern. Wie bei Pilorge, so wird mir auch diesmal nichts weiter in den Händen bleiben als eine sehr kurze Notiz auf schlechtem Papier, auf einer Art von grauer Asche, die mir mitteilen wird, dass er im Morgengrauen hingerichtet wurde. Diese Papiere sind ihr Grab. Aber ich werde ihre Namen weit in die Zeit hineintragen. Nur diese Namen allein werden in der Zukunft, die sich des Gegenstandes entledigt hat, Bestand haben. Wer waren Bulkaen, Harcamone, Divers; wer waren Pilorge und Guy? So wird man fragen. Und ihre Namen werden die Menschheit verwirren, wie uns das Licht von jenen Sternen verwirrt, die schon vor Tausenden von Jahren erloschen sind. Habe ich alles gesagt, was über dieses Abenteuer gesagt werden musste? Wenn ich dies Buch beende, so habe ich alles geschrieben, was erzählt werden kann. Das Übrige bleibt unaussprechlich. Ich schweige und gehe mit nackten Füßen weiter.

In der Nacht vom 14. auf den 15. April 1986 starb Jean Genet in Paris. Zehn Tage später wurde er in Marokko beerdigt. Wie sehr Genet, der triebhafte, zum Schreiben getriebene Dichter sich die Träumereien, die wir heute als sein Werk lesen dürfen, abgetrotzt hat, zeige ein letztes Zitat aus «Notre-Dame-des-Fleurs»: *Dichtung ist eine Vision der Welt, die erreicht wird durch eine manchmal erschöpfende Anstrengung des gespannten Wollens. Sie hat nichts mit Sich-gehen-lassen zu tun, sie ist kein freier und kostenloser Eintritt durch die Sinne; sie ist nicht dasselbe wie Sinnlichkeit, sondern sie entsteht im Widerspruch zur Sinnlichkeit.*

verwendete Literatur

Simone de Beauvoir

Französische Ausgaben:

Les Mandarins, 2 volumes, Paris 1972

Les Bouches inutiles, Paris 1982

Deutsche Ausgaben:

Die Zeremonie des Abschieds, Reinbek 1983

Das Blut der anderen, Reinbek 1986

Auge um Auge, Reinbek 1992

Missverständnis an der Moskwa, Reinbek 1996

Soll man de Sade verbrennen?, Reinbek 1997

Marcelle, Chantal, Lisa..., Reinbek 1997

Briefe an Sartre, in 2 Bänden, Reinbek 1998

Eine transatlantische Liebe, Reinbek 1999

Das Alter, Reinbek 2000

Im Lauf der Dinge, Reinbek 2000

In den besten Jahren, Reinbek 2000

Alles in allem, Reinbek 2000

Die Welt der schönen Bilder, Reinbek 2001

Ein sanfter Tod, Reinbek 2001

Memoiren einer Tochter aus gutem Hause, Reinbek 2002

Eine gebrochene Frau, Reinbek 2002

Die Mandarins von Paris, Reinbek 2002

Das andere Geschlecht, Reinbek 2003

Menschen sind sterblich, Reinbek 2003

Sekundärliteratur:

Toril Moi, Simone de Beauvoir – Die Psychographie einer Intellektuellen, Frankfurt a. M. 1996

Claudine Monteil, Les soeurs Beauvoir, Paris 2002

Alice Schwarzer, Simone de Beauvoir – Rebellin u. Wegbereiterin, Köln 2001

Christiane Zehl, Simone de Beauvoir, Reinbek 2001

Antoine de Saint-Exupéry

Französische Ausgaben:

Œuvres Complètes, 2 Volumes, Pléiade, Paris 1999 u. 2003

Le Petit Prince, Paris 1967

Deutsche Ausgaben:

Briefe an seine Mutter, Düsseldorf 1956

Der kleine Prinz, Düsseldorf 1956

Bekenntnis einer Freundschaft, Düsseldorf 2002

Gebete der Einsamkeit, Düsseldorf 2002

Romane u. Dokumente, Düsseldorf 2002

Carnets, Reinbek 1973

Sekundärliteratur

Luc Estang, Saint-Exupéry, Düsseldorf 1958

Consuelo de Saint-Exupéry, Sonntagsbriefe, München 2003

Simone de Saint-Exupéry, Fünf Kinder in einem Park – Die Kindheit des ‹Kleinen Prinzen›, München 2001

Alain Vircondelet / José Martinez Fructuoso, Anoine und Consuelo de Saint-Exupéry – Eine legendäre Liebe, München 2006

Nathalie Sarraute

Französische Ausgaben:

Œuvres Colmplètes, Pléiade, Paris 1956

Les Fruits d'Or, Paris 1968
L'usage de la parole, Paris 1980
Théâtre, Paris 1986
Tu ne t'aimes pas, Paris 1989
Œuvres, Paris 1997
Tropismes, Paris 1957

Deutsche Ausgaben:
Drei Einakter, Bad Homburg 1990
Tropismen, Stuttgart 1985
Kindheit, Köln 1984
Die Goldenen Früchte, Köln 1993
Hier, Köln 1997
Portrait eines Unbekannten, Köln 1999
Aufmachen, Köln 2000

Sekundärliteratur:
Simone Benmussa, Entretiens avec Nathalie Sarraute, Tournai 2002

Marguerite Duras

Französische Ausgaben:
Théâtre, 3 Volumes, Paris 1984
La Musica Deuxième, Paris 1985
Romans, Cinéma, Théâtre, un Parcours 1943-1993, Paris 1997
L'Amant, Paris 1985
Les Yeux bleus – Cheveux noirs, Paris 1986
La Douleur, Paris 1985

Deutsche Ausgaben:
Die englische Geliebte, Frankfurt a. M. 1969
Hiroshima mon amour, Frankfurt a. M. 1973
Moderato cantabile, Frankfurt a. M. 1985

Das Pferdchen von Tarquinia, Frankfurt a. Main 1986
Blaue Augen – Schwarzes Haar, Frankfurt a. M. 1987
Véra Baxter oder Die Atlantikstrände, Frankfurt a. M. 1987
Eden Cinema, Suhrkamp, Frankfurt a. M. 1988
La Musica Zwei, Suhrkamp, Frankfurt a. M. 1989
Aurelia Steiner, a. a. O. 1989
Im Sommer abends um halb elf, Frankfurt a. M. 1990
Der Tod des jungen englischen Fliegers, Frankfurt a. M. 1995
Sommer 1980, Frankfurt a. M. 2005
Die Krankheit Tod, Frankfurt a.M. 1985

Sekundärliteratur:
Laure Adler, Marguerite Duras, Frankfurt a.M. 2000
Doris Kolesch/Gertrud Lehnert, Marguerite Duras, , München 1996
Frédérique Lebelly, Marguerite Duras – Ein Leben, Frankfurt a.M. 1996

Jean-Paul Sartre

Französische Ausgaben:
Œuvres romanesques, Pléiade, Paris 1982
Théâtre complet, Pléiade, Paris 2005
Huis Clos et Les Mouches, Paris 1970
L'Idiot de la famille – Gustave Flaubert, 2 volumes, Paris 1983
La reine Albemarle ou le dernier touriste, Paris 1991
Le Mur, Paris 1972

Deutsche Ausgaben:
Die Fliegen, Schmutzige Hände, Reinbek 1967
Der Ekel, Reinbek 1968
Die Wörter, Reinbek 1968
Bei geschlossenen Türen / Tote ohne Begräbnis / Die ehrbare Dirne, Reinbek 1968
Das Spiel ist aus, Reinbek 1970
Was ist Literatur, Reinbek 1981

Baudelaire, Reinbek 1982
Saint Genet, Komödiant und Märtyrer, Reinbek 1982
Wider das Unrecht – Die Affäre Henri Martin, Reinbek 1983
Schwarze und weiße Literatur, Reinbek 1984
Briefe an Simone de Beauvoir in 2 Bde, Reinbek 1984 f.
Die Kindheit eines Chefs, Reinbek 1985
Wir sind alle Mörder – Der Kolonialismus ist ein System, Reinbek 1988
Mythos und Realität des Theaters, Reinbek 1991
Die Eingeschlossenen von Altona, Reinbek 1991
Plädoyer für die Intellektuellen, Reinbek 1995
Freud – Das Drehbuch, Reinbek 1995
Tagebücher, Reinbek 1996
Die letzte Chance, Reinbek 1997
Paris unter der Besatzung, Reinbek 1997
Sartre über Sartre – Autobiographische Schriften, Reinbek 1997
Wahrheit und Existenz, Reinbek 1998
Fragen der Methode, Reinbek 1999
Die Suche nach dem Absoluten, Reinbek 1999
Die Kindheit eines Chefs, Reinbek 2000
Das Sein und das Nichts – Versuch einer phänomenologischen Ontologie, Reinbek 2001
Das Spiel ist aus, Reinbek 2002
Der Existentialismus ist ein Humanismus, Reinbek 2002
Drei Essays, darin: Betrachtungen zur Judenfrage, Berlin 1968

Sekundärliteratur:
Arthur C. Danto: Sartre, Göttingen 1997
Christa Hackenesch: Jean-Paul Sartre, Reinbek 2001
Bernard-Henri Lévy: Sartre – Der Philosoph des 20. Jahrhunderts, München 2002
Marius Perrin, Mit Sartre im deutschen Kriegsgefangenenlager / Mathieus Tagebuch / Bariona oder Der Sohn des Donners – Ein Fragment/ Ein Weihnachtsspiel, Reinbek 1987

Jean Cocteau

Französische Ausgaben:

Œuvres poétiques complètes, Pléiade, Paris 1999
Thomas L'Imposteur, Paris 1923
Entretiens sur le Cinématographe, Paris 1973
Lettres à sa mère, Paris 2001
Le Cap de Bonne-Espérance, Paris 1967
Lettres à Jean Marais, Paris 1987

Deutsche Ausgaben:

Werkausgabe in 12 Bänden, Frankfurt a. M. 1988
Vollendete Vergangenheit – Tagebücher 1951-52, München 1989
Kinder der Nacht, Hofheim 1984
Meine Reise um die Welt in achtzig Tagen, Leipzig 1991
Ich war im Paradies – Liebesgedichte an Jean Marais, Bielefeld 1988
Das Weissbuch, Albino, Berlin 1982

Sekundärliteratur:

Claude Burgelin / Marie-Claude Schapira, Lire Cocteau, Lyon 1992

Jean Genet

Französische Ausgaben:

Œuvres Complètes, Paris 1951
Poèmes, Paris 1948
L'Ennemi Déclaré, Paris 1991
Lettres à Plga et Marc Barbezat, Paris 1988
Le Balcon, aris 1956
Un captive amoureux, Paris 1986
Lettres à Roger Blin, Paris 1966
Elle. L'Arbalète, 1989
Rembrandt, Paris 1995
Marie Redonnet, Jean Genet le poète travesty, Paris 2000

J. M. Magnan, Jean Genet, Paris 1966
Tahar Ben Jeooun, Roger Blin u. a., Les Nègres au Port de la Lune – Genet et les différences, Bordeaux 1988
Europe – Revue littéraire mensuelle, Jean Genet, Paris 1996

Deutsche Ausgaben:
Werke in Einzelbänden, Hamburg 1988 ff.
Alle Dramen, Hamburg 1980
Querelle, Reinbek 1974
Briefe an Roger Blin / Der Seiltänzer / Das kriminellem Kind, Reinbek 1982
Wunder der Rose, Reinbek 1976
Tagebuch eines Diebes, Reinbek 1982
Hommage à Jean Genet, Hamburg 2000
4 Stunden in Chatila, Hamburg 2001
Die Wände, Hamburg 1983
Die Neger, Hamburg 1983
Eine Liebesgesang, Hamburg 1983
Ein verliebter Gefangener, Köln 1988
Splendid's / Sie, Frankfurt a. M. 1994
Genet / Wischenbart / Leila Chahid Barrada, Jean Genets Haus – Ein Gespräch, Hamburg 1991

Sekundärliteratur:
Dichy / Fouche, Jean Genet – Versuch einer Chronologie, 1910-1944, Hamburg 1993
Marie-Claude Hubert, L'esthétique de Jean Genet, Paris, 1999
Edmund White, Jean Genet, München 1993

Dank

Dass meine Vortragsreihe, die den Texten in diesem Buch zugrunde liegt, in so vielen Städten so ein großer, inzwischen acht Jahre anhaltender Erfolg geworden ist, erfreut und überrascht mich gleichermaßen. Als ich diese Vortragsreihe im Münchner Cuvilliés-Theater startete, gingen die Veranstalter und ich davon aus, dass es sich um einen Zyklus von sechs szenischen Lesungen handeln würde, ein Saison-Vorhaben also. Wir haben uns geirrt; und darüber bin sich sehr froh. Denn diese Auftritte – inzwischen auch kontinuierlich in Wien, Zürich, Paris, Hamburg, Weimar und anderen Städten – haben mein Leben verändert. Meine Leidenschaft hat – im Gegensatz zu manch anderer Passion – nur Vorteile für mich und hoffentlich auch für die Leser dieses Buches.

Ich bin besonders froh über das Engagement des Verlags und danke dem Verleger Andreas Rötzer, der sich zur Publikation meiner Leidenschaften entschlossen hat. Ich danke Christian Ruzicska für sein einfühlsames und sorgfältiges Lektorat. Ich danke Grete Gronemeyer, die alle ärgerlichen Dinge, die es bei den «Leidenschaften» zuweilen auch gibt, von mir fernhält. Ich danke meinen Zuhörern in Deutschland, der Schweiz, in Österreich und Frankreich. Schließlich danke ich meinen Freundinnen und Freunden, die mich bestärkten, mutig von München aus als Botschafter der Literatur mich (und mein Glück) in anderen Städten zu versuchen. Wenn die Lektüre auch bei denen, die nie einen dieser Vorträge erlebten, die Neugier schürt für die «gefährlichen Franzosen», dann haben Andreas Rötzer, Christian Ruzicska und ich unser Ziel erreicht.

C. Bernd Sucher, Lochenhäusl im Chiemgau, August 2008

Erste Auflage, Berlin 2009.

Umschlaggestaltung und Illustration: Falk Nordmann, Berlin
Gestaltung und Satz: Tropen Studios, Leipzig
Druck und Bindung: GGP Media GmbH, Pößneck

ISBN 978-3-88221-640-0